▲ 沙盘模拟系列教材 ▲

人力资源管理
沙盘模拟实训教程

蒋定福　主编

首都经济贸易大学出版社
Capital University of Economics and Business Press
·北 京·

图书在版编目(CIP)数据

人力资源管理沙盘模拟实训教程/蒋定福主编. —北京:首都经济贸易大学出版社,2014.1

ISBN 978-7-5638-1637-8

Ⅰ.①人… Ⅱ.①蒋… Ⅲ.①人力资源管理—计算机管理系统—高等学校—教材 Ⅳ.①F241-39

中国版本图书馆 CIP 数据核字(2014)第 009707 号

人力资源管理沙盘模拟实训教程
蒋定福 主编

出版发行 首都经济贸易大学出版社
地　　址 北京市朝阳区红庙(邮编 100026)
电　　话 (010)65976483　65065761　65071505(传真)
网　　址 https://sjmcb.cueb.edu.cn
经　　销 全国新华书店
照　　排 北京砚祥志远激光照排技术有限公司
印　　刷 人民日报印印务有限责任公司
成品尺寸 170 毫米×240 毫米　1/16
字　　数 312 千字
印　　张 17.75
版　　次 2014 年 1 月第 1 版
印　　次 2025 年 7 月第 1 版第 8 次印刷
书　　号 ISBN 978-7-5638-1637-8
定　　价 36.00 元

丛书序言

改革开放以来，高等教育得到了快速发展，高校实践育人工作得到进一步重视，实践育人的内容不断丰富、形式不断拓展，取得了较大成绩，积累了宝贵经验。但是，实践育人，特别是实践教学依然是高校人才培养中的薄弱环节，与应用创新型人才培养目标的要求还有差距。《国家中长期教育改革与发展规划纲要（2010－2020年）》《教育部等部门关于进一步加强高校实践育人工作的若干意见》强调，要创新人才培养模式，强化实践教学环节，深化实践教学方法改革，力求实践教学工作取得新突破。为此，各高校积极探索实践教学的方式、方法，其中，沙盘模拟是近年来经管类实践教学非常流行的方式之一。本系列丛书编写组成员长期工作在高校实践教学的第一线，他们对实践教学，特别是经管类的实践教学进行了大量的探索及创新。

沙盘模拟实训作为一种教学方法，在教师指导下，由学生模拟扮演企业的某一岗位角色，结合岗位对员工的技能要求进行有针对性的训练。这种教学方法很大程度上弥补了客观条件的不足，为学生提供了近似真实的训练环境，有助于学生有效地进行技能训练并充分调动学生学习的积极性，使学生主动地参与教学过程，有利于加强师生之间、学生之间的相互合作与交流。

沙盘模拟实训的意义在于创建一种和谐的、身临其境的教学环境，拓宽教学渠道，增强教学的互动性，构筑起理论与实际相结合的桥梁。一般院校由于设备、场地和资金等条件的限制，学生很少能到实际工作岗位上实习，从而削弱了学生实际技能训练这一重要的教学环节。沙盘模拟实训改变了各专业实训方式，也更符合高校各专业实训教学的实际。本系列丛书包括《ERP沙盘模拟实训教程》《市场营销沙盘模拟实训教程》《人力资源管理沙盘模拟实训教程》《国际经济与贸易沙盘模拟实训教程》《客户关系管理沙盘模拟实训教程》《企业管理决策沙盘模拟实训教程》《物流管理沙盘模拟实训教程》及《跨专业综合实训教程》等。

本系列丛书具有以下特点。

1. 知识性

本系列丛书是基于仿真模拟各学科的专业知识，如 ERP 沙盘模拟实训教程，涉及整体战略、产品研发、设备投资改造、生产能力规划与排程、物料需求计划、资金需求规划、市场与销售、财务经济指标分析和团队沟通与建设等多个方面；同时，该教程还将角色扮演、案例分析和专家诊断融于一体，让学生在分析市场、制定战略、组织生产、销售产品和财务结算等一系列活动中体会企业经营运作的全过程，认识到企业资源的有限性，从而深刻理解 ERP 的管理思想及专业知识，领悟科学的管理规律，提升管理能力。

2. 直观性

本系列丛书是基于仿真模拟的理念，大部分具有相关的实物教具，通过实物教具剥开经营理念的复杂外表，直探经营本质。如 ERP 沙盘模拟将企业结构和管理的操作全部展示在模拟沙盘上，将复杂、抽象的 ERP 管理理论以最直观的方式让学生体验、学习，完整生动的视觉感受将有效地激发学生的学习兴趣，增强学生的学习动力。

3. 趣味性

沙盘模拟是通过各组相互竞争的设计理念，让参与者在各个环节都努力获得较好的竞争优势并最终获得成功，这种设计理念极大地增强了学习的趣味性。而且，沙盘模拟课程采用各种仿真教具，让参与者游戏般地体验专业课程的学习，在学习过程中激发参与者的竞争热情，增加参与者的娱乐体验，使枯燥无味的课程变得生动有趣。

4. 仿真性

本系列丛书均采取分组进行模拟对抗的方式，即把参加学习的学生分成若干组，每组 5 ~ 8 人，代表不同的虚拟企业，形成若干个相互竞争的模拟企业。在学习过程中，每个公司的成员分别扮演企业中重要职位的管理者，如 CEO（执行总裁）、CFO（首席财务官）、市场总监、生产总监和运营总监等，每组在统一的市场模拟环境中经营一家企业，连续从事 6 ~ 8 个会计年度的经营活动。在激烈的竞争环境中，他们将选择不同的产品策略、市场策略和价格策略等一系列策略，以保持企业不断发展并经营成功。

总之，本系列丛书是对高等院校实验教学，特别是经管类实验实训教学的一种探索，同时也是对高等院校经管类实践教学的一种创新；本系列丛书凝聚了众多长期在经管类实验教学一线工作的教师的经验和智慧。感谢嘉兴学院国家级经管实验示范中心、嘉兴精创教育科技有限公司、用友新道科技有限公司等为此系列丛书的出版所作出的努力和贡献。

编写组

2013 年 6 月

前言

企业竞争的核心是人才的竞争。21世纪，人力资本的地位已经逐渐超越实物资本，成为企业最主要的核心竞争力。然而，在过去几年的人力资源管理实践教学中，我们深切地感到，单纯地讲解人力资源管理知识，学生难以理解；传统的人力资源实践教学难以提高学生的兴趣。在多元化的社会，如何让学生真正体会人力资源管理的真谛，如何让他们亲自运营一个企业的人力资源管理部门成为当前高校人力资源管理实践教学的难题。

人力资源管理沙盘模拟将人力资源管理专业的核心课程内容与沙盘模拟形式有机结合，通过模拟企业的运营过程，让学生通过团队合作的形式，对公司进行战略规划、人力资源规划、招聘、培训、绩效考核、薪酬管理等一系列活动，使学生在模拟竞争过程中对制订人力资源规划以满足公司的整体战略，实施招聘策略，选择培训方案、制定适当的薪酬标准以及进行绩效考核等问题展开探讨，从而体会人力资源管理工作与企业整体经营战略之间的关系，探究企业人力资源实务的规律，感悟各部门经理在人力资源管理中的作用，掌握建设和管理团队的方法与技巧。人力资源管理沙盘集情景模拟、案例分析、角色扮演和专家诊断于一体，通过新颖的参与式教学、强烈的竞争场景设计，克服了以往枯燥、繁杂的人力资源灌输式教学的弱点，能够最大程度地激发学生兴趣，并且，能够改变目前各门实践课程教学内容脱节的情况，达到人力资源管理专业实践教学的有效整合。

本教程分为9章。第1章主要对沙盘类课程进行介绍；第2章对人力资源管理的一些核心内容进行梳理；第3章对人力资源管理沙盘进行概述，第4、5、6章对人力资源管理沙盘模拟运营规则、模拟系统及具体运营进行详细阐述；第7

章对人力资源管理沙盘的经营成果进行分析与点评；第 8 章总结了人力资源管理沙盘模拟的一些操作技巧；第 9 章对人力资源管理沙盘案例进行了具体分析。本教程由蒋定福担任主编，由叶利华、岳淼、许小东、龚迅伟、龚尚猛、许可勤、金斌、卢锦绣、沈洋共同撰写。本教程在撰写过程中选用了嘉兴学院国家经济管理实验示范中心及嘉兴精创教育科技有限公司的很多内部资料，在此表示感谢；周佳缘、陆敏琪、叶立华等同志为本教材撰写工作的顺利完成提供了无私的帮助和支持，在此致以诚挚的谢意。

由于人力资源管理沙盘模拟是一种创新性的实训教学，怎样仿真模拟，仿真到什么程度以及要达到怎样的教学效果都是需要不断探索的问题，加之编者的水平有限，书中不足之处在所难免，敬请各位专家、读者批评指正。

编　者

2014 年 1 月

目 录

1

沙盘课程简介

近年来,高等院校越来越重视实践教学。强化实践教学环节,深化实践教学方法改革是当前高等院校实践教学工作的重点。为此,各高校积极探索各种实践教学的方式方法,其中,沙盘模拟是近几年经管类实践教学非常流行的方式之一。本章主要阐述沙盘的发展沿革,高校在实践教学中遇到的困境及构建沙盘课程实践教学体系的优势、目标及措施。

本章重点:

- 理解构建沙盘课程实践教学体系的优势
- 理解构建沙盘课程实践教学体系的目标及措施

1.1 沙盘及其应用

沙盘是根据地形、航空照片或实地地形,按一定的比例,用泥沙、兵棋和其他材料堆制的模型。因作战指挥的需要,战场地形便以沙盘的形式呈现在军事指挥员面前,以便于军事指挥员利用沙盘分析研究战争形势和指挥作战。

应用于沙盘研究作战情况在我国有着悠久的历史。《史记·秦始皇本纪》中记载:“以水银为百川大海,机相灌输,上具天文,下具地理。”据说,秦在布置灭六国时,秦始皇亲自堆制沙盘研究各国的地理形势,在李斯的辅佐下,派大将王翦进行统一六国的战争。后来,秦始皇在修建陵墓时,墓中堆塑了一个大型的地形模型,以地形模型作为殡葬品。模型中不仅砌有高山、丘阜和城邑,而且用水银模拟江河、大海,用机械装置使水银流动循环。可以说,这是最早的沙盘雏形,至今已有 2 200 多年的历史。这说明,秦始皇从统一战争中认识到了地形的重要。《后汉书·马援传》中已有记载:汉建武八年(公元32 年),光武帝征伐天水、武都一带地方豪强隗嚣时,大将马援“聚米为山谷,指画形势”,使光武帝顿有“虏在吾目中矣”的感觉,即东汉光武帝刘秀的伏波将军马援,用谷米堆制战场地形,用各色豆粒标出高山、平原、河流、峡谷、要地、隘口、城池、道路,以及敌我双方军队兵士的布置情况,直观地展现战场场景,为将领指挥作战提供了极大的方便。这就是世界上最早出现的沙盘。

北宋著名科学家沈括(1031—1095)发展了沙盘制作方法,把宋朝与契丹(辽)接壤的沿边地形制成木制地形模型。为方便起见,后来改为石粉糊木屑做在木面板上。他所在的定州(今河北定州市)冬天寒冷,模型做在木板上容易脱落,所以又改用熔蜡的方式制作,报送皇上,神宗看后作出嘉奖,并下诏边疆各州俱效法制作。因沙盘适用于军事,使用价值高,很快便得以推广。

三国时期，蜀国军师诸葛亮，在四川奉节县南江边上一个被称为鱼腹浦的地方，聚石布成了“八阵图”，使吴国大将陆逊望而生畏。诸葛亮的“八阵图”一直是个谜，经现代军事科学家研究发现，这个“八阵图”共有乱石八九十堆，原来是秦岭地区的地形模型，诸葛亮用它模拟训练蜀国军队，是用于为出汉中、越秦岭、北伐在中原的魏国做军事准备。

由于沙盘使用价值高，因此，第一次世界大战后，沙盘在军事上的应用更加广泛。第二次世界大战时，德军每次组织重大战役都预先在沙盘上予以模拟演练。后来，随着电子计算机技术的发展，出现了电脑模拟战场情况的新技术，促使沙盘向自动化、多样化的方向发展。

最初的企业运营沙盘仿真实验是瑞典皇家工学院的科拉斯·梅兰于1978年开发的课程，其特点是采用体验式培训方式，遵循“体验—分享—提交—应用”的程序达到学习的目的。最初该课程主要是从非财务人员的财务管理角度进行设计的，其后不断改进与完善，针对职业（如CEO、CFO等职位）的沙盘演练课程也被相继开发出来。目前“沙盘演练”的课程被世界500强企业作为中高层管理者的必要培训课程之一，也被欧美的商学院作为EMBA的培训课程。

1.2 高校实践教学面临的困境

高等院校经管类专业近几年对学生实践技能培养的重视程度不断提高，通过增加实践课程的课时，加强“双师型”师资队伍的建设，使实践教学水平有了显著提高。但学生的实践技能与社会需求相比仍然存在着差距，同时也面临着不少发展中的困惑，主要体现在以下四个方面。

1.2.1 深入企业实践普遍面临“难组织、组织难”的困惑

经管类专业人才培养目标中对实践性和创新性的要求较高，而组织学生深入企业开展实践活动，能够切实提高学生利用理论解决实际问题的能力，能够充分培养学生的实践能力和创新性，但在实际运作过程中却存在着诸多问题，使得实践教学无法达到预期的人才培养目标。首先，是难以寻找到适合的企业提供匹配的岗位，经管类专业学生到企业开展实践活动对岗位要求较高，一般希望能得到具有一定管理技能的岗位，而现实中企业一般提供的多为操作型岗位；其次，是难以寻求到大批量的实践岗位，满足高校校外实践的需求，即使向企业交纳一定的费用，企业也无法提供批量的岗位供学生实习；最后，是校外实践监管难度大，对学校的监管要求高，监管成本高，经管类专业学生实践即使安

排在一个城市往往也是比较分散的，校内指导教师对参与校外实践教学学生的安全无法有效地监控，这对学校组织实践教学带来了大量的实习管理难题。所以，一方面，经管类学生迫切需要企业提供相匹配的实习机会；另一方面学校因难以解决实习管理中的问题往往陷入两难境地。

1.2.2 校内实践教学无法充分发挥学生的主观能动性

由于校外实践组织难、成本高，所以院校将实践环节的场所重点放在校内的实训室里，经管类专业通常通过构建校内情景模拟实训中心的模式开展实践教学。但目前在情景模拟实训的教学设计与组织过程中，多采取的是教师主讲、学生倾听的“填鸭式”教学方式，这种方式只能实现管理常识的普及，无法使学生自主性、互动性和研究性地学习，学生的学习积极性无法得到有效发挥，显然已不能适应职业教育教学的需要。

1.2.3 目前的实践教学组织方式难以提高学生的应变能力和沟通能力

目前经管类专业实训的设计多为演示、验证型，此类实训的内容多为事先给定，步骤往往为固定程序，实训的全过程多为机械式操作。因而学生在实训过程中只需按部就班就可以得到最终结果，往往是知其然而不知其所以然。这样的实训不利于学生的创新思维和灵活运用知识能力的培养，以致学生在日后工作中接触到千差万别的企业时往往显得无能为力。

1.2.4 目前的实践教学过程中缺少对学生合作能力的训练

高等职业教育培养的人才不仅要学会分工，更要学会协作。但目前的经管类实训，更多地强调的是合理分工，而让学生学会如何与人沟通协调、如何进行团队合作能力的培养则涉及甚少。

1.3 构建沙盘课程的实践教学体系

1.3.1 建立基于沙盘模拟教学环境的实践教学体系的优势

1.3.1.1 侧重实践和现场参与，激发学生主动思考和创新精神

沙盘模拟训练课程能提供现场实践的氛围，使同学们在对抗中有身临其境的感受，在成功和失败、权力和责任、决策和风险中领悟管理的知识和技巧，学会团队协作，全面提高管理的素质与能力。在课程中，学生基本上处于

"发现问题—解决问题—发现新问题"的过程之中,每个团队必须共同分析问题,制定解决方案,具体实施并评价效果。从怎样才能避免破产到如何掌控市场趋势,从怎样精确控制生产成本到如何提高资金周转速度,从一人领导到群策群力,从盲目操作到精细分工,在对抗的过程中促使学生主动地进行目的性极强的思考,激发学生的积极性,提高课程的学习效果,激发学生的潜能和创造力。相对于理论知识,沙盘模拟训练课程更多地侧重于实际操作能力的培养,最大限度地模拟一个真实企业的生产、财务和营销等过程以及多个企业间的战略对抗与合作,使学生能够直观地了解各种专业知识在日常工作以及战略决策中的实际应用,"在参与中学习知识,在实训中提升能力",这与目前倡导的"行动导向""任务驱动"以及"工学结合"的教育教学改革理念和人才培养模式是一致的。

1.3.1.2 激发学生兴趣,明确专业价值

在经管类课程的授课过程中,经常会有学生问这样的问题:"我们学习这门课程有什么用?"总体来说,一方面,高校经管类课程相对于技术类、专业类课程,概念性的内容偏多,并且传统的授课方式以讲授为主,学生的课堂体验相对较少,授课效果很不明显;另一方面,高职高专的学生层次和知识积累,决定了他们很难对经管类课程有一个整体的掌握和深刻的理解。另外,经管类课程的授课效果也很难有一个行之有效的检验和考核方式,主观性较强。沙盘模拟训练课程与传统课程相比,其最大的特点是摒弃了教材的约束,课堂的主体由授课教师变成了学生团队,教师的角色由知识的传授者、演讲者甚至是表演者转变为市场的组织者,经营的指导者,能力的促进者。在组建模拟企业、进行对抗的过程中,学生会遇到成本控制、资金周转、市场定位、原料采购、产品研发、应对突发情况、沟通和决策等多方面的问题,在解决问题的过程中学生自然而然地认识和了解管理、营销、财务、信息和商务等学科的相关知识点,对自身专业的价值也有了一个非常直观的体验。

1.3.1.3 培养学生的专业素养,提升学生的竞争力

经管类专业学生能力和素质的提升,主要靠的是实践而不是读死书、记定义、闭门造车或纸上谈兵。沙盘模拟训练课程是以实践作为绝对的主体,教师讲授和总结只是提纲挈领、画龙点睛。在课程中,学生能够自发地领悟有关合作、沟通、竞争、应变等方面的能力,提升自己的"3Q",即智商 IQ、情商 EQ 和逆商 AQ。经历了破产的刻骨铭心和成功盈利的欢呼雀跃,学生不仅能认识到战略决策的重要,更能明白"细节决定成败"的道理。通过对企业经营过程的模拟,学生对专业的方向和前景有了直观的了解。从某种意义上说,沙盘模拟训练课程对学生最大的培养和教育不是能力上的而是心理上的。通过课程学习,学生从心理上更加自信并坚定信心,能够更好地应对竞争和挑战。

1.3.1.4 拓展知识体系，提升综合素质

在高职院校的专业设置中，专业划分较细，这种专业壁垒禁锢了学生的发展空间和思维方式。沙盘模拟训练课程是对企业经营管理的全方位展现，通过学习，可以使学生在营销、生产、财务和战略管理等方面获益，养成基于信息管理的思维方式，全面提高学生的综合素质，使学生树立共赢理念、全局观念与团队合作精神，领悟保持诚信的重要性，了解自身个性与职业定位，甚至感悟人生，实现从感性到理性的认识飞跃。在沙盘模拟训练课程中，同学们经历了一个从理论到实践再到理论的螺旋式上升过程，这符合哲学上肯定—否定—否定之否定的客观规律，将自己亲身经历的宝贵实践经验转化为全面的理论模型。学生借助沙盘推演自己的企业经营管理理念，从宏观到微观，从战略到战术，从感性到理性，每一次基于现场的案例分析及基于数据分析的企业诊断，都会使学生恍然大悟，达到磨炼其商业决策敏感度，提升决策能力及长期规划能力的目的。

沙盘模拟教学是集知识性、趣味性和对抗性于一体的企业管理技能训练课程。在高校中，沙盘模拟课程往往通过游戏教学的方式让学生在模拟企业经营决策的过程中体验得失、总结成败。通过沙盘模拟课程的学习，学生的学习积极性和主动性得到显著提高，综合运用所学知识的能力得到了很大的提升，独立思考能力和团队精神得到了很好的锻炼，这些都有助于解决经管类专业实践教学中培养学生能力不足的问题。

1.3.2 建立基于沙盘模拟教学环境的实践教学体系的目标

1.3.2.1 培养学生的团队协作精神

沙盘模拟对抗的最大特点就是构建模拟企业团队，团队内部实行民主集中制。团队成员分工协作，各司其职、各负其责，同时又相互沟通、团结协作，体现团队协作精神。每一个角色都有特殊的使命，都是肩负重任、责无旁贷。角色之间要彼此沟通、目标一致，必须同心协力。

1.3.2.2 培养学生的战略思想，克服短期经营行为

在沙盘模拟经营过程中，要求各个模拟企业至少连续经营 6 年，体现战略决策对企业的长远影响；体现企业经营环境的复杂多变；体现学生对复杂多变环境的应变能力；体现战略决策与短期行为之间的对立统一关系，培养和锻炼学生的决策能力、应变能力和协调能力。

1.3.2.3 培养学生树立双赢、共赢的理念

面对无情的市场、激烈的竞争，一个企业单打独斗是难以与市场抗衡的。因此，企业之间需要沟通，需要协作。面对相同的经营环境和经营起点，不同的战略、经营方针和决策，产生的结果可能是完全不同的。因此，只有做好市场分

析、竞争对手分析和自我分析,及时沟通协作,才能获得共赢。

1.3.2.4 培养学生的综合素质,提高知识应用能力

通过沙盘模拟企业经营,参加学习的学生普遍认为专业知识得到了巩固、提高,同时学到了更多的新知识,对相关专业的知识有了更加深入的了解,个人的素质和能力也有了不同程度的提高。

1.3.3 建立基于沙盘模拟教学环境的实践教学体系的措施

1.3.3.1 课程体系设置

将沙盘模拟教学纳入专业人才培养方案,可以采取开设沙盘类课程或者专项实训周的方式完成教学任务。因为沙盘经营的规则比较复杂,在模拟过程前,授课教师要对经营规则和注意事项进行详细讲解,但是大多数学生往往不能理解其含义,必须亲自动手做过一遍以后才能对规则有深刻领悟。同时,模拟企业的生产经营又具有连续性,若采用开设课程的方式,学时分散、时间跨度大,常常不能取得良好的实践教学效果,若采取专项实训周的方式则可以弥补这些缺陷,相对而言能取得较好的教学效果。

1.3.3.2 师资队伍建设

沙盘模拟教学具有跨学科、跨专业的特点,不仅要求教师有较为渊博的知识,还要求教师具备丰富的企业管理实践经验,了解企业在实际运营中可能出现的诸多问题,这样才能将沙盘实践教学与现实企业的实际运营相结合,深入分析经营的各个层面。因此,沙盘模拟实训课程应当配备具备综合知识素养的教师。但是,目前高校中的教师大多都是从高校到高校,缺少企业实践经验,既熟悉经济管理知识又具有实践经验的复合型教师非常少。因此,高校应充分利用现有师资队伍,打破教师的专业界限,抽调知识结构互补的专任教师组成沙盘教学项目团队。此外,应不断对教师进行再教育与培养,在一定的时期内,应派教师到校外实训基地学习与锻炼,提高教师的素质与能力。

1.3.3.3 建立校企合作的实践教学模式

高校在开展沙盘模拟教学时,可以考虑与企业加强校企合作,共建沙盘培训基地,合理利用校外资源,积极引进企业中成熟的管理实践的教学内容和教学方法,以缩短学校与社会的距离。在实际操作中,可以采用请进来、走出去的方法,请企事业中相关方面的专家到学校为学生讲解沙盘的操作方法、用途及重要性;同时,指导教师带领学生到企事业工作现场观摩企业具体业务操作流程等,提高学生的学习兴趣,使学生对沙盘知识的学习产生强烈的愿望。

1.3.3.4 建立科学的沙盘教学效果评价机制

现行的实训教学评定标准主要是看最后的实训结果,许多教师在为各模拟公司打分时只分析企业的经营结果,只看企业经营排名,导致学生在实训过程

中急功近利。有的学生为了取得好的经营结果，不惜违反操作规则，有的同学害怕犯错，影响公司成绩，干脆什么都不做。沙盘模拟实训的考核应实行阶段性、全方位、多层次的考核方法，对学生成绩的评定不仅要看最后的实训结果，还要强调过程控制。教师应当考察实训全过程中的团队合作情况、遵守活动规则情况和经营活动记录情况等，重点强调诚信经营，通过综合考评，全面评价学生的专业实践能力。

1.3.3.5 组建沙盘类专业实践社团

由于开设沙盘教学的课时很少，而真正掌握沙盘需要大量的时间，因此需要利用大量的课外时间进行练习。目前，授课教师平时工作量大，缺乏更多的时间组织额外的课外沙盘教学，因此有必要组建沙盘类专业实践社团。专业实践社团以学生为主体，由学生对沙盘实训室进行日常管理，教师指导学生开展课外沙盘学习，教师只对社团中的骨干学员进行重点培训，由骨干学员再向其他学生传授，充分发挥传帮带的作用。

1.3.3.6 积极参加沙盘类技能大赛

技能大赛是课堂教学的延伸，也是学生验证自己掌握课堂知识的最好平台。高校经管类专业应组织队伍代表学校参加国家级、省级各类沙盘模拟演练大赛，落实国家“普通教育有高考，职业教育有技能大赛”的职业教育办学理念。通过沙盘技能大赛，检验教学成果，促进沙盘教学水平的提高。

1.3.3.7 结合专业特征，针对专业特点选择沙盘进行学习

随着高校对沙盘模拟教学的认可，沙盘也不仅仅是以制造型企业为背景的设计，物流企业沙盘、电子商务企业沙盘、供应链沙盘、市场营销沙盘、人力资源管理沙盘、客户关系沙盘及国际贸易沙盘等一系列沙盘相继出现。经管类专业学生可以结合专业特征学习相关的沙盘课程。

经管类专业实践教学通过沙盘模拟环境，仿真企业经营环境，为学生提供进入企业不同岗位操作和学习的机会，学生可以身临其境地把学到的专业知识运用到实践中去。沙盘模拟教学法是新兴的实践教学方法，充分体现出行为导向和岗位体验的实践教学理念。基于沙盘模拟环境构建经管类专业实践教学体系，既可以提高学生综合职业素质与能力，同时也可以解决困扰经管类专业发展的实践教学组织难、实施难的问题，有助于进一步完善现行的经管类专业实践教学体系。

2

人力资源管理核心内容

人力资源管理是在经济学与人本思想指导下，通过招聘、甄选、培训以及薪酬等管理形式对组织内外相关人力资源进行有效配置和利用，满足组织当前及未来发展的需要，保证实现组织目标与成员的发展，也就是预测组织人力资源需求并作出人力资源需求计划、招聘选择人员并进行有效组织、考核绩效、支付薪酬并进行有效激励、结合组织与个人需要进行有效开发以便实现最优组织绩效的全过程。学术界一般把人力资源管理分为六大模块：①人力资源规划；②招聘与配置；③培训与开发；④绩效管理；⑤薪酬管理；⑥劳动关系管理。

本章重点：

- 人力资源规划内容
- 招聘与甄选理论知识
- 培训与开发
- 绩效管理
- 薪酬管理
- 劳动关系

2.1 人力资源规划

人力资源规划（Human Resource Plan，HRP）也称为人力资源计划。人力资源规划是企业建立战略型人力资源管理体系的前瞻性保障，通过对企业人力资源的供需分析，预见人才需求的数量和质量要求，以此确定人力资源工作策略。人力资源规划咨询服务从企业战略出发，详尽分析企业所处行业和地域等外部环境，透彻了解企业现有的人力资源基础，结合强大的数据基础，准确预测企业未来发展所需的各类人力资源数量、质量和结构等方面的要求，结合市场供需确定企业人力资源工作策略，制定切实可行的人力资源规划方案。

2.1.1 人力资源规划的内容

人力资源规划，是指根据企业的发展规划和发展战略，通过对企业未来的人力资源的需要和供给状况的分析及估计，并对人力资源的获取、配置、使用和保护等各个环节进行职能性策划，以确保组织在需要的时间和需要的岗位上获得各种必需的人力资源的规划。

人力资源规划总体包含战略规划、组织规划、制度规划、人员规划和费用规划五个方面。

人力资源规划有狭义和广义之分。狭义的人力资源规划是企业从战略规划和发展目标出发,根据其内外部环境的变化,预测企业未来发展对人力资源的需求,以及为满足这种需求所提供人力资源的活动过程;广义的人力资源规划是企业所有各类人力资源规划的总称。

2.1.1.1 狭义的人力资源规划

狭义的人力资源规划,按照年度编制的计划主要有三项。

(1)人员配备计划。企业按照内外部环境的变化,采取不同的人员管理措施(如使员工在企业内部合理流动、对岗位进行再设计等)以实现企业内部人员的最佳配置。例如,企业要求某岗位上的员工同时具备其他岗位的经验或知识,使其成为复合型人才。又如,当人员过剩时,企业可以通过岗位再设计,对企业中不同岗位的工作量进行调整,以解决工作负荷不均的问题。

(2)人员补充计划。人员补充计划是企业根据组织运行的实际情况,对企业在中、长期内可能产生的空缺职位予以弥补的计划,旨在促进人力资源数量、质量和结构的完整与改善。一般来讲,人员补充计划是与人员晋升计划相联系的,因为晋升计划会造成组织内的职位空缺,并且这种职位空缺会逐级向下移动,最后导致企业对较低层次的人员需求加大。所以,在企业进行招聘录用活动时,必须预测未来一段时间内(如1~2年)员工的使用情况。只有这样,才能制定出合理的人员补充计划,保证企业在每一发展阶段都有适合的员工担任各种岗位的工作。

(3)人员晋升计划。人员晋升计划是企业根据企业既定目标、人员需要和内部人员分布状况制定的员工职务提升方案。对企业来说,要尽量使人与事达到最佳匹配,即尽量把有能力的员工配置到能够发挥其最大作用的岗位上去,这对于调动员工的积极性和提高人力资源利用率是非常重要的。职务的晋升,意味着责任与权限的增大。根据赫兹伯格的双因素理论,责任与权限都属于工作的激励因素,它们的增加对员工的激励作用巨大。因此,人员晋升计划的最直接的作用就是激励员工。

晋升计划的内容一般由晋升条件、晋升比率和晋升时间等指标组成。企业的晋升计划是分类制定的,每一个晋升计划都可以用这些指标清楚地表示。企业在制定员工晋升计划时应当全面衡量这些指标,慎重使用,以免员工感到不公平,进而对员工间已有的平等竞争环境和企业的经营效益造成不良的影响。

2.1.1.2 广义的人力资源规划

广义的人力资源规划,按照年度编制的计划,除了上述三种人员计划之外,还包括以下四项计划。

(1)人员培训开发计划。人员培训开发计划是企业通过对员工有计划的培训,引导员工的技能发展与企业的发展目标相适应的策略方案。人力资源是一种再生资源,企业可以通过有计划、有步骤、分门别类地培训开发人力资源的潜力,培养出企业发展所需要的合格人才。企业人员培训的任务就是设计对现有员工的培训方案、生理与心理保健方案。人员培训计划的具体内容包括受训人员的数量、培训的目标、培训的方式方法、培训的内容和培训费用的预算等。

(2)员工薪酬激励计划。薪酬激励计划一方面是为了保证企业人工成本与企业经营状况之间恰当的比例关系;另一方面是为了充分发挥薪酬的激励功能。企业通过薪酬激励计划,可以在预测企业发展的基础上,对未来的薪酬总额进行预测,并设计、制定和实施未来一段时期的激励措施,如激励方式的选择,以充分调动员工的工作积极性。

(3)员工绩效管理计划。员工职业生涯规划既是员工个人的发展规划,又是企业人员规划的有机组成部分。企业通过员工职业生涯规划,能够把员工个人的职业发展与组织需要结合起来,从而有效地留住人才,稳定企业的员工队伍。特别是对那些具有相当发展潜力的员工,企业可以通过个人职业生涯规划的制定,激发他们的主观能动性,使其在企业中发挥更大的作用。

(4)其他计划。其他计划包括劳动组织计划、员工援助计划、劳动卫生与安全生产计划和员工职业生涯计划等。

一般而言,按照人力资源规划的时限划分,人力资源规划分为三种类型:长期人力资源规划、中期人力资源规划和短期人力资源规划。但对规划的具体时限却没有统一标准。有的企业将短期规划定为3~6个月,将中期规划定为6个月至2年,长期规划则定为2~5年。而有的企业,即使短期规划也都定在10年以上。显然,具体的规划时限应根据组织的性质、规模确定。

2.1.2 企业人力资源规划的环境

2.1.2.1 外部环境

(1)经济环境。经济环境方面的各种变化在宏观上改变着企业员工队伍的数量、质量和结构,它对企业人力资源需求影响较大。其影响主要体现在以下两个方面。

第一,经济形势。当经济处于萧条期时,人力资源的获得成本和人工成本较低,但是企业受经济形势的影响,对人力资源的需求减少;当经济处于繁荣期时,劳动力成本较高,但是企业处于扩张时期,对人力资源的需求量会增加。企业在进行人员规划时,必须考虑所处经济社会的宏观经济形势,在整体趋势上保证人员规划总体战略的正确性。

第二,劳动力市场的供求关系。劳动力市场上各种人才的供求关系对于企业获得各种人才的成本、难易程度都有较大的影响。

(2)人口环境。人口规划的对象是人,因此,人口环境,尤其是企业所在地区的人口环境,对企业获取人力资源有着重要的影响。人口环境因素主要包括社会或本地区的人口规模以及劳动力队伍的数量、结构和质量等特征。

在制定人员规划时,还要考虑劳动力年龄因素对人员规划的影响。因为不同年龄段的员工在收入、生理需要、价值观念、生活方式和社会活动等方面存在着一定的差异,有着不同的追求。

(3)科技环境。科学技术对企业人员规划的影响是全方位的,它使企业对人力资源的需要和供给处于结构性的变化状态(或处于动态的不平衡状态)。例如,计算机网络技术的快速发展,使网络招聘等成为现实;新技术的引进与新机器设备的应用,使企业对低技能员工的需求量减少,对高技能员工的需求量增加。

(4)文化法律等社会因素。社会文化反映社会民众的基本信念、价值观,对人力资源管理有间接的影响。例如,不同的文化对待劳动关系的观点就有所不同。例如,我国东部沿海地区受西方文化影响较大,人们在选择工作、与企业确定劳动关系时,可能倾向于与企业签订契约关系;而我国西部广大地区,人们可能比较喜欢传统的较为稳定的终身雇用制度。因此,企业在制定人员规划时,应慎重考虑社会文化环境的因素,尤其是跨国公司,在国际化与本土化相结合的经营战略下,人员规划以及人力资源管理的其他环节都要充分考虑各个国家和不同地区的社会文化差异。

影响人力资源活动的法律因素有政府制定的相关劳动就业制度、工时制度、最低工资标准、职业卫生、劳动保护和安全生产等规定,以及户籍制度、住房制度和社会保障制度等。因为这些制度、政策和规定会影响到人力资源管理工作的全过程,当然也会影响到企业的人员规划。

2.1.2.2 内部环境

(1)企业的行业特征。企业所处的行业在很大程度上决定着企业的管理模式,也影响着人力资源管理工作。企业的行业属性不同,企业的产品组合结构、生产的自动化程度和产品的销售方式等内容不同,企业对所需要的人力资源数量和质量的要求也不同。比如,对于传统的生产性企业而言,生产技术和手段都比较规范和程序化,人员招聘大多以掌握熟练技术的工人为主;对于现代高科技企业来说,则需要技术创新型的技术开发人员。

(2)企业的发展战略。企业在确定发展战略目标时,要制定相应的措施,以保证企业发展目标的实现。比如,企业生产规模的扩大、产品结构的调整或升级、采用新生产工艺等,会造成企业人力资源结构的调整,因此,在制定企业人员规划时要着重考虑企业的发展战略，以保证企业人力资源符合企业发展战略目标的要求。

(3)企业文化。企业文化对企业的发展有着重要的影响，积极的、适合企业的文化，能够增强企业的凝聚力，激励员工的进取精神，稳定员工队伍。这样，企业面临的人力资源方面的不确定性因素就会少一些，有利于企业人员规划的制定。

(4)企业人力资源管理系统。企业人力资源管理系统既包括企业拥有的人力资源的数量、质量和结构等特征，也包括人力资源战略、培训制度、薪酬激励制度、员工职业生涯规划等功能模块，这些管理系统对人员规划有着重要的影响。

2.1.3 人力资源规划的步骤

2.1.3.1 环境分析

分析企业所处的外部环境及行业背景，对企业未来发展目标以及实现目标所采取的措施和计划进行评估，目的在于明确对企业人力资源的需求和影响。

公司人力资源部正式制定人力资源规划前，必须向各职能部门索取公司整体战略规划数据、企业组织结构数据、财务规划数据、市场营销规划数据、生产规划数据、新项目规划数据和各部门年度规划数据信息，进而整合为企业人力资源政策数据、公司文化特征数据、公司行为模型特征数据、薪酬福利水平数据、培训开发水平数据、绩效考核数据、人力资源人事信息数据和人力资源部职能开发数据。人力资源规划专职人员负责从以上数据中提炼出所有与人力资源规划有关的数据信息，并且整理编报，为有效的人力资源规划提供基本数据。

2.1.3.2 人力资源现状分析

人力资源现状分析是指对员工数量、质量和结构等的静态分析、员工流动性等的动态分析以及人力资源管理关键职能的效能分析。

人力资源现状分析的具体内容包括企业现有员工的基本状况、员工具有的知识与经验、员工具备的能力与潜力及其开发、员工的兴趣与爱好、员工的个人目标与发展需求、员工的绩效与发展成果、企业近年来人力资源流动情况以及企业人力资源结构与现行的人力资源政策等。

2.1.3.3 人力资源需求预测

通过对组织、运作模式的分析，以及对各类指标与人员需求关系的分析，提炼出企业人员配置规律；对未来实现企业经营目标带来的人员需求进行预测。

人力资源需求分析的主要任务为：分析影响公司人力资源需求的关键因素，确定公司人力资源队伍的人才分类、职业定位和质量要求，预测未来3年人才队伍的数量，明确与公司发展相适应的人力资源开发与管理模式。

企业的人力资源需求预测主要是基于企业的发展实力和发展战略目标规划。人力资源部门必须了解实现企业的战略目标的步骤，每一步需要什么样的人才和人力做支撑，需求数量是多少，何时引进比较合适，对人力资源成本进行分析，然后才能做出较为准确的需求预测。

2.1.3.4　人力资源外部供给预测

外部人力资源供给预测的内容包括本地区人口总量与人力资源比率、本地区人力资源总体构成、本地区的经济发展水平、本地区的教育水平、本地区同一行业劳动力的平均价格与竞争力、本地区劳动力的择业心态与模式、本地区劳动力的工作价值观、本地区的地理位置对外地人口的吸引力、外来劳动力的数量与质量以及本地区同行业对劳动力的需求等。

2.1.3.5　人力资源规划目标

企业人力资源战略规划是基于以上信息制定的，是与企业的发展战略相匹配的人力资源总体规划。通过对于员工总量、结构数量等目标进行评估、总结和确认，确定企业不同人员的能力素质目标。

2.1.3.6　行动方案

企业人力资源规划目标的实现需要制定行动方案，即拟定招聘、培训、激励等策略。

行动方案的主要内容包括与企业的总体战略规划有关的人力资源规划目标、任务的详细说明，企业有关人力资源管理的各项政策策略及有关说明，企业业务发展的人力资源计划，企业员工招聘计划、升迁计划，企业人员退休、解聘、裁减计划，员工培训和职业发展计划，企业管理与组织发展计划，企业人力资源保留计划以及企业生产率提高计划等。一份完整的人力资源战略规划是企业人力资源管理的基础和核心，企业人力资源管理的具体工作都会时刻围绕着这个中心进行。

2.1.4　人力资源规划的作用

人力资源规划是人力资源管理中的一个重要职能，在所有职能中具有战略性和前瞻性，是人力资源管理工作的基础，如图2－1所示。

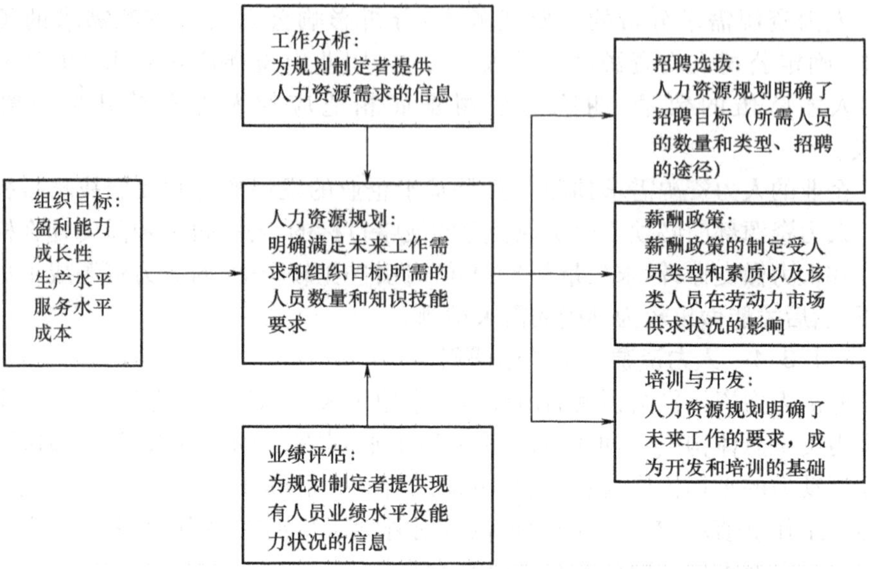

图 2-1　人力资源规划关系图

人力资源规划的作用体现在下述方面。

2.1.4.1　有助于组织及时了解由于企业经营活动变化而形成的人力资源管理方面的变化

组织的生存和发展与组织的人力资源密切相关，组织经营活动过程中的任何变化都有可能使组织中的人力资源发生变化，如果组织的人力资源不能适应组织的这种变化，组织的目标就难以实现。人力资源规划就是要预见组织变化将要产生的组织对人力资源需求的变化，并且及早进行准备。

2.1.4.2　有助于组织能够预见未来人力资源不足或过剩的潜在问题

对于一个不断变化的组织来说，人力资源的需求和供给不可能实现自动平衡。人力资源规划通过分析组织变化、预测人力资源的供求差异、及时预见组织在未来可能出现的人力资源不足或过剩的潜在问题，并及时采取措施进行调节。

2.1.4.3　有助于组织获得并且留住能满足企业需要的具有一定知识、技能和经验的人力资源

通过人力资源规划，组织可以了解哪些人员是组织短缺的，组织应制定哪些针对员工发展的政策和薪酬政策，吸引和留住组织所需要的人力资源。人力资源规划对调动员工的积极性也很重要，因为只有在人力资源规划的条件下，员工才可以看到自己的发展前景，从而积极地努力争取。人力资源规划有助于引导员工职业生涯设计和职业生涯发展。

2.1.4.4　有助于组织充分有效地利用人力资源

人力资源规划既可以保障组织拥有足够数量而且满足工作要求的人力资

源，满足组织发展的需要，又能够防止人力资源的浪费，最大限度地节约人力成本。人力资源规划是人员招聘和员工安置的重要依据，它使组织能够将合适的员工安置在合适的岗位上，最有效地利用人力资源。

2.1.4.5 为开发培训提供信息，使员工能够适应不断变化的环境需要

人力资源规划在为员工招聘提供信息的同时，也为员工培训提供了信息。在快速变化的环境中，组织不可能通过外部招聘的办法解决组织所遇到的所有人力资源短缺的问题。通过人力资源规划，组织可以了解未来组织发展对员工的知识、技能提出了哪些新的要求，现有的员工能否满足这些要求，组织应为员工提供哪些培训等。员工培训不仅使员工个人的知识技能水平得以提高，工作适应性增强，也能满足组织对人力资源新的需要。

人力资源规划使组织稳定地拥有一定质量和必要数量的人力资源，并且使得组织的人员需求量和人员拥有量在组织未来的发展过程中相互匹配。

2.2 招聘与甄选

在人力资源管理中，人力资源的使用和配置是企业成败的关键，而招聘到合适的人才更是关键中的关键。图 2 - 2 为企业招聘的操作思路，公司通过层层筛选，确定新的雇佣人员，以满足组织的人力资源需求。

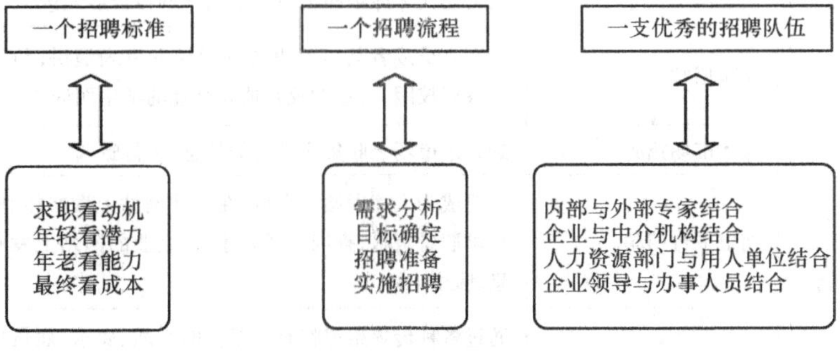

图 2 - 2 招聘与甄选的操作思路

2.2.1 招聘

招聘是指企业为了发展的需要，根据人力资源规划和工作分析的要求，寻找、吸引那些有能力又有兴趣到本企业任职的人员，并从中筛选出适宜人员予以录用的过程。

2.2.1.1 招聘方法

招聘之前一定要做大量的前期准备工作,如岗位分析、人力资源规划等。招聘不同的人员,其招聘渠道、方式也不相同。美国的一些招聘手段被世界各国广泛使用,各种常用招聘手段的使用比率如表 2-1 所示;招聘方式主要分为内部招聘和外部招聘,如表 2-2 所示。

表 2-1 常用招聘手段的使用比率 单位:%

招聘手段 招聘人员	内部提升	员工介绍	主动求职	新闻报纸	州就业服务机构	学院/大学	私人职业介绍所	猎头公司
办公室/职员	94	87	86	84	66			
生产/服务	86	83	87	77	68			
专业/技术	89	78	64	94		81		
委托销售	75	76	52	84			44	
经理主管	95	64		85			60	63

表 2-2 招聘方式及其招聘渠道

招聘方式	招聘渠道	备注
内部招聘	职位公告法	公司内部招聘人员的常用方法;采用多种方式公布招聘信息,允许雇员有时间竞标
	公司推荐	员工自我推荐和相互推荐后通过公平竞争获得职位
	内部储备人才库	从公司人才库中根据员工的信息选拔合适人选
外部招聘	校园招聘	管理人员或者其他代表访问学校并发表演讲;与学生签约并参观校园,与签约及其他有兴趣的学生面谈
	人才市场招聘	到人才市场上收集应聘者的信息,进行甄选
	网络平台招聘	注册成为人才网站的会员,在人才网站上发布招聘信息,收集求职者资料,查询合适人才;在企业的网站上发布招聘信息,吸引人才
	传统媒体广告	通过各种传媒渠道将有关工作的性质、要求,雇员应当具备的资格等信息提供给潜在的申请人,与此同时也向申请人展示公司优势,其内容保证真实
	代理招聘	委托各类学校的毕业生分配部门推荐;委托猎头公司进行招聘。这类招聘具有选择面大、可信性强、工作量小的优势

2.2.1.2 招聘的黄金法则——能岗匹配原理

能岗匹配包含两个方面的含义:一是指某个人的能力完全胜任该岗位的要

求，即所谓人得其职；二是指岗位所要求的能力这个人完全具备，即所谓职得其人。能岗匹配原则是指应尽可能使人的能力与岗位要求的能力相匹配。这种匹配包含着“恰好”的意思。

能岗匹配原理的核心要素是：最优的不一定是最匹配的，最匹配的才是最优选择，即职得其才，才得其职，才职匹配，效果最优。能岗匹配的特点体现在五个方面。

（1）人有能级的区别。狭义地说，能级是指一个人能力的大小；就广义而言，能级包含了一个人的知识、能力、经验、事业心、意志力和品德等多方面的要素。不同的能级应承担不同的责任。

（2）人有专长的区别。古人云：闻道有先后，术业有专攻。不同的专业和专长，无法进行准确的能级比较，比如，一个优秀的计算机专家不能和一个优秀的建筑设计师比较他们之间优秀的等级和差别。

（3）同一系列、不同层次的岗位对能力的结构和大小有不同要求。由于层次的不同，其岗位的责任和权利不同，所以对人的能力结构和能力大小的要求也有显著的区别。

（4）不同系列相同层次的岗位对能力有不同要求。由于工作系列不同，虽然处于同一层次，其能力结构和专业要求也有显著的不同。比如，人力资源部经理必须具备较强的沟通能力和协调能力；财务经理必须具备较强的计划能力，熟知相关的财务法律知识；生产经理则需要有指导他人工作的能力和对质量的控制能力。

（5）能级与岗位要求应相符。能级高于岗位，个人的才华无法施展，积极性会受挫，企业的人员流动率就大；能级低于岗位的要求，企业生产率会下降，企业团队建设会受到阻碍，人心涣散，企业的凝聚力和竞争力均会受到影响。

2.2.1.3 招聘手段的有效度

招聘手段多种多样，招聘通常采取多种手段，结合企业招聘目的和要求进行。不同的招聘手段各有优劣，若选择适当，则可发挥较好的作用，各种招聘手段的有效度如表 2－3 所示。

表 2－3 招聘手段的有效度

方法	有效度（%）	方法	有效度（%）
智力及智力测试	53	非结构化面试	14
工作试用	44	学术成果	11
结构化面试	39	教育程度	10
个人简历	37	兴趣	10
背景调查	26	年龄判定	0

招聘手段应当建立在招聘选人的标准上。如 IBM 公司对雇佣人员有三项要求:①要具备逻辑分析能力,要快速、经常地学习,要有持续学习的能力;②要有适应环境的应变能力,进入新环境就不能再按老习惯做事,必须具备适应、协调和沟通的能力,适应职位的要求;③要注重团队精神,不论制造、销售还是服务,绝非一个人单独完成的任务。IBM 衡量人才的标准是:做事的结果要好、有进取精神,正直、素质高、独立性强、善于合作、对工作有兴趣。不同的衡量人才的标准应采用不同的招聘手段和工具。

2.2.2 甄选

2.2.2.1 甄选的含义

人员甄选是指综合利用心理学、管理学等学科的理论、方法和技术,对候选人的任职资格以及对工作的胜任程度,即与职务匹配程度进行系统、客观的测量和评价,从而作出录用决策。

2.2.2.2 甄选的内容

候选人的任职资格和对工作的胜任程度主要取决于他所掌握的与工作相关的知识、能力、个人的个性特点、行为特征和动力等项因素。因此,人员甄选是对候选者进行全面测量和评价。

(1)知识。知识是系统化的信息,可分为普通知识和专业知识。普通知识也就是我们所说的常识,专业知识则是指特定职位所要求的特定知识。在人员甄选过程中,专业知识通常占主要地位。应聘者的学历和专业证书可以证明他掌握专业知识的广度和深度。知识的掌握可分为记忆、理解和应用三个不同的层次,会应用所学知识才是企业真正需要的。所以,人员甄选时不能仅以学历作为依据判断候选者掌握知识的程度,还应通过笔试、测试等多种方式进行考察。

(2)能力。能力是引起个体绩效差异的持久性个人心理特征。通常我们将能力分为一般能力与特殊能力。一般能力是指人们在不同活动中表现出来的一些共有能力,如记忆力、想象力、观察力、注意力、思维能力和操作能力等。这些能力是我们完成任何一种工作不可缺少的能力。特殊能力是指在某些特殊活动中所表现出来的能力,如设计师需要具有良好的空间知觉能力;管理者需要具有较强的沟通能力和分析能力等,也就是我们常说的专业能力。

(3)个性。每个人为人处世总有自己独特的风格,这就是个性的体现。个性是指人的一组相对稳定的特征,这些特征决定着特定的个人在各种不同情况下的行为表现。个性与工作绩效密切相关。个性特征通常采用自陈式量表或投射量方式进行衡量。

(4)动力因素。员工要取得良好的工作绩效,不仅取决于他的知识、能力水平,还取决于他做好这项工作的意愿是否强烈,即是否有足够的动力促使他努力工作。在动力因素中,最重要的是价值观,即人们关于目标和信仰的观念。具有不同价值观的员工对不同企业文化的相融程度不一样,企业的激励系统对他们的作用效果也不一样。因此,企业在招聘员工时有必要对应聘者的价值观等动力因素进行鉴别测试。

2.3 培训与开发

变化是企业发展永恒的主题,培训正成为企业增强应变能力的必要手段。长期以来,国际上的许多著名企业都非常重视员工培训工作。员工的培训与开发对企业促进生产效率、提高工作和产品质量以及增强竞争力至关重要。员工的培训与开发是组织人力资源管理的重要职能之一,是提高员工素质,使企业拥有高素质人才队伍,帮助企业获得竞争优势的重要工作,同时也是开发企业人力资源潜能,帮助员工实现自身价值,提高工作满意度,增强对企业责任感和归属感的重要内容。

2.3.1 培训与开发的概念

员工培训与开发是一个为组织员工灌输组织文化、道德,提供思路、理念、信息和技能,帮助员工提高素质和能力以及发挥潜在能力的过程。从管理角度看,培训主要是使员工学习掌握如何做好所承担工作的相关信息和技能,开发则是指通过教育活动使员工掌握目前和未来工作所需要的思路、知识及技巧,充分发挥自身的潜能,能够充分适应新环境的需要,卓有成效地完成组织任务和目标。

员工的培训与开发对组织来说至关重要,而且培训与开发的费用、时间、精力等综合成本也不低,所以必须精心设计和组织实施,尽可能地以较低的培训成本获取组织需要的培训开发成果。要达到这样的目标,应当正确认识和掌握员工培训与开发的基本要素和指导性设计程序,建立一种从组织实际需要出发,学以致用的科学培训体系,高效、完善地组织实施培训与开发的各个环节的工作。

员工培训从培训需求分析开始到培训效果的转移结束,可分为准备阶段、实施阶段和评价阶段,如图 2 - 3 所示。

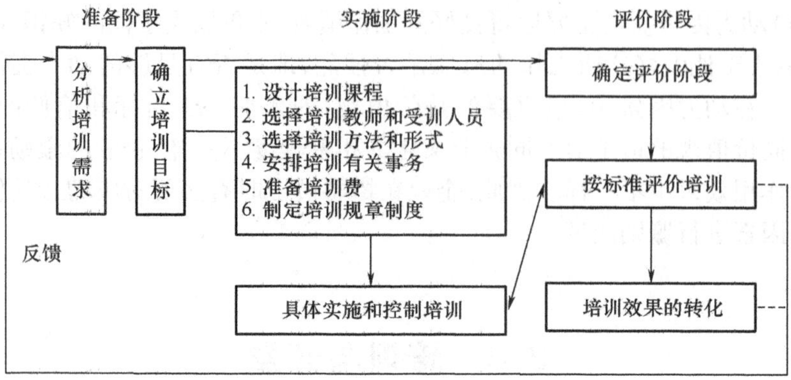

图 2－3　培训的流程

2.3.2　员工培训的必要性和重要性

员工培训对企业发展的重要性已经被越来越多的企业所认识。对企业来说,最重要的资产是人而不是机器设备和资金。被誉为“经营之王”的松下幸之助曾经说过:“松下是制造人的,兼之制造电器。”三洋电器公司也有相似的观点:“三洋首先是生产优质的人,其次再由优质的人生产优质的产品。”由此可以看出员工培训对企业是非常重要且必要的。

2.3.2.1　培训是协调人事矛盾的重要手段

人与事的结合处在动态的矛盾运动之中,要解决这一矛盾,一要靠人员流动,即用“因事选人”的方法实现人事和谐;二要靠员工培训,即用“使人适事”的方法实现人事和谐。

2.3.2.2　培训能使企业适应环境的变化,满足市场竞争的需要

企业环境处于不断的变化之中,市场竞争的中心也不断经历着从产品竞争到销售竞争、资本竞争再到知识竞争的不断升级,最终成为人力资源的竞争。企业要在激烈的市场竞争中取胜,必须重视职工培训,这是市场竞争的需要。

2.3.2.3　培训能够提高组织运作的质量和能力,提高劳动效率

对员工进行相应的培训,不仅能够更好、更快地掌握新技术和新方法,正确理解技术指标的含义,提高整个组织的工作水平和质量,减少浪费,提高劳动效率,而且还能够更深入地理解企业的方针、政策和管理要求,对企业的监督、指挥和协调有更明确的认识。

2.3.2.4　培训促使员工认同企业文化

对新员工进行职业培训,可以使他们了解本企业的文化,引导他们的思想、观念与企业文化统一起来。从一定程度上说,培训本身就是企业文化的一部分。

2.3.2.5 培训可以满足员工自身发展的需求

每个员工都有追求自身发展的需求，这种需求若不能满足，员工就会对工作和事业缺乏进取心，最终导致员工尤其是优秀员工的流失。对于一般员工来说，每个人都希望在企业中有成长晋升的机会，这就需要不断学习。员工不但要熟悉自己的工作，还要了解本专业的最新动态，掌握有关的新技术和新方法，使自己有比较宽的知识面和合理的知识结构。对自己的职业发展有长远计划的人，发展到一定阶段都渴望有学习的机会，以利于下一步的发展，培训对承担一定责任的各级领导者来说更为重要。知识面的扩大、视野的开阔、领导水平的提高和决策能力的增强都需要通过有效的培训才可以获得。

2.3.2.6 培训可以有效地激励员工

通过培训可以增强员工的责任感、成就感和自信心。当员工通过企业组织的培训感受到自己的价值和在组织中的作用时，能够增强员工的工作热情和自信心。

2.3.3 员工培训的类型

员工培训与开发的项目和方式多种多样，可以从不同角度进行分类。

2.3.3.1 按照培训对象及其内容特点分类

（1）新员工导向培训。新员工导向培训又称新员工定向培训、上岗培训或社会化培训，主要是向新员工介绍组织情况和组织文化，介绍工作任务和规章制度，使之认识必要的人，了解必要的事情，尽快按组织要求安下心来开始上岗工作的培训。

（2）员工岗前培训。员工岗前培训主要是指新员工导向培训以及老员工工作变动，走向新岗位之前接受的教育培训活动。

（3）员工职业生涯开发。员工职业生涯开发是以组织的所有成员（重点是组织中的关键人才和关键岗位的员工）在组织中的职业发展为开发管理对象，通过各种教育、训练、咨询、激励与规划工作，帮助员工开展职业生涯规划与开发工作，使个人目标与组织目标结合起来，培育员工的事业心、责任感、忠诚感和献身精神。

2.3.3.2 按照培训和开发与工作的关系分类

（1）不脱产培训。不脱产培训也称在职培训，是指员工边工作边接受培训，在实际工作中得到培训。这种培训方式经济实用且不影响工作，但在组织性、规范性上有所欠缺。

（2）脱产培训。脱产培训即员工脱离工作岗位，到各类培训机构或院校接受专门培训。这种形式的优点主要是员工没有工作压力，时间和精力集中，知识和技能水平会提高较快，但在针对性、实践应用性和培训成本等方面优势不明显。

(3)半脱产培训。半脱产培训是脱产培训与不脱产培训相结合的一种方式,其特点是介于两者之间,可在一定程度上取两者之长,弃两者之短,较好地兼顾培训的质量、效率与成本等因素,但如何将两者适当结合是一个难点。

2.3.3.3 按照培训内容与过程分类

根据学习内容与学习过程的不同特点,可以把培训分为知识、技能和态度三种类型。这种分类法在教育界和培训界被广泛使用。

(1)知识培训。知识培训也称知识学习或认知能力的学习,要求员工学习并运用各种有用知识促进工作改善。组织对员工的知识培训可以按照传授知识的性质分为三类:对员工的工作行为与活动效率起基础作用的基础知识;与组织生产经营职能和员工本职工作密切相关的理论、技术和实践的专业知识;与科技发展、时代特点、组织经营环境和业务特点相关联的背景性知识。

(2)技能培训。技能培训包括员工的运动技能和智力技能的培训,也有人认为,技能培训即是对员工使用工具,按要求做好本职工作,处理和解决实际问题技巧与能力的培训与开发。运动技能培训也称为肌肉性或精神性运动技能学习,主要是指导员工完成具体任务所需的肢体技能,能够精确并要求进行有关的体力活动;智力技能培训则是指导员工学习和运用要领、规则与思维方法分析问题、解决问题,改进工作并发明新产品、新方法、新知识等。

(3)态度培训。态度培训又称为态度学习或情感性学习,它主要涉及对员工的价值观、职业道德、认知、行为规范、人际关系、工作满意度、工作参与、组织承诺、与不同主体的利益关系处理,以及个人行为的方式选择等内容和项目的教育与培训。

2.3.4 培训需求分析

培训需求分析是指在规划与设计每项培训活动之前,由培训部门运用各种办法和技术,对组织及成员的目标、知识和技能等方面进行系统的鉴别与分析,从而确定培训必要性及培训内容的过程。培训需求分析是采用科学的方法弄清谁最需要培训、为什么要培训、培训什么内容等问题,并进行深入探索研究的过程。它具有很强的指导性,是确定培训目标、设计培训计划、有效实施培训的前提,同时也是现代培训活动的首要环节以及进行培训评估的基础,对企业的培训工作至关重要,是使培训工作准确、及时和有效进行的重要保证。

培训需求的确定主要通过对现实进行分析,找出现实和计划目标之间的差距,从而确定员工需要何种培训。企业培训需求的确定通常要进行三方面的分析:组织分析、任务分析和人员分析。

2.3.4.1 组织分析

组织分析,即在组织的长期目标、经营战略和经营计划对员工提出的新的知识和技能需求而员工素质不足时，确定组织中哪些岗位的员工素质相对不足，以及确定哪些方面素质不足的一种培训需求方式。因此，在决定是否需要进行培训时，首先要分析企业的外部环境和内部条件，明确企业的发展战略，以及需要的人才；然后对现有人员进行评估，找出差距。

组织的外部环境会影响企业的发展战略和发展目标，影响企业的经营方法，并由此而决定对人力资源数量、质量和结构的需求。经济及公共政策对许多企业的培训需求有着广泛的影响，企业要生存和发展，就必须适应社会环境。同时，市场竞争、本行业的技术水平、其他同类企业的培训水平以及企业外部的资源状况等外部因素对培训需求也有很大的影响。

企业的内部条件同样会影响到企业的发展战略和发展目标。企业内部条件分析中最重要的是分析组织的运行效率。组织分析通常包括以下各项内容。

(1)组织的发展目标分析。这项分析包括短期目标、中期目标和长期目标。三种目标决定了总体培训需求。

(2)组织的人力资源需求分析。判断现有员工的知识和技术基础，可以选定几组具体的指标，如学历、资历、知识、背景、职称等进行评价。

(3)组织的培训资源分析。培训需求分析必须弄清组织拥有的培训资源状况，主要是准确评价组织是否拥有适宜的经费、时间、人员、知识和设计等资源支持有关的培训需求，能够允许开展培训的范围、对象、形式、水平和项目等。

(4)相对期望的效率和质量指数。判定目标达到的程度，如目标尚未达到或虽已达到，但一定程度上存在不足，如服务质量问题、废品率较高等，找出影响达到目标的组织和人员因素。

(5)评价培训的组织环境。如果培训项目的目标和组织中的特定群体有冲突，如管理层与一般员工的目标有冲突或在培训中被培训的技术行为与受训者主管上司所支持的技术行为有冲突，则表明受训者不大可能把培训中学到的新技术应用于工作中，即组织还没有为培训做好准备。

2.3.4.2 任务分析

任务分析也称为操作分析或工作活动分析。这项分析是在特定工作岗位的层次上进行的，包括查看职务描述和职务说明书、确定某个工作的业绩产出标准、一个人获得这些产出所必须完成的任务，以及完成这些任务所需要的知识、技术、行为和态度等，其最终的结果是决定培训的内容。

当员工自身工作现状与任务分析结果有明显差距时，往往需要通过培训得以改善。这里的任务是指员工在某种具体工作中的操作，所以任务分析又称为操作分析。

任务分析一般可以分为四个步骤：①选择需要分析的工作岗位；②通过观

察、访问与知情者讨论等方式,初步列出该工作岗位所需履行的基本任务清单;③查证和确认初步列出的任务清单的可靠性和有效性,并通过项目专家以开会或书面调查的形式完善有关各项工作任务;④明确成功完成每一项任务所需要的知识、技能或能力。

2.3.4.3 人员分析

人员分析旨在帮助组织确定哪些员工需要培训以及相应的受训基础。人员分析内容主要包括三个方面:①分析员工实际工作绩效与预期工作绩效之间的比较关系,判断是否有必要进行培训;②分析员工的工作适应性或应用新技术时,新的任务完成情况或绩效改善状态;③分析员工的知识、学历、态度、动机及行为等个性特点和基本技能状况,新员工是否需要培训等。要在分析这些内容的基础上确定员工需要培训的内容以及员工是否做好了受训准备等问题。

在了解员工工作绩效不佳的原因之后,不一定要对这些在工作技能、专业知识和沟通技能方面存在差距的所有员工实施培训。这是因为员工个人之间存在着巨大的差异,这也是人员分析的必要性所在。有些员工表现出积极向上的精神,有强烈的求知欲,他们希望能够利用一切机会提高自己的能力,而有些员工则缺乏上进心,满足于保持现状。对于后者来说,即使他们参加了培训,也难以获得预期的培训效果,而那些希望通过学习提高自己、改变现状的员工才是真正的培训对象。

2.3.5 员工培训的实施

2.3.5.1 职前培训

员工职前培训主要包括新员工导向培训,主要是以组织新进员工或走上新岗位员工为对象、以岗前教育为主题的组织社会化过程。

(1)新员工导向与组织社会化。新员工对其加入的组织和未来的工作往往怀有憧憬和充满期望,然而这种憧憬和期望却往往与自己在现实中所处的真实的组织环境存在着种种差异,从而对其身心形成所谓“现实冲击”,会或多或少地影响其思想、感情、心理、行为以及能力的发挥。而新员工导向主要是针对新员工的期望与现实环境的碰撞,即抱有希望和打算又心中无底,担心自己的际遇等矛盾心理,为新员工提供有关组织的基本情况,使他们对新的工作环境、条件、人员关系、工作内容、规章制度和组织期望等有所了解,尽快融入新环境并开始工作。这也是一种组织社会化的过程,通过向新员工灌输组织及其团队所期望的主要态度、规范、价值观和行为模式等,培养他们的组织归属感——对自己组织的认同、忠诚、承诺和责任感,成为组织的“自己人”。组织社会化主要是指将新员工或上岗员工转化为组织所需要的合格员工和有效工作者的过程。有效的组织社会化一般包括使员工熟悉了解组织和工作,建立有益的工作关系,以及在知识、技能、态度、行为和精神等方面为有效完成工作做好准备等内容。

(2)新员工导向的内容。在员工的社会化进程中,新员工导向有举足轻重的作用。不同的企业,新员工岗前培训内容存在很大的差异,这主要是由企业的生产经营特点、企业文化以及新员工的素质决定的。岗前培训可分为公司职前培训与部门职前培训,也可称为岗前集中培训、岗后分散培训两个阶段,实际上是明确了培训部与员工所在部门的职前培训原则。此外,岗前培训还包括为新员工提供关于公司、员工未来的工作部门等相关信息。

2.3.5.2 在职培训

在职培训又称为不脱产培训,是指企业为了使员工具备有效完成工作所需要的知识、技能和态度,在不离开工作岗位的情况下对员工进行的培训。这种培训方式有诸多优点:①能够提供现成的经验;②与工作的相关性高;③边生产边学习,学以致用;④可以利用组织的设备和有关条件;⑤易于与师傅和其他员工交流;⑥实践性强。正是这些优点使在职培训得到了广泛应用。在职培训可分为三种具体形式。

(1)学徒培训。学徒培训是新员工在师傅的指导下,通过生产劳动,学习技术的一种传统培训方法。新员工的学徒期与工种有关,一般为1~3年。学徒培训适用范围广,培训数量大,能利用已有的设备和技术,因此很多国家都有学徒培训制度。学徒培训的缺点在于偏重技术操作方面的训练,理论学习不够,因而限制了学习的广度和深度。

(2)工作轮换。工作轮换是近期发展起来的一种培训方法,即两个不同工种的员工交换工作。这一方法特别适用于管理人员和技术人员,这样可以丰富他们的工作内容,使他们获得不同领域的工作经验,形成从不同角度理解问题的思维方式,而且易于理解他人的工作。但是,工作轮换因为时间不长,员工有可能缺乏在新岗位上的认真钻研精神。而且,由于工作轮换在人事和工作安排上涉及的问题较多,因此,采用这种培训方法的企业不多。

(3)项目指导。项目指导是由指导人员首先讲明工作要求、内容和程序,并进行示范,然后受训者实际操作的一种培训方法。项目指导非常直观且进行实际操作,对工作中所用的设备和工具能够很好地理解和使用,因而被广泛地用于操作工和低级职员的培训中。

2.3.5.3 脱产培训

脱产培训即员工脱离工作岗位,到各类培训机构或院校接受专门培训。这种形式的优点主要是员工没有工作压力,时间和精力集中,可以进行专业化和系统化的学习,尤其是理论知识学习,因而知识和技能水平会提高较快;受训者来自不同的组织或单位,可以相互交流,了解更多的信息;有利于受训者能力的全面发展。但脱产培训在针对性、实践应用性和培训成本等方面往往不具有优势。

根据不同的标准,脱产培训可以划分为不同的类型。

(1)短期脱产培训和长期脱产培训。短期脱产培训一般是数天至3个月的时间。有的培训在本单位内进行,有的则送到国内外有关的教育机构或专业培训单位进行。这种短期脱产培训能使受训者在一定时间内集中精力于某一特定专题的学习。长期脱产培训一般是指3个月以上时间的学习培训。

(2)组织安排的培训和个人选择的培训。组织安排的培训是组织根据培训计划选择有培养前途的管理者或业务骨干参加培训,是企业员工培训的主要形式之一。组织安排的脱产培训一般都是针对性很强的培训,培训的内容往往是组织当前最需要的知识和技能。个人选择的培训是指员工个人根据培训计划或自身工作情况参加的培训。

(3)学历培训和更新技能的培训。学历培训是以取得学历证、资格证为目的的培训;更新技能的培训是以补充或更新知识、掌握新的技能为目的的培训,这类培训一般由高等院校或专门的培训机构实施。参加这种培训前最好详细了解培训机构的实力和以往的办学质量,以获得预期的培训效果。

(4)分层次脱产培训和分专业脱产培训。分层次脱产培训是指对不同层次的员工进行教育培训,包括对各类管理层员工的培训,也包括对新员工的岗前培训,还包括对骨干员工的脱产轮训等;分专业脱产培训是指按不同专业对各类员工进行脱产培训,包括对不同员工进行全面质量培训、安全生产培训、专业新发展培训和技能培训。

2.4 绩效管理

根据阿姆斯特朗的观点,绩效管理就是管理者与员工在相互理解基础上确定绩效目标以及实现绩效目标所需要的知识、技能和能力,并通过人员管理和人员开发使组织、团队和员工取得更好的工作成果的管理过程。为此,企业在绩效管理中不仅要准确评价员工绩效的优劣,还要关注员工成长的动力和条件,把员工的个人目标与企业战略结合起来,并通过持续动态的沟通和反馈,指导员工解决工作问题,鼓励他们为实现企业目标作出贡献。完善的绩效管理系统至少包括四个组成部分,如图2-4所示。

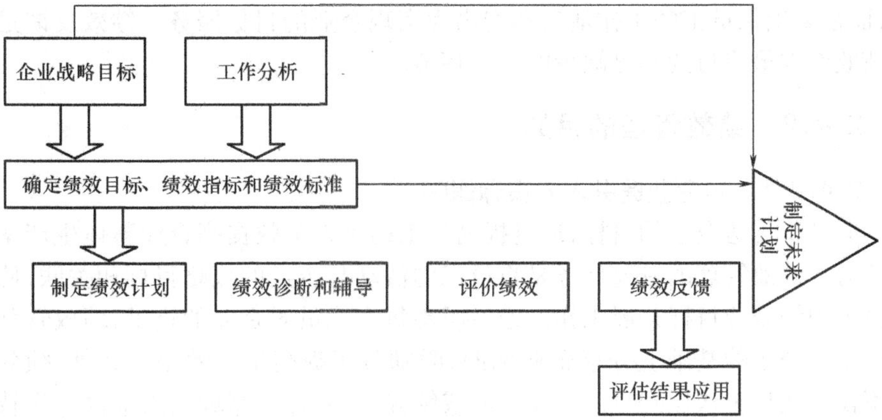

图 2－4 绩效管理系统

2.4.1 绩效管理的内容

2.4.1.1 制定绩效计划

管理者与员工在绩效考核期内对应当履行的工作职责、各项任务的轻重缓急、获得的工作效果、衡量绩效的标准、员工的自主权限、可能遇到的障碍及解决方法等问题进行探讨并达成协议。绩效计划是整个绩效管理体系中重要的前馈控制环节，其作用在于使员工理解并接受管理者和组织的绩效期望，认清目标，确定途径。在制定绩效计划的过程中，人力资源管理人员有责任向直接主管和员工提供必要的指导和帮助，以确保计划中确定的绩效目标和绩效标准与企业发展战略一致。

2.4.1.2 绩效诊断和辅导

绩效诊断和辅导是指管理者与员工共同分析引起绩效问题的原因，帮助员工克服工作中的困难。管理者在实施绩效管理的过程中，以教练的身份与员工保持沟通，追踪员工的工作进度和工作质量，及时排除工作中遇到的障碍，必要时修订计划。管理者还要关注突发性的事务，及时纠正员工工作过程中的偏差，以帮助员工更好地完成绩效计划。

2.4.1.3 评价绩效

根据绩效计划拟定指标和标准，采用合理的评价方法，衡量员工各方面的绩效。在员工充分参与绩效计划和绩效沟通的基础上进行绩效考核，有助于员工对自己的绩效评价结果形成合理预期，减少员工对正式绩效评价的抵触心理。

2.4.1.4 绩效反馈

绩效反馈是指管理者与员工进行绩效评价面谈，使员工充分了解和接受绩效评价结果，并共同探讨绩效改进计划。绩效管理不仅是为了取得一个评价等级，而是要确保员工的工作活动和产出为实现企业的目标服务。绩效反馈是实现绩效管理最终目的不可缺少的一个环节。

2.4.2 绩效管理的目的

2.4.2.1 为企业提供人力资源保障

向员工传达企业的目标，通过提高员工的个人绩效提高企业整体生产率和竞争力。绩效管理的首要任务是将员工的活动与企业的战略目标相关联，使每个员工围绕企业目标开展工作。通过明确每个成员对企业的贡献，绩效管理确保员工在公正的基础上分享企业利润，激励员工提高生产效率。此外，绩效管理不仅要让员工认识到自己工作中的成绩和不足，还要帮助员工提高工作技能和自我管理能力，从而为企业发展提供人力资源保障。

2.4.2.2 实施人力资源管理决策

以绩效评价结果为基础，做出调薪、晋升、调职、解雇和奖励等人力资源管理决策。绩效管理可以通过评估环节对员工的绩效表现予以评价，并给予相应的奖励或惩罚。绩效评价着眼于员工过去的工作表现，肯定成绩，发现不足，使员工明确努力方向。

2.4.2.3 制定员工发展计划

对员工的表现予以及时、明确的反馈，并依据绩效考核情况，发掘员工潜力，制定员工发展计划。员工一般都想知道自己的工作表现获得的评价，如果他们不能定期得到反馈，他们可能对自己的表现有不切实际的估计，觉得自己做得很好或担心自己做得很差。管理人员应通过绩效管理使员工及时了解自己的表现，肯定员工的贡献，帮助员工找出改进工作的方法，提高技能，持续职业生涯的发展。此外，绩效管理还可以用于确定培训需求，着眼于员工将来的发展。

2.4.3 绩效管理的标准

几乎所有企业都建立了员工绩效考核体系，但并非所有企业都能有效地进行绩效管理。企业可通过以下五个标准评价绩效管理系统。

2.4.3.1 战略一致性

绩效管理的战略目标就是通过提高员工的个人绩效提高企业的整体绩效，从而实现企业的战略目标。因此，有效的绩效管理系统无论在评价内容还是在评价标准上都应与企业的发展战略目标和企业文化一致。

2.4.3.2 明确性

尽管绩效评价是衡量员工业绩以及培养和激励员工的有效工具，但如果绩效评价中的不确定性和模糊性得不到澄清，它也可能使管理者和员工产生严重的焦虑与挫折感。明确性要求在绩效管理的系统设计和运行过程中向员工提供明确的信息,让员工领会组织对他们的期望,了解如何通过正确的工作行为帮助企业实现战略目标。绩效管理系统所设立的绩效标准应明确、具体,使员工准确地理解企业的要求,提高绩效评价的客观性和公正性。

2.4.3.3 效度

绩效管理系统的效度是指绩效管理系统准确考核员工绩效的程度,主要指评价手段能否对绩效有关的所有方面进行评价。一个有效的绩效管理系统能够恰如其分地将被评估对象的工作绩效的各个方面输入指标体系,排除与业绩无关的内容。

2.4.3.4 信度

信度是指绩效衡量系统的可靠性,即对员工作出绩效评价结果的一致性和稳定性程度。一般从两方面考察绩效衡量系统的信度:①评估者内部信度,即不同的评估者对被评估绩效评价结果的一致性程度。如果两个或两个以上的评估者对统一被评估者的工作绩效所作出的评价相同或非常接近,那么该绩效评价系统就具有较高的评估者内部信度。②再测信度,即在不同时期对被评估者的绩效进行重复测试的一致性程度。如果在不同时间采用同一套评价系统评价同一被评估者的绩效结果一致或相似,那么该绩效评价系统就具有较高的再测信度。当然,这是以员工的绩效在一定时期内稳定的假设为前提的。如果再测信度较低,管理人员应设法确认是员工的绩效在这段时间内确实发生了较大变化,还是绩效衡量系统设计不合理。

绩效指标和标准不明确,评估者凭主观评价员工,评估者缺乏必要的业绩评估培训,评价指标不够全面等原因都会降低绩效衡量系统的信度。

2.4.3.5 公平与可接受性

绩效管理系统的评估者和被评估者对系统的接受程度,在很大程度上决定了该系统是否有效。影响绩效管理系统可接受性的原因是多方面的,包括系统的设计和运作成本、评估技术的可操作性以及绩效管理的公平性等。

员工可以感觉到的组织公平性包括三个方面:①结果公平,即员工对绩效评价体系的设计结果、评估结果及评价结果的运用是否公平的感知;②程序公平,即员工对绩效管理系统的开发和实施过程是否公平的感知;③交往公平,即员工对评估者在使用绩效评价系统过程中是否公平地对待每一名员工的感知。为了提高绩效管理系统的公平性和可接受性,企业应给予管理者和员工参与绩效管理系统设计过程的机会;对评估者进行培训,尽可能地减少评估者的误差和偏见,对所有被评估者一视同仁;评估者就绩效评价内容、绩效标准、评估结果、薪酬和调职等人事决策与员工沟通,使他们了解企业的期望以及自己能从绩效管理中获得的益处;设置申诉机制和再评估机制,允许员工对绩效评价结果提出质疑，由更高一级的管理者审核评估者作出的评估结果；要求管理人员在尊重、友好的氛围中，及时、全面地向员工提供反馈。

2.5 薪酬管理

薪酬管理是在组织发展战略指导下，对员工薪酬支付原则、薪酬策略、薪酬水平、薪酬结构、薪酬构成进行确定、分配和调整的动态管理过程。薪酬管理是企业人力资源管理的一项重要职能，是一项影响企业经营目标的战略活动。

2.5.1 报酬的概念

报酬是一个广泛的概念，是指员工向其所在单位提供劳动而获得的各种类型的酬劳或答谢。报酬包含了作为员工工作回报的各种形式，它主要分为两大类：总体薪酬与相关性回报。总体薪酬常常被视为一种外在报酬，这类报酬大都属于经济性报酬，既包括与工作行为和结果有关的直接以现金形式获得的物质报酬（如基本薪酬、绩效加薪或晋升制度、短期浮动薪酬、长期激励计划等），也包括基于企业雇员身份而享受的服务和福利（如养老金、医疗保险、带薪休假制度等）；相关性回报则更多涉及内在报酬，大多属于非经济性报酬，既包括由工作本身所获得的心理满足感（如挑战性的工作、学习成长的机会等），也包括由舒适、便利的工作条件带来的良好的主观感受（如良好的工作环境、和谐的人际关系等）。报酬的分类如表 2－4 所示。

表 2－4　报酬的分类

<table>
<tr><td colspan="4">报酬</td></tr>
<tr><td colspan="2">总体薪酬（外在报酬—经济性报酬）</td><td colspan="2">相关性回报（内在报酬—非经济性报酬）</td></tr>
<tr><td>基本薪酬</td><td>基本薪酬
加班薪酬
津贴
业绩薪酬
长期/短期激励</td><td>直接内在报酬</td><td>参与决策
感兴趣的工作或任务
挑战性的工作
较大的工作自主权
学习成长的机会
活动的多元化</td></tr>
<tr><td>间接薪酬</td><td>保险/保健计划
补贴及额外津贴
特殊服务
非工作时间的付酬</td><td>间接内在报酬</td><td>良好的工作环境
和谐的人际关系
认可与社会地位
就业保障
弹性工作时间</td></tr>
</table>

2.5.2 薪酬的概念

薪酬概念是20世纪90年代中期在我国才开始流行起来的一个外来的管理学范畴。在此之前,工资这个概念在我国曾普遍使用,但对其含义的理解较为混乱。20世纪90年代初期,随着跨国公司陆续进入我国,在"三资"企业开始引入"薪资"这一说法,"薪资"成为我们长期使用的"工资"和"薪水"整合的一个概念。90年代中后期,在外资企业、国有企业、民营企业,甚至政府领导人的工作报告和讲话中开始广泛使用"薪酬"这一概念。

不同角度的研究,对薪酬概念的界定有所不同,在诸多关于薪酬的定义中其本质基本上一致。薪酬实际上指的是总体报酬中的外在报酬部分,这种报酬对员工来说,是其应得物质利益的实现,是货币形式或可以转化为货币形式的报酬;对企业来说,这种付酬是财务性的,是要耗费企业一定经济资源的。薪酬作为经济性的报酬,是总体薪酬中最主要的部分。薪酬管理是企业人力资源管理的重点和难点。

薪酬支付的客体是员工。在市场经济条件下,员工的范围十分宽泛,除了自我雇佣者和雇主之外,其余与特定组织形成雇佣关系并获取劳动报酬的成员均为员工。例如,企业的经营者和高级管理者虽然是企业管理方的代表,但仍作为被雇佣者与雇主形成雇佣关系,因而其职务工作所获的经济收入也属于企业薪酬管理的范围。

薪酬支付的主体是雇主。广义的雇主除了企业(企业可分为国有企业、外资企业、民营企业等不同的形式)之外,还包括公共部门和非营利组织。就本质而言,被雇佣者为雇主付出劳动所获取的经济收入即为薪酬,并属于薪酬管理的内容。当然,对于不同性质的组织而言,薪酬管理的特点也有所不同。

薪酬支付的条件是发生了雇佣关系,即员工因被雇主雇佣获得的经济收入才算做薪酬。由此可见,薪酬与经济收入并非完全相同,因为经济收入并非雇佣所获得的收入,如业余写作的稿酬属于其他劳务收入,房屋出租收取的租金属于财产收入,员工的这些收入不属于薪酬,也不应纳入薪酬范围进行管理。

2.5.3 薪酬的构成

2.5.3.1 基本薪酬

基本薪酬是根据员工所承担的工作或者员工所具备的完成工作的技能或能力而支付的稳定性现金报酬。企业常常将员工所承担的工作任务或其具备的完成工作的能力作为确定其基本薪酬的依据,但这里并不考虑员工个体之间工作表现的差异。

基本薪酬是员工从企业那里获得的较为稳定的经济报酬,这一薪酬组成部分对员工来说至关重要。其一，它为员工提供了基本生活保障和稳定的收入来源，它是员工在法定工作时间内和正常工作条件下完成工作所获得的定额劳动报酬，因而这部分收入具有常规性；其二，它往往作为确定其他薪酬项目的计算基准，如企业在计发一些可变薪酬项目时，其数额、比例及其变动均以基本薪酬为计算基准。

2.5.3.2 绩效薪酬

以绩效为基础的薪酬制度主要依据员工的工作绩效确定薪酬水平，以引导员工关注绩效的改进。绩效薪酬的核心在于薪酬观念的转变，即薪酬不再是一种权利，而是必须随着按照某种绩效标准衡量的个人、团队或组织绩效的变动而变动。这部分薪酬包含多项内容，主要有以下四项。

（1）业绩薪酬（成就薪酬）。业绩薪酬是对员工过去工作行为或成就的认可与回报，其结果可以体现为基本薪酬的增加或一次性奖金的发放。行为绩效评价结果体现为基本薪酬的增加形成成就工资；如果体现为一次性奖金发放则形成成就奖金。

（2）激励薪酬。激励薪酬是根据事先确定的绩效目标或结果绩效的达成情况而支付给员工的奖励性薪酬，它力图通过将薪酬与绩效挂钩来影响员工未来的工作行为。激励薪酬可以是短期的，也可以是长期的。可以与员工个人绩效挂钩，也可以与团队或整个公司绩效挂钩，还可以与个人、团队和公司的混合绩效挂钩。

（3）津贴和补贴。津贴是为了补偿员工特殊和额外的劳动销售而支付给员工的补偿性薪酬，分为薪酬性津贴和非薪酬性津贴，与薪酬制度相关的主要是薪酬性津贴，即工作津贴。补贴是为了保证职工工资水平不受物价影响而支付给职工的物价补贴，如副食品价格补贴、粮价补贴、煤价补贴、住房补贴以及水、电价格补贴等。

（4）员工福利。员工福利是指企业为员工提供的各种生活质量保障，是与员工工作生活平衡相关的物质补偿和服务形式，它是一种源自员工的企业成员身份的补充性薪酬，包括养老金及人寿保险、健康及医疗保健、带薪非工作时间、集体生活设施和服务、培训自主以及住房资助等。员工福利作为薪酬的组成部分对于满足员工多方面需求，对于吸引人才和维护员工的稳定性有独特的价值。

2.5.4 薪酬的管理

薪酬管理是指企业针对本企业员工所提供的劳动进行薪酬分配和调控的过程。薪酬管理作为人力资源管理的一个重要方面，对企业的竞争力有很大的影响。在经济体制转型和经济全球化的背景下，我国企业面临着科学管理的长期任务。如何贯彻企业的管理战略和决策意图，如何协调各相关者的利益关系，如何公正合理地回报为企业作出贡献的劳动并有效引导员工的行为，从而既促进企业目标的实现，又保证员工从薪酬中获得经济上、心理上的满足，成为企业必须着力解决的问题。

2.5.4.1 薪酬管理的目标

(1)公平性目标。公平是薪酬系统的基础，只有在员工认为薪酬系统是公平的前提下，才可能对企业薪酬系统产生认同感和满意度，薪酬的激励作用才可能实现。虽然公平是个体的一种主观认知和感受，但它仍具有其客观基础性和社会全体性等特征。

(2)效率目标。效率目标来自于有效的管理，通过薪酬管理提升员工、团队和企业的绩效，推动全面质量管理，有效地控制人工成本等。

(3)合法目标。企业在薪酬管理中必须遵守各类全国性和地方性的法律法规，跨国公司还必须遵守所在国家的法律法规。依法进行薪酬管理，有助于企业建立一个规范的管理框架，避免因法律纠纷造成的直接损失和间接损失。

从客观上说，上述薪酬管理的三个目标之间可能存在冲突，即使在同一个目标上，有时也处于两难境地。这一方面说明薪酬管理的难度，另一方面说明三个目标之间存在着既相互依存又相互制约的关系。比如，回避法律监督，有可能短期获利，但绝无长期效益可言；单纯强调内部公平而忽略薪酬的外部竞争性，有可能丧失优秀人才；过分压低薪酬成本，追求短期效益，则可能以挫伤员工的积极性和降低员工的忠诚度为代价。薪酬管理的重要任务就是要处理好各自目标之间的矛盾，寻求事物发展的平衡点，这就必须有面对特定竞争条件的决策总体性思考，这也体现了薪酬战略对企业薪酬管理的重要性。

2.5.4.2 薪酬管理的内容

(1)薪酬战略。薪酬管理首先涉及薪酬战略的制定。薪酬战略是指那些具有战略性的薪酬决策，它关注的是那些可以帮助组织获取并保持竞争优势的薪酬选择。薪酬战略设计的主要内容包括薪酬战略目标(通过薪酬管理解决哪些组织问题)、薪酬战略要素(哪些薪酬决策具有战略性)、薪酬政策(将薪酬战略加以具体化所形成的指导原则和行动纲领)等。

(2)薪酬体系。一个合理的架构是进行薪酬管理的必要基础，企业通过构建薪酬体系提供这样的架构。薪酬体系是指在薪酬战略引导下，由薪酬水平、薪酬组合、薪酬等级结构和薪酬计量和支付形式等构成的薪酬分配与管理系统(见图2－5)。薪酬体系的设计要以薪酬战略和薪酬政策为指导，并运用多种方法技术作为工具，设计的结果体现为相应的薪酬制度。

(3)薪酬政策和薪酬制度。薪酬政策是为实现薪酬管理目标，将薪酬战略加以具体化所形成的指导原则和行动纲领，是企业为员工薪酬制定的方针策

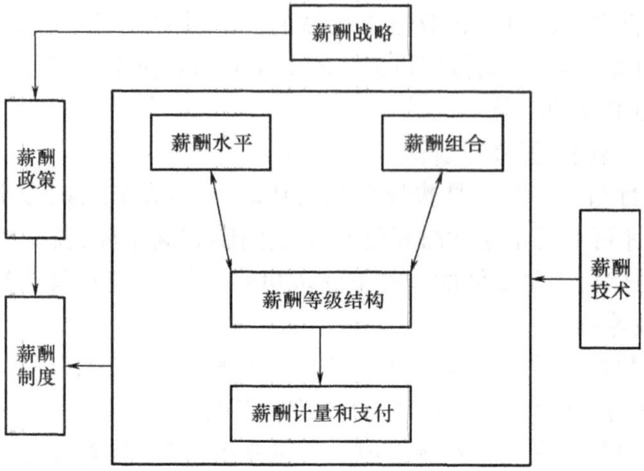

图2-5　薪酬体系设计与管理系统

略。基于特定的薪酬战略，企业在薪酬政策上需要进行合理选择。例如，企业的薪酬水平高于还是相当于或是低于市场薪酬水平；薪酬组合着重于稳定员工收入还是激励员工绩效；薪酬等级结构是促进平等化还是体现差异化；对特殊员工群体的薪酬如何进行专门设计等。

薪酬制度是对既定薪酬政策加以具体化、操作化的规范性文件。例如，基本薪酬制度是对基本薪酬的组成要素、分配基准和等级安排等事项的书面确认；股权激励制度是对股权分配对象、分配数量、分配期限和分配方法等事项的书面确认。

2.5.4.3　薪酬管理的流程

企业薪酬管理是一个复杂的系统，也是一个有序运行的管理流程。其总体运行过程为：从特定管理理念和薪酬战略出发，以薪酬战略和薪酬政策为指导，基于客观的薪酬市场调查、工作职位评价和员工能力评价，建立以一定基本薪酬制度为主体的薪酬体系和相应的薪酬制度。在此框架下进行员工薪酬的分配和薪酬制度的实施，对分配过程和结果进行管理和诊断，通过适时调整，使薪酬政策和制度不断完善，促进薪酬管理目标的实现。薪酬管理的具体流程如图2-6所示。

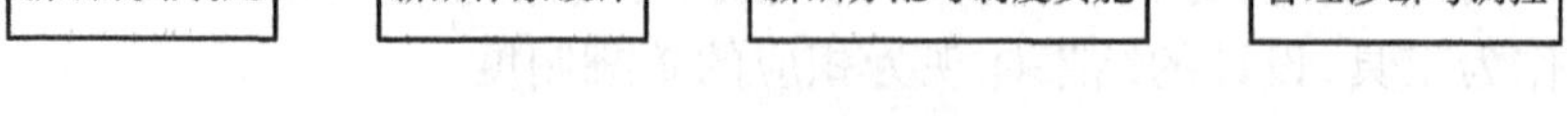

图2-6　企业薪酬管理流程

2.6 劳动关系管理

劳动关系管理是劳动者与用人单位在实现劳动过程中建立的社会经济关系。劳动关系有广义与狭义之分。从广义上讲,无论何人,只要与其用人单位之间因从事劳动而结成的社会关系都属于劳动关系的范畴;从狭义上讲,现实经济生活中的劳动关系是指按照国家劳动法律法规规范的劳动法律关系,即双方当事人是被一定的劳动法律法规所规定和确认的权利与义务联系在一起的,其权利与义务的实现,是由国家强制力来保障的。劳动法律关系的一方(劳动者)必须加入某一用人单位,成为该单位的一员,并参加单位的生产劳动,遵守单位内部的劳动规则;劳动法律关系的另一方(用人单位)则必须提供工作条件,按照劳动者的劳动数量和质量支付报酬,并不断提高劳动者的物质文化生活水平。

基于政治、经济制度和文化传统等的区别,不同国家对劳动关系的称呼也有所不同,如劳资关系、雇佣关系或产业关系等。劳资关系、雇佣关系是相对于资本与劳动之间的关系而言的,反映出资者与劳动者或雇主与雇员之间的关系。

2.6.1 劳动关系的主体

劳动关系的主体是指在劳动关系中享有权利和承担义务的劳动关系的参与者,即拥有劳动力的雇员(劳动者)和使用劳动力的雇主(用人单位)。从广义上讲,劳动关系的主体还包括政府。

2.6.1.1 雇员

雇员是指在就业组织中,本身不具有基本经营决策权力并从属于这种决策权力的工作者。低层管理者只负责监督和分配,而无权命令和奖惩下属,因而也属于雇员的范畴。依照相关劳动法规,有些人员不属于雇员,如公务员、军事人员、农业工人、家庭佣人和企业的高层管理者等。

2.6.1.2 雇员团体

雇员团体是因为共同利益、兴趣或目标而组成的雇员组织。从这一意义上说,工会也属于雇员团体。工会的主要目标是代表并为其成员争取利益和价值。

2.6.1.3 雇主

雇主也构成“管理方”或资方,是指雇用他人为其工作,并须支付工资或报酬的法人、自然人。管理方分层级,权力分布是不均衡的,多集中于管理方的上层。

2.6.1.4 雇主组织

雇主组织的主要形式是雇主协会,它们以行业或贸易组织为纽带。

2.6.1.5 政府

政府在劳动关系中表现为四种角色:一是劳动关系立法的制定者;二是公共利益的维护者;三是部门的雇主;四是有效服务的提供者。

2.6.2 影响劳动关系的因素

2.6.2.1 社会分工

根据社会分工理论,社会分工有利于扩大市场需求、推动制度变迁和促进经济增长,而市场需求、制度变迁和经济增长又会反过来促进社会分工。这种相互作用的过程必然对资本与劳动及其所有者产生影响,从而深刻地影响社会劳动关系的变迁。

2.6.2.2 产权

产权对劳动关系的影响主要是通过劳动关系双方的行为选择实现的。随着社会生产关系的不断调整,资本出现了社会化的趋势。资本社会化最主要的形式是企业股权的分散化。这种趋向既是经济发展的自然结果,也是国家政策主动调节的产物。股权的分散化、社会化,意味着资本所有权与使用权的分离,使资本所有者多元化、大众化,这就是许多西方学者日益关注的“所有权扩散”现象。这种现象以美国公司的“职工持股计划”和英国公司的“雇员持股计划”最为典型。这些计划使职工由单一的雇佣劳动者变成兼有所有者的二重身份,从而缓解分配不公,以保证企业效率和社会安定,使得资本与劳动的关系发生变化,即从所有与非所有关系,变为大所有与小所有的关系,这种变化淡化了资本作为所有者对劳动作为非所有者的不平等关系。受产权关系变化的影响,各资本主义国家还制定了对劳工的保护法,全面而具体地实施对劳动权益的保护以及对资本权益范围的界定。在发达国家,劳资双方不仅有严密的法律约束,并且完善了自身约束,资本与劳动作为社会不同分工的合作关系得到了加强,劳资矛盾趋于缓和。

2.6.2.3 产业革命与经济全球化

除了社会分工和产权之外,产业革命及其推动下出现的经济全球化也对各国劳动关系的现状与运行产生了深远的影响。

20 世纪 90 年代以来,以信息技术为标志的新产业革命不仅对社会分工和国际分工产生了积极而深刻的影响,对传统意义上的劳资关系的影响也是巨大而深远的。信息社会的劳资关系更为复杂,其本质特点就是出现了一种智能的力量:相对劳动而言,它成为淘汰大量体力劳动,甚至是非技术化、非智能化劳动的力量。当代社会对于非技术劳动力的剥夺不再仅仅是来自原始意义上资本对于剩余价值的追求,而且还来源于技术劳动力对劳动岗位的有效侵占。可以预见的是,信息社会的劳资关系将是资本与技术的结合与非技术劳动力的弱势地位,且这种弱势地位从绝对意义上看是难以改变的。

2.6.2.4 其他因素

影响劳动关系的其他因素分为内部因素和外部因素两个方面。

(1)影响劳动关系的内部因素,如果从广义的劳动关系主体的角度看,主要包括三个方面:一方是雇员或工会;另一方是雇主或雇主组织;还有一方就是政府。

(2)影响劳动关系的外部因素,除了就业组织内部的因素之外,还有许多环境因素,这些因素被统称为劳动关系的外部环境,主要有六个方面:社会经济环境、法律和制度环境、技术环境、劳动力市场环境、政策环境和思想文化环境。

2.6.3 劳动关系管理的目标

劳动关系管理的总体目标是缓解、调整组织劳动关系的冲突,创造组织良好的工作氛围和良好的人际关系环境,最大限度地促进劳动关系合作,以提高组织管理效率,实现组织目标。劳动关系管理的目标体现在以下六个方面:

(1)把工作中的干扰降到最低程度,减少冲突的可能性。

(2)降低单位劳动成本,而不必降低工资。

(3)通过特定的程序,宣泄不满情绪,建立更稳定的雇员关系。

(4)提高生产力和劳动力的利用率。

(5)增强协作与兑现承诺,以提高对必要的变化的适应能力。

(6)增强对劳动过程的控制。

2.6.4 劳动关系管理的风格

劳动关系管理风格是企业劳动关系形成的基础。从理论上说,管理风格有一元论和多元论两种类型。一元论认为,可以把员工划分为若干等级,企业通过建立内部等级制度抑制冲突,以实现组织目标;多元论认为,实现共同目标可以运用多种方法,冲突是不能压制的,管理者应当通过协调管理者与员工的关系实现组织目标。从总体上说,组织中主要有五种劳动关系管理风格。

2.6.4.1 传统式

传统式的管理风格由所谓权威主义所指导,一般适用于小型的由所有者自己管理的企业。在这种企业中,劳动关系在出现问题之前一般不会受到重视,企业通常采用灭火式的方法,发现什么问题才解决什么问题,不重视从根本上解决问题。企业文化是强硬式的，是一种权威式的管理风格，行业工会也被这些企业认为是不需要的，企业主尽可能少付给雇员工资，对待行业工会的态度也是恶意的。

2.6.4.2 温情式

温情式的管理风格是一种家长主义的管理风格。它与传统式管理风格一样，不赞成建立行业工会，认为雇主和雇员的关系从根本上讲是合作的关系，雇主能前瞻性地处理雇员关系问题，不需要建立行业工会。这类企业支付给雇员的工资通常高于市场平均水平，在用人方面，雇主十分小心地选择合适的人员，然后花大量的精力使雇员忠诚于企业的目标，企业文化主要倡导企业家精神。

2.6.4.3 协商式

奉行协商式管理风格的企业，通过综合应用其雇员关系中正式的和非正式的机制进行运作，其前提是管理人员应当具有前瞻性计划并采取前瞻性行动，因而被称为是解决问题式的管理风格。行业工会在这类企业中受到欢迎，并被视为企业的伙伴，是代表雇员意见的基础，同时也是管理沟通过程中的关键。这种管理风格非常强调向工会和员工咨询，鼓励他们寻找解决问题的方法，以试图与他们达成协议。工资既可以通过集中谈判解决，也可以不通过集中解决，各个企业或子公司的经理和工会代表可以自行改进组织工作、生产率和福利，但这些做法都是以劳资双方关于劳动关系管理共享为基础的。

2.6.4.4 法制式

法制式的管理风格是一种类似于协商式的管理风格。与协商式管理风格相同，法制式的管理风格具有关注前瞻性的计划、管理者与行业工会共同工作、员工利益主要通过行业工会的渠道实现的特点。与协商式管理风格的不同之处在于，法制式的管理风格对待雇员关系的方法较为强硬和充满敌意，更注重正式的管理协议，通过在工作场所进行强有力的双方谈判实现和平共处，而协商则放在双方的谈判之后。

2.6.4.5 权变式

权变式的管理风格受权变理论的指导。现阶段我国诸多企业的人力资源管理理念与方法还停留在传统阶段，在当今日益激烈的市场竞争环境中，这种传统的人力资源管理理念与管理方式既不能适应企业人力资源管理发展的需要，也不利于企业核心竞争力的构筑。面对此种情况，深入分析权变管理理论对企业人力资源管理的重要作用显得尤其迫切。近年来已有越来越多的大型企业开始引入权变式的管理方式。

3

人力资源管理沙盘模拟概述

最早提出"人力资源"概念的是著名的管理学家彼德·德鲁克。他在1954年出版的《管理的实践》一书中引入了这一概念,他认为,人力资源拥有其他资源所没有的素质,即"协调能力、融合能力、判断力和想象力。"由此,西方企业中开始出现了人力资源部,除了从事传统的事务以外,还增加了人力资源规划、政策制定、人力资源开发、职业生涯管理、工作分析与设计等职能。而且,人力资源部开始参与企业战略规划的制定与实施,人力资源管理的责任是确保组织在适当的时间、以适当的成本获得适当数量、类型和技能的员工,以满足组织当前及未来的需要。

20世纪90年代以来,企业面临的竞争环境日益激烈。理论与实践者们都认识到,在竞争性的环境中,战略性地管理人力资源能够为企业提供一种持续的竞争优势。与技术和资本等其他因素相比,只有人力资源可以创造更加持续的竞争优势。因此,对人力资源管理提出了更高的要求:一方面,它要求在战略实施过程中,人力资源管理和战略之间应当保持动态协同;另一方面,人力资源功能通过规划、政策与实践,创造出实施战略的适宜环境,发挥"战略伙伴"的作用,从而使组织更具竞争力。传统的人力资源管理很难使人力资源功能同时满足上述要求,因而战略人力资源管理理论与实践应运而生。

本章将概括性地介绍人力资源沙盘模拟的思想,人力资源管理沙盘的模拟设计及模拟企业概况、市场环境等内容,为学习者进行人力资源沙盘模拟奠定基础,将人力资源相关理论与实践相结合,通过模拟实训掌握人力资源管理的技巧,获得人力资源管理的相关能力。

本章重点:

- 人力资源沙盘的介绍
- 对模拟企业概况的了解
- 沙盘模拟企业的背景

3.1 人力资源沙盘简介

21世纪最重要的是什么?石油?新能源?新材料?环保?都不是;21世纪真正最重要的是"人才"。进入21世纪后,人们普遍地意识到人才并不仅仅是一种生产资料,而且是创造产品价值的根本源泉之一。

人力资源管理的核心是人才价值管理,它运用现代管理方法,对人力资源的获取(选人)、开发(育人)、保持(留人)和利用(用人)等方面所进行的计划、组织、指挥、控制和协调等一系列活动，从而实现人才价值的可持续增长，最终实现企业的发展目标。

人力资源管理模拟沙盘是类似于军事作战指挥沙盘和近年房地产开发商销售楼盘时制作的小区规划沙盘。沙盘原是军事战争中战地指挥的工具，通过实物模型可以直观地了解战场的全貌，从而迅速制定出有效的作战计划。利用沙盘模拟，指挥员无需亲临战场，也能对战局了然于胸，从而运筹帷幄。战争沙盘模拟推演跨越了实兵军演检验与培养高级将领的巨大成本障碍和时空限制，在世界各国得到了普遍的应用。

人力资源管理模拟沙盘借鉴战争沙盘模拟的原理，将企业人力资源部门各岗位及具体工作内容制作成类似的实物模型，将人力资源管理工作运行过程设计为运作规则，进而模拟企业人力资源各部门职能运营过程。在进行人力资源管理模拟沙盘的操作时，一般将学员按 5 ~6 人分为一个学习小组，一个学习小组成立一家公司，小组中的学员担任公司中各岗位的主管，在指定的模拟性管理情景与条件下演练各种管理活动。

人力资源管理模拟沙盘通过分析市场需求情况进行岗位设计与岗位分析，制定人才招聘配套方案与策略，组织实施人才培训策略、人才薪酬策略与绩效考评体系，合理执行劳动关系管理等一系列人力资源管理流程，不断提升人才与管理人员的价值，从而提高公司效益，有效增强公司的竞争实力，达到提升学员人力资源管理能力的目的。

3.2 模拟企业概况

3.2.1 公司简介

人力资源管理模拟沙盘将基础背景设定为一家生产技术成熟，但资金有限，以人力资源作为主要推动企业成长与发展的重要动力的生产销售型企业。公司内部组织结构如图 3 -1 所示。

为了避免学员将该模拟企业与他们所熟悉的行业不经意地产生关联，因此，将人力资源模拟沙盘所涉及的产品设定为一个虚拟产品，即 P 系列产品：P1、P2、P3 和 P4。其中，P1 为低端产品，P2、P3 为中端产品，P4 为高端产品。随着市场对产品的需求带动着企业对员工需求的变动。因此，为了适应技术发展及市场需求的变化，公司董事会及全体股东一致决定将企业交给一批优秀的新人推动企业发展，他们希望新的管理层可以完成以下各项工作：

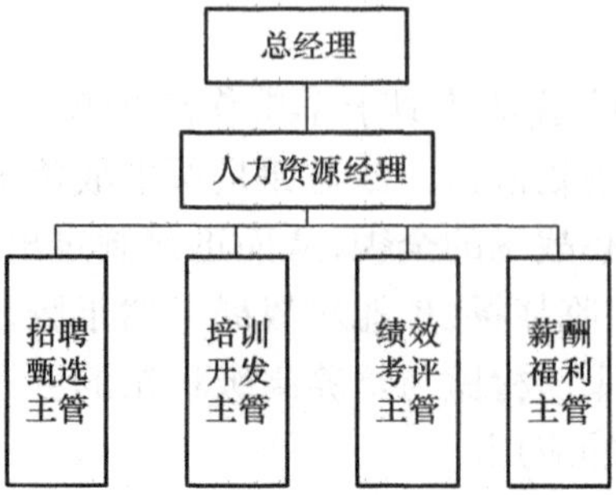

图 3-1　公司内部组织结构

➢ 应对市场产品的需求状况,公司的人力资源配置能够满足公司的生产需求。

➢ 在合理的人力资源成本预算范围内,能够高效率地完成公司人力资源管理的任务。

➢ 增强企业凝聚力,提升员工的内部稳定性。

➢ 加强企业团队建设,提高组织效率。

➢ 不断地完善人力资源管理思想,建立可持续发展的员工队伍。

总而言之,新的管理层必须创新经营,专注经营,以公司总体目标为前提,做好人力资源战略规划才能实现企业良好的经营业绩。

3.2.2　产品市场环境

3.2.2.1　P1 产品市场环境分析

P1 产品市场环境如图 3-2 所示。

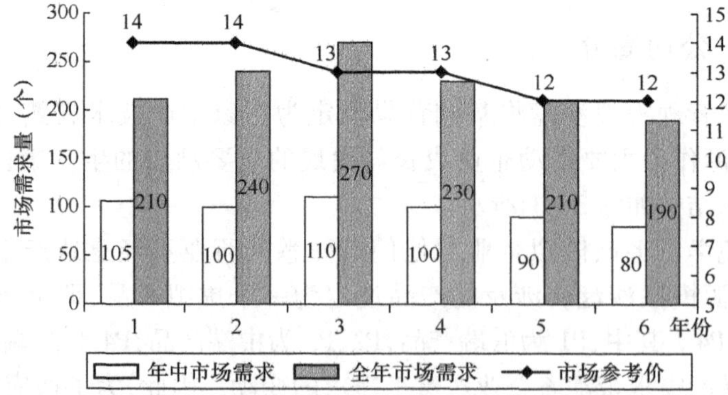

图 3-2　P1 产品市场环境

图 3 - 2 所示(左纵坐标为市场需求量,右纵坐标为市场参考价格,横坐标为年份。图 3 - 3,图 3 - 4,图 3 - 5 与此表示法相同。),市场对 P1 产品的需求在某年达到顶峰之后将会逐步下降,说明市场对低端产品的需求可能要下滑。随着市场需求的减少,P1 产品的市场售价也将有所降低。

3.2.2.2 P2 产品市场环境分析

P2 产品市场环境如图 3 - 3 所示。

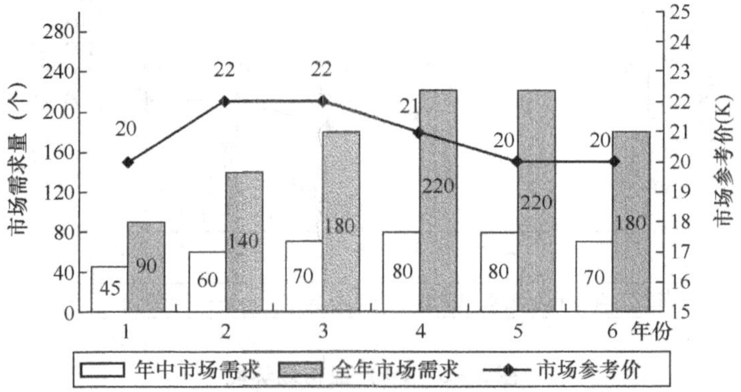

图 3 - 3 P2 产品市场环境

图 3 - 2 与图 3 - 3 相比较所示,前几年市场对 P2 产品的需求明显低于 P1 产品,随着社会经济的发展,市场对产品的需求有逐步由低端向中高端发展的趋势。因此,随后几年 P2 产品的需求量逐步上升,且其价格也受到影响。在第 5 年、第 6 年,随着客户对高端产品需求量的增加,P2 产品的价格受其影响有所下降。

3.2.2.3 P3 产品市场环境分析

P3 产品市场环境如图 3 - 4 所示。

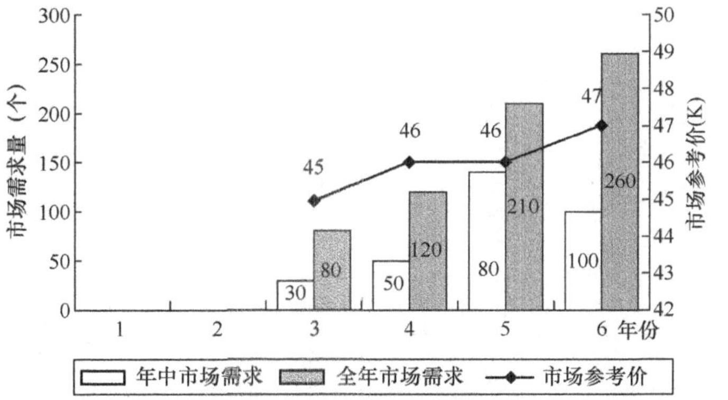

图 3 - 4 P3 产品市场环境

图 3－4 所示，第 1、2 年市场上不存在对 P3 产品的需求，从第 3 年开始，由于社会经济的发展，市场对 P3 产品的需求逐步上升，且价格也随之逐步上升。

3.2.2.4 P4 产品市场环境分析

P4 产品市场环境如图 3－5 所示。

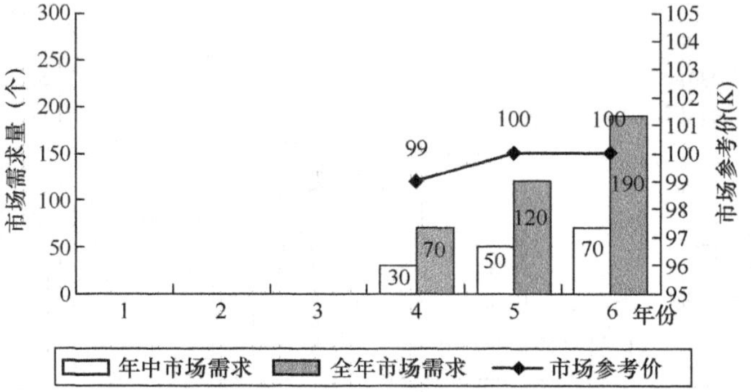

图 3－5　P4 产品市场环境

如图 3－5 所示，市场对 P4 产品的需求是四类产品中最晚出现的，且其需求量虽呈上升趋势，但每年的需求量较之于其他产品并不多，但是其价格却远远超过于其他类型的产品。

3.2.3 人才供应市场环境

表 3－1 是市场 6 年中每周期各个渠道对人员的供应情况。在进行人员招聘前，从研究分析该市场供应情况不难看出，A 级人员只在第一周期供应，且大部分分布于传统媒体招聘与猎头招聘两个渠道。

表3-1 人才供应

周期		第一周期					第二周期					第三周期					第四周期				
年份	招聘渠道	校园招聘	人才交流中心招聘	网络平台招聘	传统媒体招聘	猎头招聘	校园招聘	人才交流中心招聘	网络平台招聘	传统媒体招聘	猎头招聘	校园招聘	人才交流中心招聘	网络平台招聘	传统媒体招聘	猎头招聘	校园招聘	人才交流中心招聘	网络平台招聘	传统媒体招聘	猎头招聘
第一年	A																				
	B	0	6	0	0							0	0	0	0						
	C	0	0	0	0		0	0	6			0	6	0	0		0	0	0		
	D	0	0	0	0		6	6	0			0	0	0	0		0	0	0		
第二年	A																				
	B	0	0	1	1							0	1	0	0						
	C	2	1	2	0		0	2	1			0	1	1	0		0	1	1		
	D	2	2	0	0		3	2	0			2	1	0	0		2	2	0		
第三年	A	0	0	0	1																
	B	0	1	0	1							0	0	1	1						
	C	1	1	0	0		0	2	2			1	1	1	0		0	3	0		
	D	0	2	0	0		2	2	0			1	2	0	0		2	2	0		
第四年	A	0	0	1	0	1															
	B	0	1	1	1							0	0	1	1						
	C	1	2	1	0		0	1	2			1	1	0	0		0	1	0		
	D	1	1	0	0		1	2	0			2	1	0	0		2	2	0		
第五年	A	0	0	0	1	1															
	B	0	1	0	1							0	0	1	0						
	C	1	2	2	0		0	1	1			1	1	0	0		0	1	2		
	D	1	2	0	0		2	2	0			1	1	0	0		2	2	0		
第六年	A	0	0	0	0	1															
	B	0	1	0	1							0	0	1	0						
	C	2	1	0	0		0	1	0			1	1	0	0		0	1	0		
	D	2	1	0	0		2	2	0			1	1	0	0		2	2	0		

3.2.4 企业的财务状况

在上届决策者的带领下，企业取得了一定的经营业绩，具体情况如表 3－2 所示。

表 3－2 利润表

项目	金额
一、销售收入	798
减：直接人工	139
管理费用	297
产品综合成本	172
二、营业利润	190
加：营业外收入	0
三、净利润	190

对企业利润表作如下分析。

盈利能力比率：

$$\text{销售净利率} = \text{净利润} \div \text{销售收入} = 190 \div 798 \approx 23.81\%$$

从该数据可以看出，企业的销售净利润情况不错，新的管理者应当延续这种良好的发展状况，将企业的带入一个新的发展阶段。

3.3 沙盘的初始状况设置

人力资源管理沙盘的模拟是接手一个已经运营若干年的企业。虽然已经从企业概况中获得了企业运营的基本信息，但是还需将这些数据再现到沙盘牌面上，由此为下一步的企业运营做好铺垫。通过初始状况设置，可以使学员深刻地感受到财务数据与企业业务的相关性，了解到财务数据是对企业运营状况的直接反映。为了今后能掌握财务数据，下面首先了解初始状况设置的相关要素。

第一，产品。企业可以生产四种产品，分别为 P1、P2、P3、P4。

第二，资金。资金用灰色币和橙色币表示。每个灰色币表示 1K（相当于 1 000元）；每个橙色币表示 10K（相当于 10 000 元）。

第三，价值。价值用红色币表示。每个红色币表示 1 个价值。

3.4 模拟角色简介

通过对企业人力资源管理流程进行分析与整理，人力资源管理部门一般由招聘甄选主管、培训开发主管、绩效考评主管、薪酬福利主管、人力资源经理和总经理六个角色构成。这六个角色在长期的人力资源管理过程中形成了一定程度的合作关系，总经理是公司的最高负责人。

在人力资源管理沙盘模拟课程中，我们设计了六个主要的角色代表，即总经理、人力资源经理、招聘甄选主管、培训开发主管、绩效考评主管和薪酬福利主管，六个角色主要是按人力资源的主要工作情况设计的。考虑到人力资源部门不可能从企业中独立出来模拟竞争，我们在模拟中设立了总经理这一职位，教学过程中可以安排5~6人为一组，分别扮演不同的角色。角色的岗位职责描述如下。

3.4.1 总经理

总经理为公司业务执行的最高负责人。在HRM沙盘模拟中，为了突出人力资源管理的全部流程，将公司其他业务部门全部省略。公司内的生产、销售等决策由总经理一人作出，因此，HRM沙盘模拟的总经理已经不是人们所熟知的总经理，这里的总经理不仅要扮演公司的总负责人，而且同时要完成各项业务。总经理既要参与公司总战略的制定，又要负责产品的生产销售，批准人力资源经费使用等项目的具体工作。总经理将带领其团队主要完成以下各项工作：

- 制定发展战略。
- 分析竞争格局。
- 确定经营指标。
- 制定业务策略。
- 全面预算管理。
- 团队协同管理。
- 分析企业绩效。
- 业绩考评管理。
- 管理授权与总结。

3.4.2 人力资源经理

人力资源经理是现代公司中最重要、最有价值的顶尖管理职位之一。作为人力资源经理，必须从战略高度努力构建高效实用的人力资源管理系统，成功进行优秀人才选拔，建立科学的考核与激励机制，最大限度地激发人才潜能，创建优秀团队，塑造卓越的企业文化，推动组织变革与创新，最终实现组织的持续发展。HRM 沙盘模拟中的人力资源经理负责整体的人力资源规划，确定岗位设计，人力资源经费的申请时机和数额，更要控制整体人力成本并努力提高人均单产等。人力资源经理主要完成以下各项工作：

- 开展 HRM 部门的日常工作。
- 起草人力资源规划方案。
- 起草和修改各项人力资源管理制度和流程。
- 督导处理员工投诉，组织处理员工投诉和劳资纠纷，畅通内部沟通渠道。

3.4.3 招聘甄选主管

招聘甄选主管负责公司招聘的相关工作，如发布和管理招聘信息、聘前测试、简历甄别、组织招聘、员工人事手续办理、员工档案管理及更新等与招聘相关的工作。在 HRM 沙盘模拟中，招聘甄选主管根据公司人力资源规划，制定科学合理的人才配备计划，建立有效的人才梯度，并通过各种渠道招聘员工，以满足公司在各个时期对不同层次人才的需求。招聘甄选主管主要完成以下各项工作：

- 办理新员工入职手续。
- 办理员工离职手续。
- 办理员工异动手续。
- 制定招聘计划和实施方案。
- 进行招聘活动的组织和实施。
- 分析人力资源供需状况和动态。
- 分析内部人力资源需求。

3.4.4 培训开发主管

培训开发主管负责员工的培训管理，协助拟定培训与发展计划，联系各类培训机构，组织各类培训并编写评估报告。在 HRM 沙盘模拟中，培训开发主管根据全公司的战略规划和人力资源规划制定公司培训计划，结合招聘甄选主管的招聘情况，随时调整培训计划，努力通过有计划、有步骤的培训弥补不足的产能，并提高员工的总体价值和产能。培训开发主管主要完成以下各项工作：

- 起草和修改与培训相关的制度流程。
- 组织培训需求调查。
- 制定公司培训计划。
- 收集整理公司内部与外部的培训资源。
- 与员工签订培训协议。
- 起草和修改培训方案并组织实施培训。
- 对培训效果进行评估并及时反馈信息。

3.4.5 绩效考评主管

绩效考评主管负责企业绩效考核相关流程的建立及执行，了解各类绩效考核相关工具的使用，负责组织实施员工绩效考核，整理分析考核数据。在 HRM 沙盘模拟中，绩效考评主管年末根据考核规则对管理人员进行考核，并根据考核结果对管理人员的价值进行相应调整，同时也监控员工的绩效奖金与价值提升情况。绩效考评主管主要完成以下各项工作：

- 负责绩效考评体系的建立，分析与设计 KPI 指标。
- 管控整个公司业务流程，控制管理层 KPI 的执行情况。
- 监控公司员工的价值提升情况。

3.4.6 薪酬福利主管

薪酬福利主管负责制作公司每周期的工资报表，按时发放工资，对薪酬数据进行分析及统计等工作，为各部门提供薪资福利方面的咨询服务。熟悉企业绩效考核相关流程的建立及执行，了解各类绩效考核相关工具的使用，负责组织实施员工绩效考核，整理分析考核数据，建立员工工作业绩档案，及时提供绩效数据支持，协助各部门开展评价工作。在 HRM 沙盘模拟中，薪酬福利主管的主要工作是年初根据公司战略规划制定科学合理的薪酬计划和支付管理层奖金，每周期支付员工及管理层工资，年末根据考核规则对管理层进行考核，并根据考核结果对管理层的价值进行相应调整。薪酬福利主管主要完成以下各项工作：

- 制定和修改薪酬管理制度。
- 建立和完善薪资福利体系。
- 调查分析行业及地区薪资水平。
- 制定年度薪资福利预算。
- 编制薪酬激励计划，负责审核各部门的分配方案，核算人力资源成本。

3.5 沙盘盘面介绍

沙盘盘面(如图 3 -6 所示)作为人力资源管理活动运用过程中的工具，需要系统性和概略性地体现企业的主要业务流程和组织架构。人力资源管理沙盘包括人员的招聘、培训、绩效考核、薪酬福利等内容，因此，在沙盘盘面的设计上也紧密结合人力资源管理的相关内容进行。从盘面上我们可以看到，人力资源管理沙盘以管理人员为依据分为六个板块，每一板块的内容都是相关管理人员所要进行操作的工作任务。

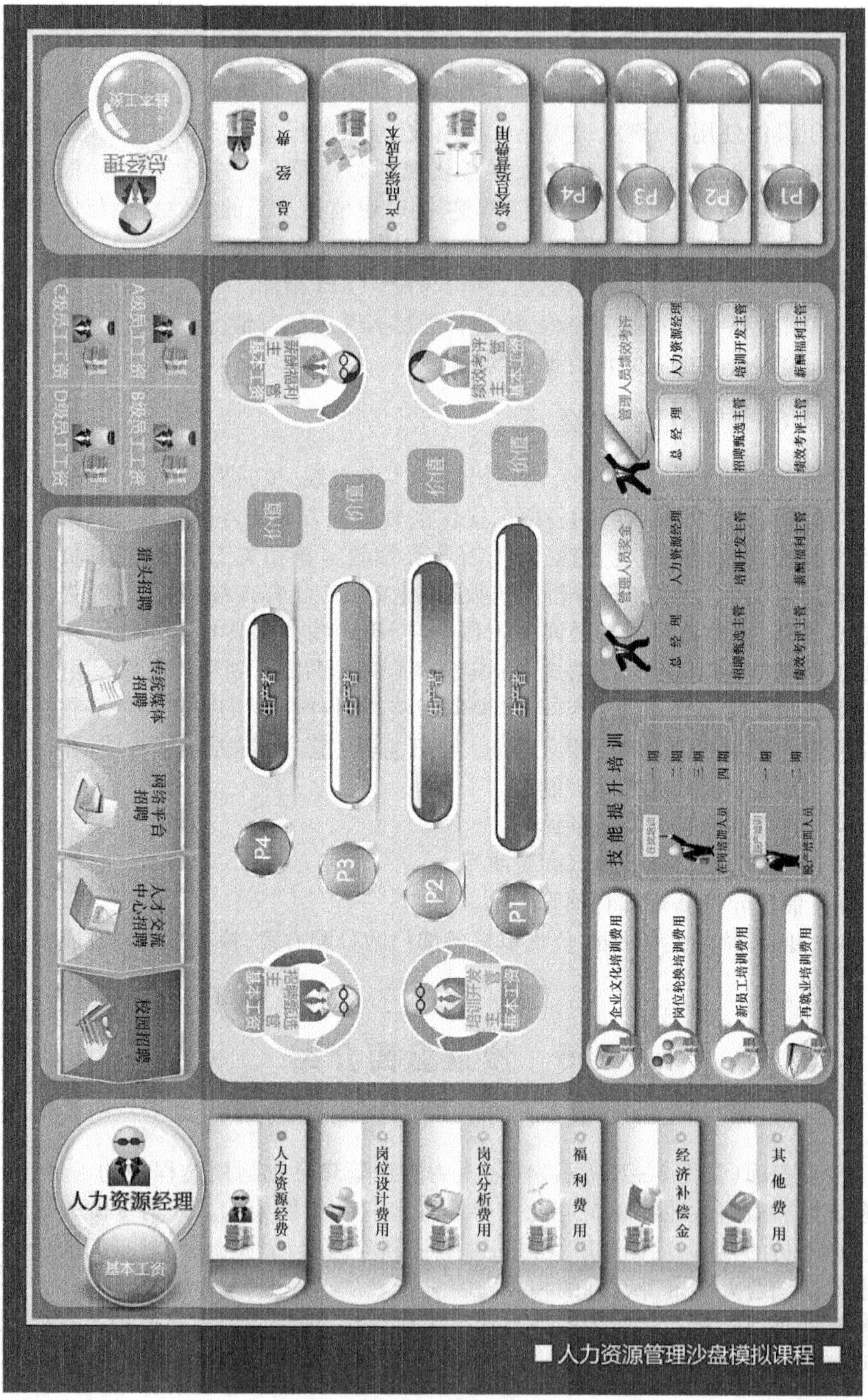

图 3－6 人力资源管理沙盘模拟操作盘面

3.5.1　总经理

总经理需要对公司的总经费、管理费的支付以及产品的生产等进行管理。如图 3－7 所示。

图 3－7　总经理操作区

3.5.2　人力资源经理

人力资源经理主要对人力资源管理进行相关操作，在相应位置支付费用。沙盘盘面上人力资源经理进行的操作如图 3－8 所示。

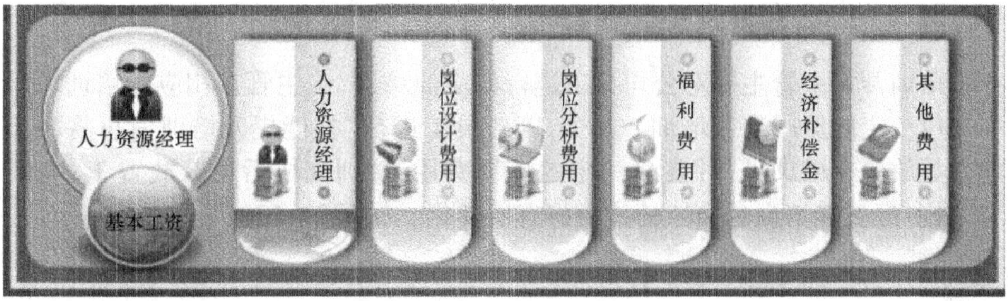

图 3－8　人力资源经理操作区

3.5.3　招聘甄选主管

招聘甄选主管在沙盘中主要是对公司所需人员进行招聘。从图 3－9 中可以看到，在招聘甄选主管处有五个招聘渠道，通过在相应的招聘渠道放置一定的渠道招聘费用表示招聘甄选主管的招聘活动的进行；在人员招聘成功后，按照招聘时所确定的“定岗”，将人员放置在相应的产品“生产者”处。

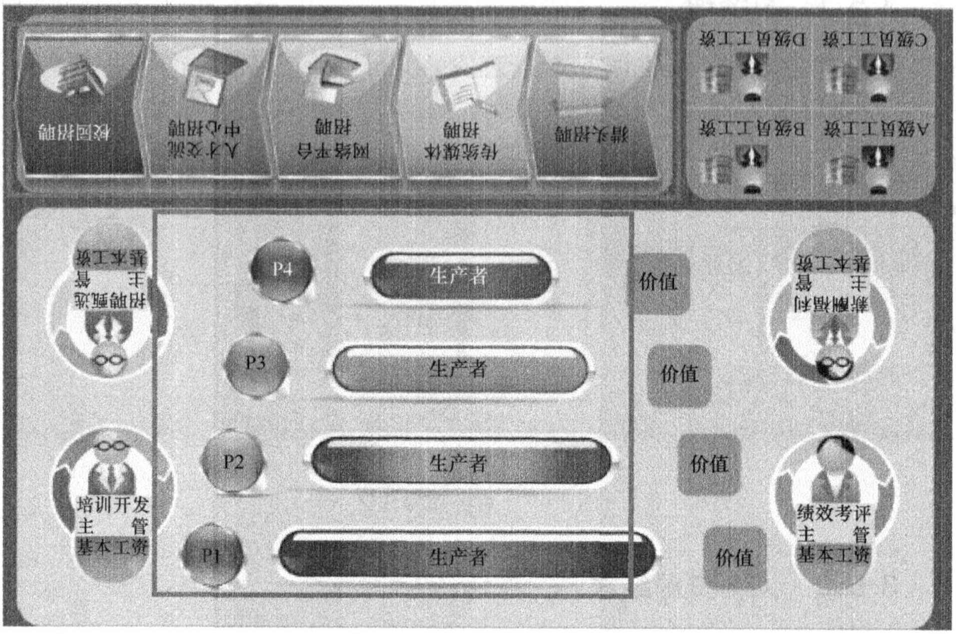

图 3－9　招聘甄选主管操作区

3.5.4　培训开发主管

培训开发主管主要对公司员工进行相应的培训，该主管在相应的培训项目中支付一定的费用进行培训。其中，若对员工进行“技能提升培训”，可将相应的人员放置在培训处，并支付一定的培训费用；培训完成后重新放置于“生产者”处。经技能培训后员工的价值将有所变化。如图 3－10 所示。

3.5.5　绩效考评主管

绩效考评主管操作的工作内容，是对管理人员进行绩效考评，且评定各个管理人员的绩效奖金，如图 3－11 所示。

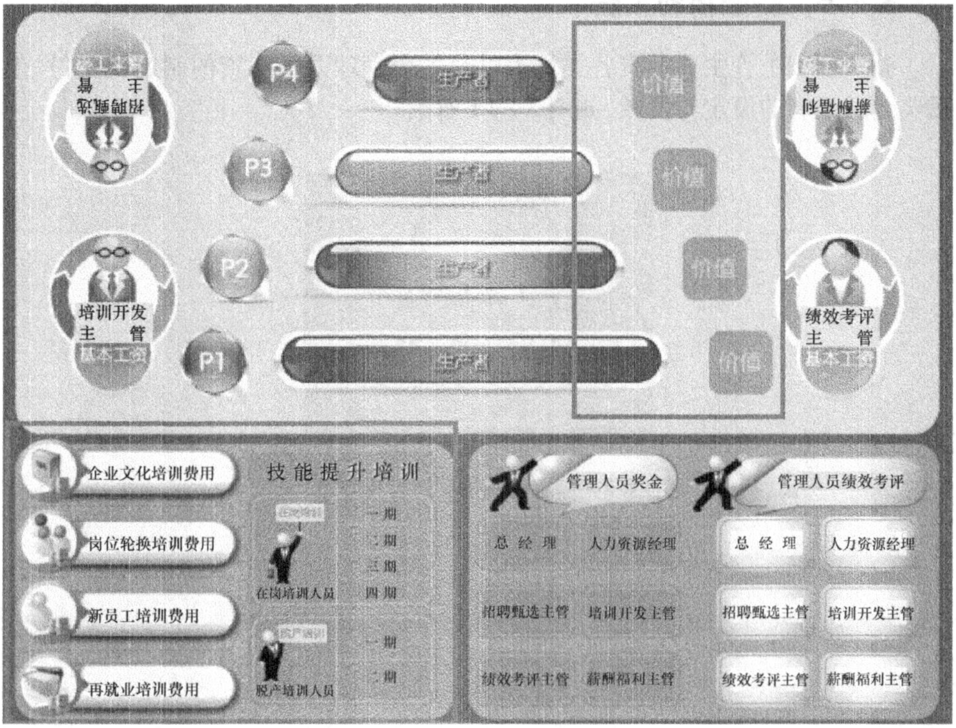

图 3－10 培训开发主管操作区

图 3－11 绩效考评主管操作区

3.5.6 薪酬福利主管

薪酬福利主管主要负责各类员工以及各个管理人员工资的制定及支付，包括奖金及福利的设定与发放，如图 3－12 所示。

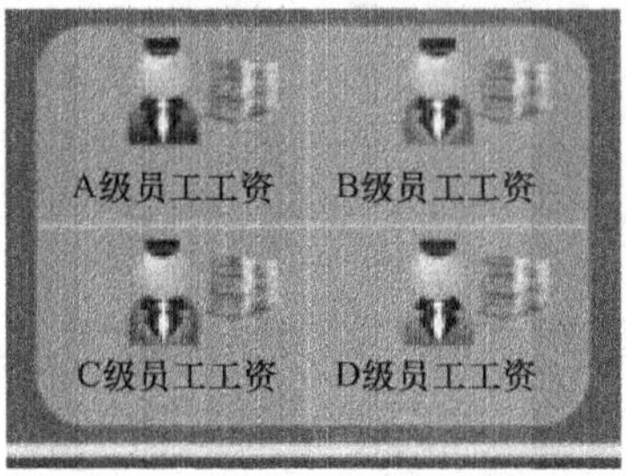

图 3－12　薪酬福利主管操作区

4

人力资源管理沙盘模拟运营规则

人力资源管理的运营涉及经费的申请及员工属性、产品市场的收购、工作分析、招聘甄选、培训开发、绩效考评、薪酬福利和劳动关系等诸多方面规则的制定,受到来自各方面条件的制约。在模拟运营之前,必须熟悉和了解这些制约条件才能进行合适的经营,在竞争中提升企业实力。

本章重点:

- 了解人力资源管理沙盘模拟的运营规则

4.1 人力资源经费申请

人力资源管理部门要进行工作分析、人员配置及员工培训等一系列人事活动,需要一定量的活动经费。每年年初人力资源经理可根据本年人力资源经费预算向总经理提出申请。

4.1.1 人力资源经费申请规则

人力资源经理在每年的第一周期可根据本年度人力资源规划向总经理申请人力资源经费。

4.1.2 紧急人力资源经费申请规则

运营期间人力资源经理可随时向总经理提出人力资源经费紧急申请,但是会产生一定的经费损失,这一损失计入其他费用。

$$紧急经费损失额 = 人力资源经费紧急申请额 \times 10\%$$

例如,G1 公司在第 2 年的第二周期,人力资源经费不足,难以保证人力资源管理工作的进行,此时人力资源经理向总经理提出紧急人力资源经费申请,申请额为 100K,则产生 10K 的紧急经费损失额。

4.1.3 超额损失规则

年度结束后,公司要对剩余的人力资源经费进行核算,作为对人力资源经理经费预算的一个评估。若当年剩余人力资源经费超过本年度人力资源经费累计支出额的 20%,则要将一部分的费用计为超额经费损失,计入其他费用。

$$超额经费损失 = (公司当年剩余人力资源经费 - 累计支出额 \times 20\%) \times 15\%$$

例如,G1 公司在第 1 年支出的人力资源经费为 100K,剩余人力资源经费为 40K,则:

$$产生的超额经费损失 = (40 - 100 \times 20\%) \times 15\% = 3K$$

4.1.4 人力资源经费回账规则

若公司在运营过程中出现总经费短缺,但此时人力资源经费却充裕的不正常情况,公司可对人力资源经费进行回账处理。回账经费将损失的 10% 作为惩罚,计入其他费用。

4.2 员工属性规则

识别各类人员,进行合理的人员配置对于人力资源管理工作来说十分重要。因此,在进行招聘及员工工作安排前需清楚各类人员的属性,以便对其进行合理配置及职业生涯的规划。

员工初始价值属性如表 4 - 1 所示。

表 4 - 1 员工初始价值

项目 \ 员工	A 级	B 级	C 级	D 级
初始价值	9	5	2	0

员工的初始产能与单位产品的综合成本如表 4 - 2 所示。

表 4 - 2 员工初始产能与单位产品综合成本 单位:个

员工 \ 产品	P1	P2	P3	P4
A 级	10	9	6	4
B 级	6	5	2	0
C 级	3	2	0	0
D 级	1	0	0	0
单个产品综合成本	4K	6K	22K	44K

规则说明：

(1)员工的个人价值可通过员工的产能提升而增加，员工产能提升1，则其价值相应地增加1。

例如，B级员工的初始价值为5，对应的P1产品的初始产能为6，当B级员工通过技能提升培训，P1产品的产能提升为7时，其员工价值亦相应提升1，以此类推。当B级员工P1产品的产能提升为10时，自动升级为A级员工。

(2)D级员工类似公司的实习生，有一定的生产能力，但不具有价值。

4.3 产品市场收购规则

产品的收购价格受市场供求关系的影响，因此，为了使产品以更高的价格出售，企业必须合理规划产品的生产人员、产品的生产数量及销售数量。在沙盘中，产品的收购在第二周期和第四周期进行，也称为年中交货与年末交货。产品的收购价为：

$$\text{年中产品市场收购价} = \left(1 + \frac{\text{年中市场需求量} - \text{年中实际交货量}}{\text{年中市场需求量}}\right) \times \text{各类产品市场参考价}$$

$$\text{年末产品市场收购价} = \left(1 + \frac{\text{年末市场需求量} - \text{年末实际交货量}}{\text{年末市场需求量}}\right) \times \text{各类产品市场参考价}$$

规则说明：

(1)各公司根据年度经营计划制订销售计划，具体销售产品的类型及数量由公司自主决定。

(2)产品的年中需求量及全年需求量由供求图给出：

$$\text{年末市场需求量} = \text{全年市场需求量} - \text{年中实际交货量}$$

年末市场需求量最少为0，此时，年末产品收购价以产品综合成本计算。

(3)产品市场收购价不得低于各类产品的综合成本，最高为各类产品市场参考价的3倍。

(4)每年第二周期、第四周期进行产品销售并作出销售收入结算。

例如，第2年，全年P1产品的市场需求量为100，年中需求量为40，产品市场参考价格为14，经营至第二周期，6家公司P1产品交货总计为36，则：

$$\text{年中产品市场收购价} = [1 + (40 - 36)/40] \times 14 = 15.4 \approx 16$$

经营至第四周期，6家公司P1产品交货总计为50，则：

$$年末产品市场收购价 = [1 + (64 - 50)/64] \times 14 = 17.06 \approx 18$$

(5)清仓。产品不可囤积到下一年度,在年末(第四周期)产品销售后,必须对剩余的产品进行清仓处理。各类产品的清仓处理单价为各类产品的综合生产成本价格。

4.4 工作分析规则

工作分析是人力资源管理工作的基础,因此,在进行人力资源管理时需进行工作分析,以便提高人力资源管理的有效率。在沙盘中主要包含岗位设计和岗位分析两部分。岗位设计及岗位分析规则如表 4-3 所示。

表 4-3 工作分析费用表

员工 分析项目	A 级	B 级	C 级	D 级
岗位设计费(K/次)	9	7	5	0
岗位分析费(K/次)	3	2	1	0

规则说明:

(1)每年第一周期对所需岗位进行岗位设计,每个岗位只需设计一次且永久有效。

(2)每次招聘前,必须对所需招聘岗位进行岗位分析(不限人数)。

(3)若无岗位设计,则无该等级员工的招聘资格及升级到该等级员工的资格。

4.5 招聘甄选规则

在人力资源管理中,人力资源的配置和使用是企业经营成败的关键,而招聘到合适的人才更是关键中的关键。招聘涉及招聘渠道、招聘方式的选择。不同的招聘渠道提供的员工有所不同。在沙盘中涉及普通的人员招聘及到其他公司挖掘人才两种方式。

4.5.1 人员招聘规则

人员招聘规则如表4－4所示。

表4－4 人员招聘

招聘渠道种类	每一等级人员的招聘费
校园招聘	3K/次(不限人数)
人才交流中心招聘	4K/次(不限人数)
网络平台招聘	4K/次(不限人数)
传统媒体招聘	5K/次(不限人数)
猎头招聘	3K/次(不限人数),招聘成功后再收取每位员工一周期的基本工资

规则说明:

(1)每一年分为四个周期,一般情况下,A级员工在第一周期提供,B级员工在第一周期和第三周期提供,C级和D级员工每一周期均有提供。

(2)各公司如果有招聘人员的需求,须在参加招聘会前提交员工招聘申请明细表,填写所招聘员工的定岗情况(即生产产品类型)。A,B,C级员工需要制定基本工资和人才引进津贴,D级员工则只需制定基本工资,且在员工入职后执行。

(3)同一招聘市场各等级人员的招聘费按多次缴纳,同一招聘市场同一等级人员招聘人数不限。例如,在校园招聘1个B级员工及1个C级员工需分别缴纳招聘费3K(共6K),在校园招聘2个B级员工只需缴纳招聘费3K。

(4)人才引进津贴的最高上限为员工年基本工资(4个周期)。

(5)同一年招聘新员工时,其基本工资必须与同级老员工基本工资相同,人才引进津贴可不同。

(6)各公司提交招聘申请明细表后,按校园招聘、人才交流中心招聘、网络平台招聘、传统媒体招聘和猎头招聘的顺序选聘人才,若前一渠道已完成招聘计划,可放弃后一渠道。

(7)各渠道中基本工资与人才引进津贴总和高者优先获取人才。

(8)若基本工资与人才引进津贴总和相同,则比较基本工资,高者优先获取。

(9)若基本工资相同,则比较公司上年度经营排名。

(10)若公司上年度经营排名相同或者无排名(第一年),则比较招聘申请明细表提交时间,先提交的公司优先获得。

4.5.2 挖人规则

从第二年开始，每年初公司之间可互相挖人（挖人属于猎头招聘方式），欲挖人公司需填写挖人申请表，被挖公司每等级员工最多被挖走一人，每家公司每一年只能向一家公司挖一人。

规则说明：

（1）挖人前提。

若有多家公司对被挖公司的同一等级员工提出挖人申请，则先比较挖人公司给出的期基本工资，每家公司给出的期基本工资必须高于该员工调整后的期基本工资（被挖公司当年该员工的期基本工资）的120%，否则挖人失败。

（2）挖人竞争。

第一，若只有一家公司提交对某个公司的挖人申请，则只需达到挖人前提即可挖人成功。

第二，若有多家挖人公司给出的期基本工资相同，则比较他们给出的人才引进津贴，以确定成功挖人公司。

第三，若有多家挖人公司给出的人才引进津贴仍然相同，则比较他们的公司上年度排名。

第四，若仍有多家挖人公司上年度经营排名相同或者无排名（第一年），则比较挖人申请表提交时间，先提交的公司优先获得。

（3）挖人费用。

第一，每次挖人前必须支付给猎头3K的渠道招聘费用，交费后才能挖人。

第二，若挖人成功，挖人公司应支付该员工在被挖公司本年度两周期的基本工资作为经济补偿金支付给被挖公司。另外，挖人公司还需要支付该员工在挖人公司本年度一个周期的基本工资作为猎头招聘费用。被挖员工应保持原公司的定岗。

例如，第一公司有一个A级员工，基本工资为80K，挖人公司给出的基本工资必须大于96K。挖人成功需要支付40（80×50%）的费用给第一公司，另外还需支付24（96×25%）K的费用给猎头作为招聘费用。

4.6 培训开发规则

员工培训对企业发展的重要性已经被越来越多的企业所认知。对企业来说，最重要的资产是人，而不是机器、设备或者资金。为了提升企业人员的竞争力,企业必须有计划地对人员进行相关培训。沙盘中涉及新员工培训、技能培训、岗位轮换培训以及企业文化培训等相关的培训。培训细则如表 4 –5 所示。

表 4 –5 培训细则

培训种类	培训费用	培训要求及培训效果
新员工培训	1K/人	上岗的先决条件,对当期新招聘员工必须进行新员工培训
技能提升培训	在岗培训(2K/周期)	员工每经过连续四个周期的培训,员工所定岗的产能增加 1,达到上一级员工的初始产能,则员工升级。在岗培训期间保持原有产能。在岗培训期间不能进行岗位轮换培训
	脱产培训(3K/周期)	D 级员工不能进行脱产培训。员工每经过连续两个周期的脱产培训,员工所定岗的产能增加 1;脱产培训期间无产能;脱产培训过程中可同时进行岗位轮换培训,费用叠加
岗位轮换培训	转岗到 P1 费用为 1K/次 转岗到 P2 费用为 3K/次 转岗到 P3 费用为 5K/次 转岗到 P4 费用为 7K/次	经过岗位轮换培训可以生产另一种产品,且生产原来产品的能力保持不变。转岗后的员工产能为同级员工生产该产品的初始产能。转岗当期仍保持原有产品的产能,下一周期才具有转岗后产品的产能 各等级员工生产各类产品视持有相应的上岗资格证书。新进员工定岗某产品即表示该员工拥有该产品的上岗资格证书
企业文化培训	每计提净利润的 2%,降低 5% 的员工流失率,最高累计降低 10% 的员工流失率	公司每年初要计提上年度净利润的 2% 进行企业文化培训,以增加员工忠诚度,降低流失率
再就业培训	1K/人	辞退员工当期进行

规则说明:

(1)新招聘员工当期不能进行技能提升培训。

(2)员工经过技能提升培训后所定岗产能达到上一级员工的初始产能,则员工升级,升级后至少工作一个周期,该员工方可再进行技能提升培训,员工升级后按照新等级员工的基本工资标准执行。

例如,生产 P1 产品的 B 员工经过一个周期的在岗培训,支付 2K,其产能是没有变化的。经过四个周期的在岗培训后,生产 P1 产品的 B 级员工的产能从 6 上升到 7。这时,如果公司让这一 B 级员工充分生产,每个周期生产 7 个 P1 产品,公司就需要支付奖金(具体奖金规则在薪酬规则中介绍)。

(3)员工脱产培训过程中基本工资减半。

(4)培训限额。公司各等级员工的脱产培训人数最高为公司此等级员工人数的50%。

4.7 管理人员绩效考核规则

管理人员绩效考核是对企业承担运营过程及结果的各级管理人员完成指定任务工作业绩的一个评价过程。沙盘中分别采用不同的指标对各个管理人员进行绩效考核。

4.7.1 管理人员考核标准

4.7.1.1 总经理考核

若公司当年净利润 > (市场平均净利润 + 公司上一年净利润)/2,则总经理价值加1,否则价值减1。

4.7.1.2 人力资源经理考核

若公司净利润/人力资源成本 > 市场平均净利润/市场平均人力资源成本,则人力资源经理价值加1,否则价值减1。

4.7.1.3 招聘甄选主管考核

若当年招聘费用/当年新招聘员工 < 市场总招聘费用/当年市场新招聘员工,则招聘甄选主管价值加1,否则价值减1。

4.7.1.4 培训开发主管考核

若(本年度技能提升培训支出费用 + 企业文化培训支出费用 + 岗位轮换培训支出费用) ×80% +(新员工培训支出费用 + 再就业培训支出费用) ×20% > 市场上每个公司以上数据的平均数,则培训开发主管价值加1,否则价值减1。

4.7.1.5 绩效考评主管考核

若本年度除绩效考评主管外管理人员的绩效增量之和 > 市场平均绩效增量,则绩效考评主管价值加1,否则价值减1。

4.7.1.6 薪酬福利主管考核

若公司薪酬总额/人力资源成本 < 市场平均薪酬/市场平均人力资源成本,则薪酬福利主管价值加1,否则减1。

4.7.2 规则说明

(1)公司每年年末对管理人员进行考核,考核结果主要体现在价值变动上。

(2)第一年即起始年不进行绩效考核,之后每年管理人员的价值取决于原始价值与上一年度的价值的加减1。

例如,总经理初始价值为9,第二年考核减1时,价值仍为9;第四年考核加1时,其价值将上升至10,价值的上升不得超过岗位价值的最高上限。

4.8 薪酬规则

沙盘采用的薪酬结构为:

薪酬 = 工资(基本工资 + 奖金 + 人才引进津贴) + 福利

其中,奖金分为员工绩效奖金和管理人员奖金两类;公司员工最低基本工资标准为3K/期。

4.8.1 员工基本工资支付规则

各公司员工基本工资按每年年初制定的标准执行,每年第一周期可调整一次,人才引进津贴在不同招聘市场、针对不同招聘对象可不同且为一次性。

新招聘员工基本工资必须与同一级老员工基本工资一致,员工基本工资可与管理人员基本工资不同。

4.8.2 员工绩效奖金规则

员工绩效奖金如表4-6所示。

表4-6 员工绩效奖金

产品 项目	P1	P2	P3	P4
绩效奖金	1K	2K	4K	7K

规则说明:

(1)当员工经过技能培训提升产能,但未达到上一级员工的初始产能时,所产生的产能增量均需要支付绩效奖金。员工未升级而产能增加,绩效奖金持续支付,直到员工升级为止。

(2)当员工经过技能培训,产能增加到上一等级的初始产能时,员工升级,升级后员工的基本工资自动上升到上一等级员工的基本工资水平,原本的绩效奖金取消。

4.8.3 员工薪酬支付规则

A 级员工、B 级员工、C 级员工和 D 级员工基本工资每周期支付。人才引进津贴招聘当期一次性支付。

4.8.4 管理人员基本工资规则

管理人员基本工资如表 4－7 所示。

表 4－7 管理人员基本工资

项目 \ 管理人员	总经理			人力资源经理			各类主管		
管理层级别	11	10	9	8	7	6	5	4	3
基本工资(年)	56	52	48	44	40	36	32	28	24

规则说明：

管理人员的基本工资对应等级级别，即当其价值上升时工资级别也上升，当价值下降时其工资级别也相应下降。

4.8.5 管理人员奖金

管理人员奖金受公司利润与定额利润的影响，计算公式为：

$$\text{管理人员奖金} = (\text{净利润} - \text{定额利润}) \times 20\% \times \frac{\text{个人价值}}{\sum \text{管理人员总价值}}$$

其中，

$$\text{定额利润 } M_j = \begin{cases} 20 & j = 1 \\ \mathrm{Max}\left[\dfrac{\sum_{i=1}^{n} M_{i,j}}{n} \times (1+20\%),\ M_{j-1}(1+20\%)\right] & j \geqslant 2, n \text{ 为组数} \end{cases}$$

式中，$M_{i,j}$为 i 公司第 j 年的净利润，M_{j-1}为本公司第 $j-1$ 年的净利润。

第一年的初始定额利润为 20K，从第二年开始，定额利润取本公司上一年度利润的 120% 与各公司上年度利润平均值的 120% 的较大值。

例如，G1 公司当年净利润为 80K，各公司上年度净利润平均值为 30K，G1 公司上年度的净利润为 20K，则 A 定额利润为在 30×120% 与 20×120% 中的较大值，即为 48(30×120%)K。因此，总经理奖金为 2[(80－48)×20%×9/27]K，其他经理与主管的奖金计算依此类推。

4.8.6 管理员薪酬支付规则

管理人员基本工资分四个周期支付。管理人员奖金于当年年末进行计算，于下年年初支付。

4.8.7 福利费用规则

4.8.7.1 企业福利

公司每年从超额利润(超额利润=净利润-定额利润)中计提10%作为企业福利。企业福利于当年年末进行计算,于下年年初支付。

4.8.7.2 法定福利

公司每个周期分别以员工与管理人员的期基本工资为基数,按照国家社会保障与公积金管理的相关规定,分别计提32%的员工法定福利与管理人员法定福利(分别为养老保险14%,医疗保险8%,工伤保险0.2%,生育保险0.8%,失业保险1%,公积金8%),于当期期末支付。

(注:因各地社保与公积金缴费比例与缴费基数规定不一,故沙盘对缴费比例与缴费基数作出统一规定。)

4.9 劳动关系管理规则

劳动关系管理是人力资源管理中不可替代的一部分,为企业经营活动的正常开展提供保障,有助于缓解和调整企业劳动关系的冲突,提高企业劳动效率。

4.9.1 员工流失规则

员工流失的唯一原因在沙盘中设定为薪酬,这也是当前企业中员工主动流失的第一大原因,而员工流失将给公司带来巨大的经济损失。因此,不管何时,公司都应尽量保证员工的稳定,员工的稳定可以为人力资源的战略选择提供较大的选择空间,否则,经常性的人员流动将影响相应的企业战略的实施。

规则说明:每年年末(第一年除外),公司各等级员工期基本工资低于市场同等级员工平均期基本工资,则自动流失同等级员工的30%(计算范围包括全体员工),否则不流失。若有两个以上同等级员工符合标准,由于脱产培训或者当年给付人才引进津贴者不流失;其余按照员工价值高者优先流失,员工价值相同则由公司自主选择。

4.9.2 员工辞退规则

员工辞退作为公司主动的人员调整行为,主要出于两个方面的考虑:一是节省人力成本;二是为招聘新员工留出成本空间。员工辞退对公司是有利还是有弊需要具体分析。

规则说明:

(1)公司每年每个周期均可对人员进行辞退。

(2)公司主动辞退行为需要支付经济补偿金。经济补偿金数额为被辞退员工上一周期的基本工资,并需要进行相应的再就业培训。

4.10 综合费用及其他规则

规则说明:

(1)综合费用:每年从公司总经费中支出10K作为综合费用。

(2)取整规则:沙盘模拟中流失人数为四舍五入,其他未作详细规定的数据均向上取整。

4.11 总评分规则

最后对运营公司的总价值、净利润和薪酬等作出综合评分。评分计算公式为:

$$M = \sum_{i=1}^{m} \text{价值} \times \left(1 + \sum_{j=1}^{n} \frac{\text{净利润}}{\text{薪酬}}\right)$$

式中,m为公司该年度总人数;n为经营年数。

规则说明:

(1)净利润的计算公式为:

净利润 = 收入 - 人力资源成本 - 综合运营费用 - 产品综合成本

= 销售收入 - 直接人工 - 管理费用 - 产品综合成本 + 营业外收入

(2)产品综合成本是指生产每一产品除人力资源成本以外的其他所有成本,单个产品综合成本分别为:P1 为 4K,P2 为 6K,P3 为 22K,P4 为 44K。

(3)“价值”是指管理人员价值与员工价值的总和,将价值确定为评价人力资源管理沙盘的核心指标也是体现人力资源管理的真正意义——公司利润与人力价值的提升。

(4)评分公式中也考虑到了净利润与薪酬的紧密关系,体现了单位净利润下支付的薪酬成本,体现了团队进行人力资源管理的技能水平与整体管理质量。

5

人力资源管理沙盘模拟系统

人力资源管理沙盘模拟系统是与人力资源管理实物沙盘相配套的软件,系统采用仿真模拟的设计理念,系统中预先设定各种不同市场环境和人力资源供应等各种参数。在实践教学中,让学生根据系统所提供的环境制定招聘策略,在总资金相同的情况下选择市场,对生产和数据进行量化的经营与管理,以公司利润最大化为最终目标。本章对系统设计理念及系统安装进行说明,主要对管理员、教师、学生三种不同角色进行系统操作的详细阐述。

本章重点:

- 了解和熟悉模拟系统
- 掌握模拟系统的操作

5.1 系统概述

5.1.1 系统简介

人力资源管理沙盘模拟系统由管理员、教师、学生三个子系统组成,各个角色在该系统操作中各有不同的任务。该系统主要采用 ASP. NET(C#)技术和应用分层结构模式进行开发。系统后台数据设置灵活,教师可以根据需要设置各种模拟实验参数,以适应不同环境中的模拟要求。该系统的操作首先从教师设定市场环境入手,学生根据教师所设定的市场环境进行相应的人才招聘、人才培养、产品生产以及产品销售的竞争,最后由教师根据系统总评价功能得出学生的排名。

5.1.2 设计思路

《人力资源管理沙盘模拟系统 V2.1》设计的基本思路是采用仿真模拟的方式让学生了解人力资源管理的相关知识,其核心追求是,不仅仅是把教师掌握的现有知识技能传授给学生,而且让学生自己动手,主动进行环境分析并进行相应策略的制定,以达到对人力资源管理知识比较全面的了解和运用。

鉴于人力资源管理对人才的市场需求性分析,决定了院校必须加强对学生人力资源管理的培养,使之具备专业能力、实践能力和社会能力。教师可在本系统中预先设定各种不同的市场环境和人力资源供应等参数,在实践教学中,让学生根据系统所提供的环境制定招聘策略,在总资金相同的情况下选择市场,对生产和数据进行量化的经营与管理,以公司利润最大化为最终目标。最后，教师根据总评价判断学生最终排名情况。该系统的设计创造了能使学生充分发挥潜在能动性的模拟环境，调动学生学习的积极性，有效地解决了传统教学中理论与实践分离的问题。

系统提供当前典型的市场环境类型，让学生自主进行人员招聘、培训、管理、生产等活动。量化数据、充满竞争性和互动性、后台灵活控制和寓教于乐是本系统的最大特色。

5.1.3　系统安装要求

服务器端要求：Windows 2008 Server。

软件采用：SQL－Server 2008，IIS6.0。

客户端要求：Windows 各种操作系统，网络 Explorer 8.0 以上版本。

5.1.4　软件安装

人力资源管理沙盘模拟系统安装程序自动安装完成。自动完成部分包括加密狗驱动、软件程序和软件数据库。

(1)双击人力资源管理沙盘模拟系统文件安装包的"WebSetup.EXE"，进入安装程序。单击"下一步"，如图 5－1 所示。

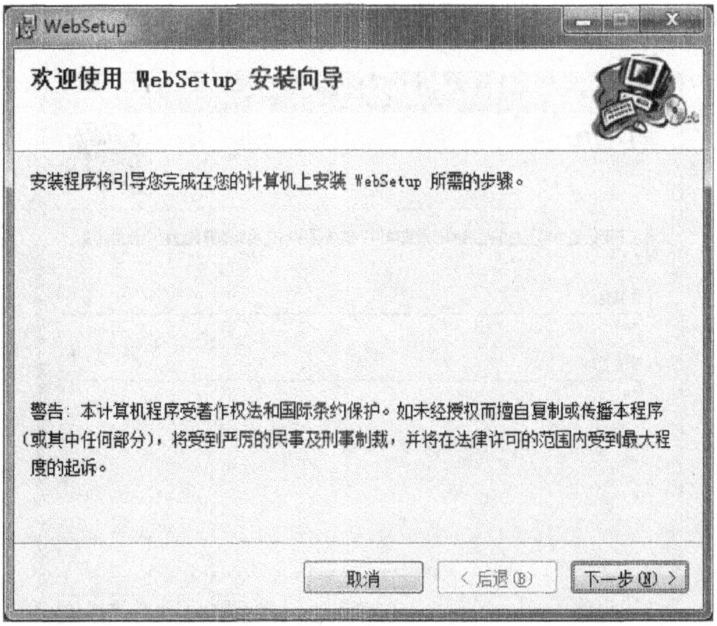

图 5－1　WebSetup 安装向导

(2)选择“同意”,单击“下一步”,如图 5 – 2 所示。

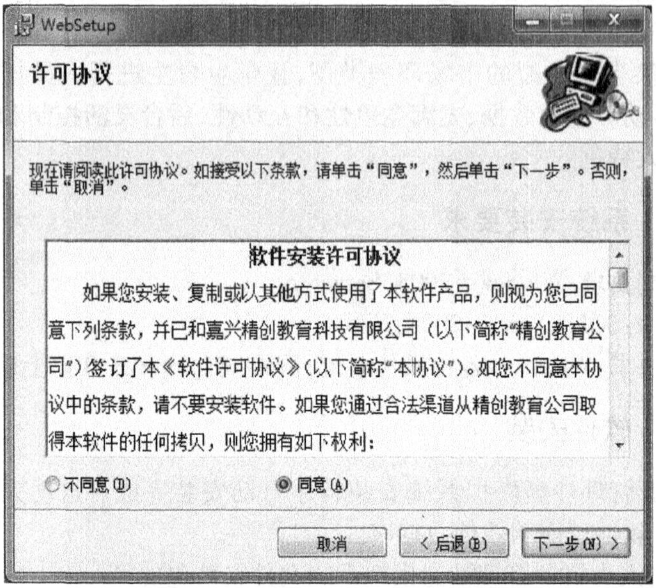

图 5 – 2　WebSetup 软件安装许可协议

(3)输入相应的“姓名”与“单位”,单击“下一步”,如图 5 – 3 所示。

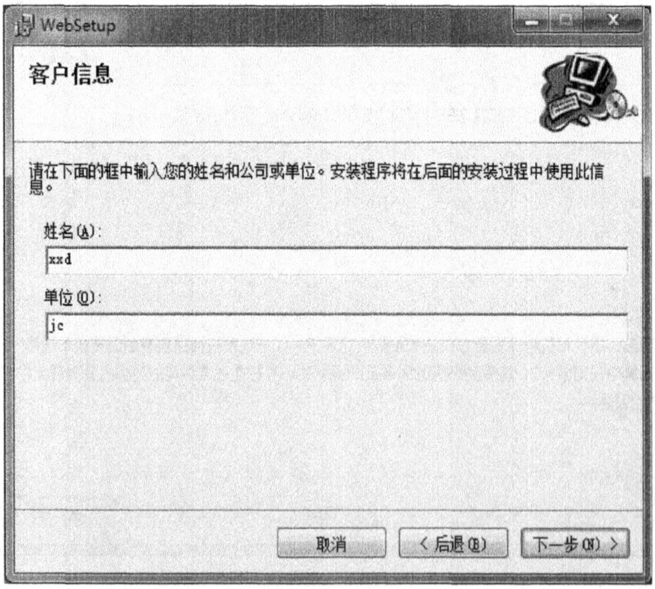

图 5 – 3　客户信息

(4)安装数据库,设置相应的服务器、账号、密码及数据库名称,单击“下一步”,如图 5-4 所示。

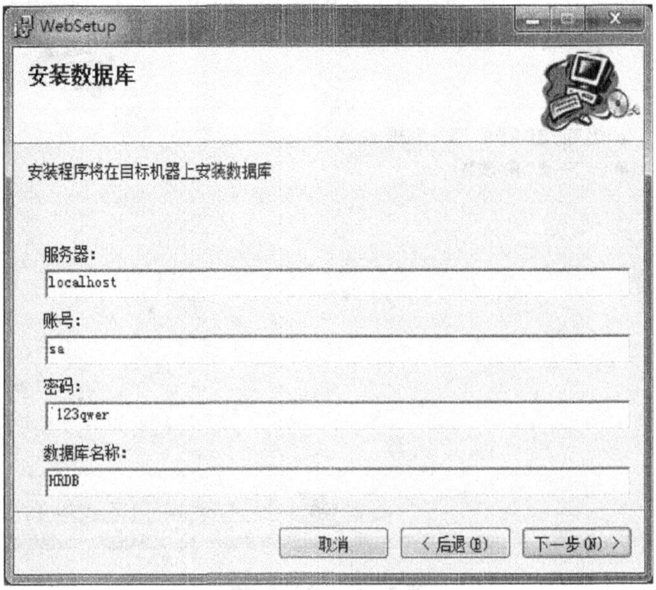

图 5-4 安装数据库

(5)选择安装地址,设置相应的站点、虚拟目录及应用程序池,如图 5-5 所示。

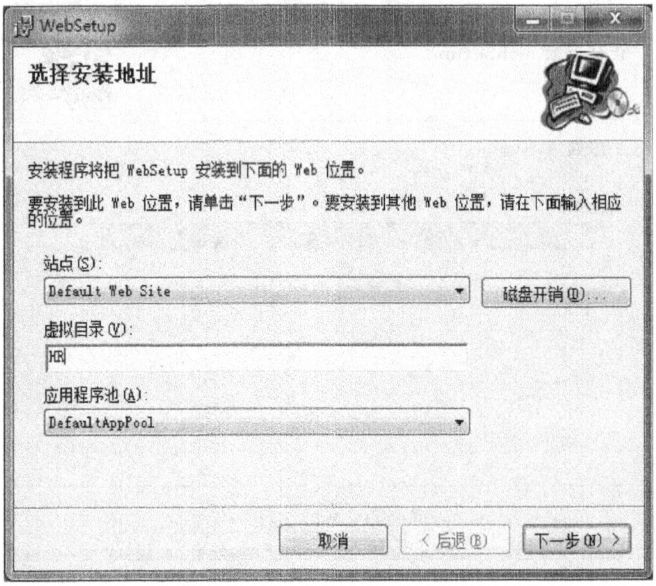

图 5-5 选择安装地址

(6)确认安装,单击“下一步”,如图5-6所示。

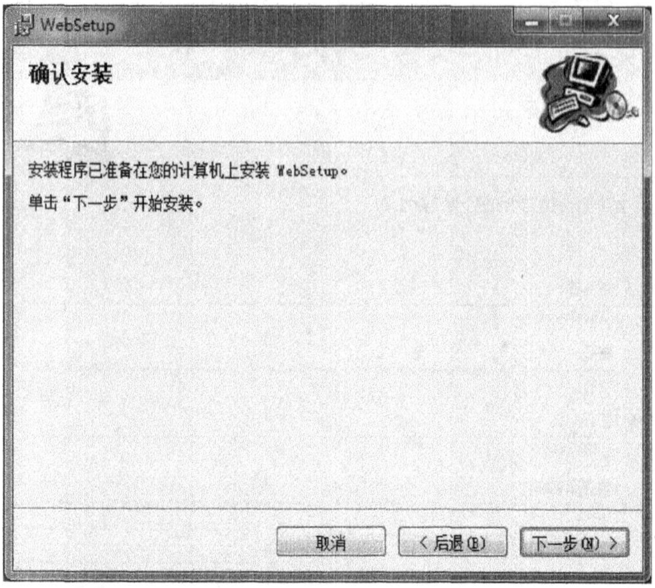

图5-6 确认安装

(7)等待安装,如图5-7所示。

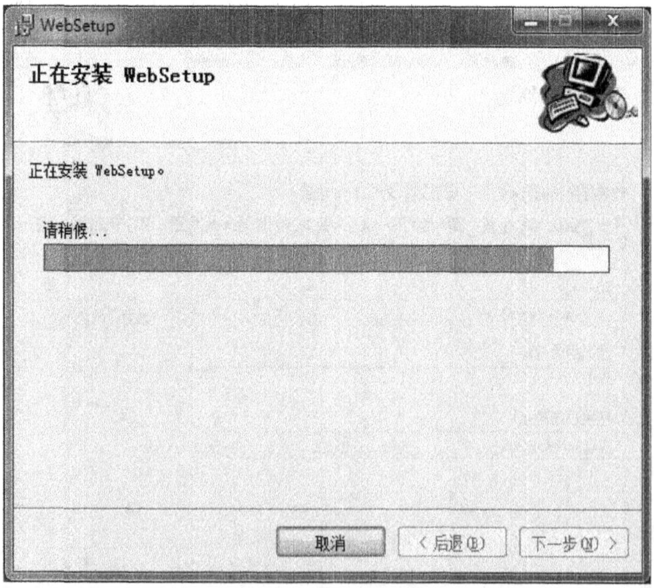

图5-7 等待安装

(8)安装完成,单击"关闭",如图 5－8 所示。

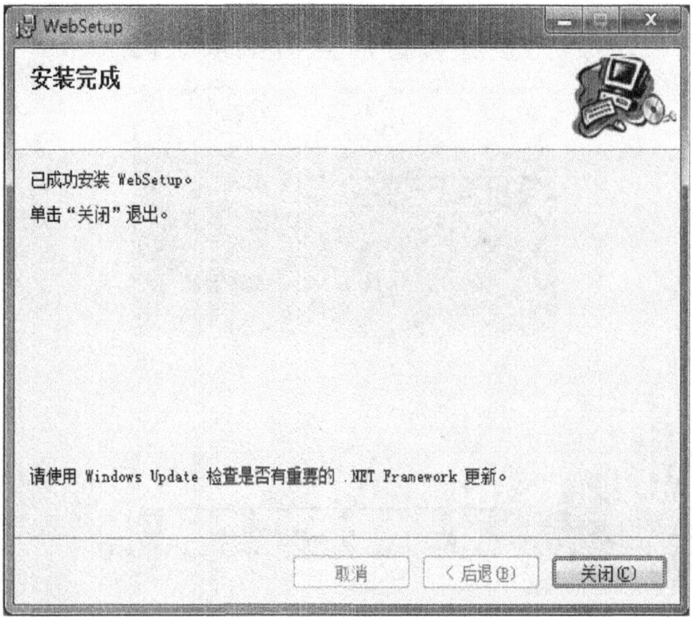

图 5－8 安装完成

(9)系统启动。安装完成之后,打开浏览器,在浏览器的地址中输入 http://服务器名称或服务器 IP 地址。

5.2 管理员操作指南

5.2.1 系统登录

在浏览器的地址栏中输入 http://服务器名称或服务器 IP 地址,"回车"就可以进入《人力资源管理沙盘模拟系统 V2.1》的登录界面,如图 5－9 所示。

在系统初次使用时,首先需要登录管理员端进行相应的操作。

人力资源管理沙盘模拟系统管理员默认用户名与密码为:admin/admin,在右侧的角色类型中选择"管理员端",单击"登录"。

图 5-9 人力资源管理沙盘模拟系统登录界面

管理员模块主要功能的操作流程如图 5-10 所示。

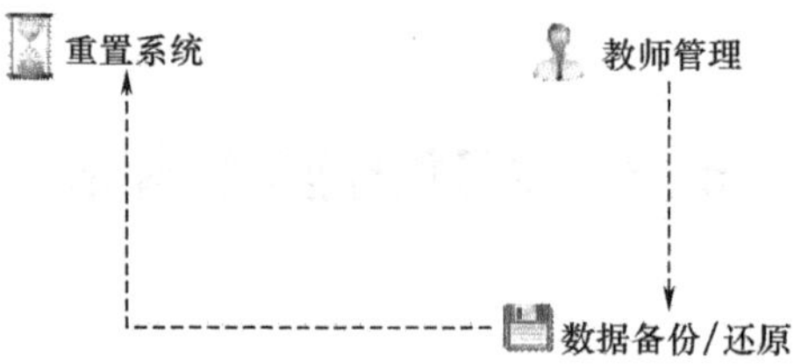

图 5-10 管理员操作流程

5.2.2 管理员操作

登录管理员端后,如图 5-11 所示。

管理员端主要功能模块有“教师管理”与“数据库备份”。

5.2.2.1 教师管理

能够显示当前系统中所有教师账号的信息,包括“姓名”“账号”“密码”信息,如图 5-12 所示。

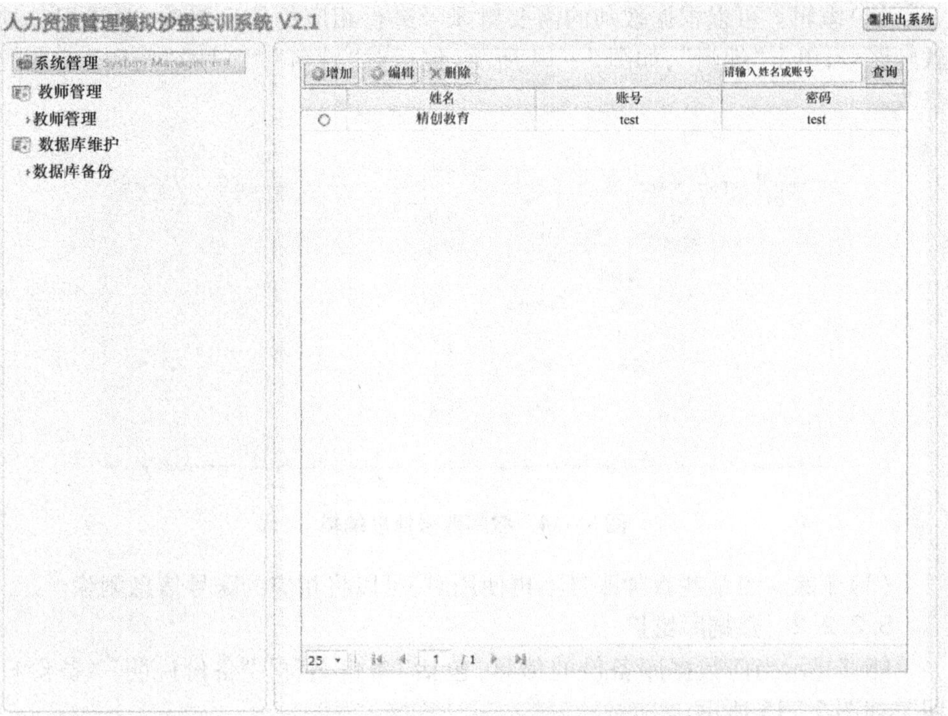

图 5－11　人力资源管理沙盘模拟系统管理员端

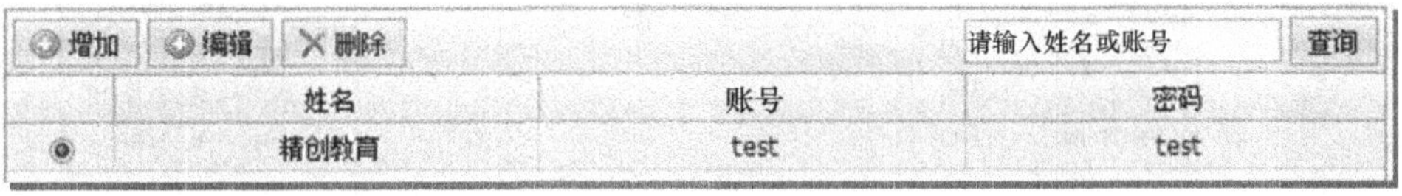

图 5－12　教师账号管理

(1)增加。可以根据教师授课的需要,由管理员增加教师的使用账号信息,单击“增加”后,如图 5－13 所示。添加相应的“姓名”“账号”“密码”后,单击“确定”。

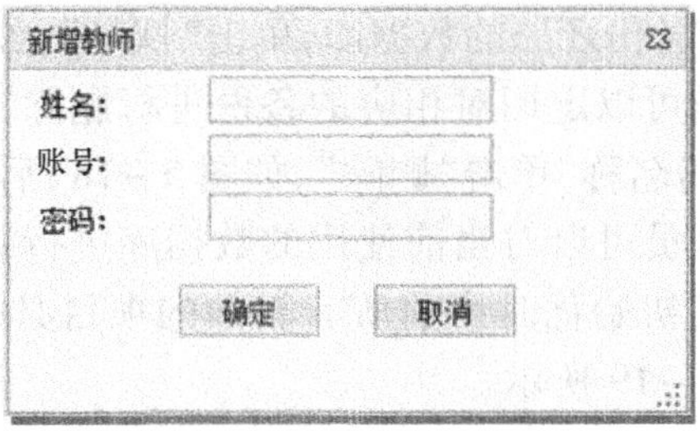

图 5－13　新增教师

(2)编辑。可以根据教师的需要对账号进行相应的信息修改,选择相应的教师账号,单击“编辑”,如图 5－14 所示,包括对“姓名”“账号”“密码”信息的修改。

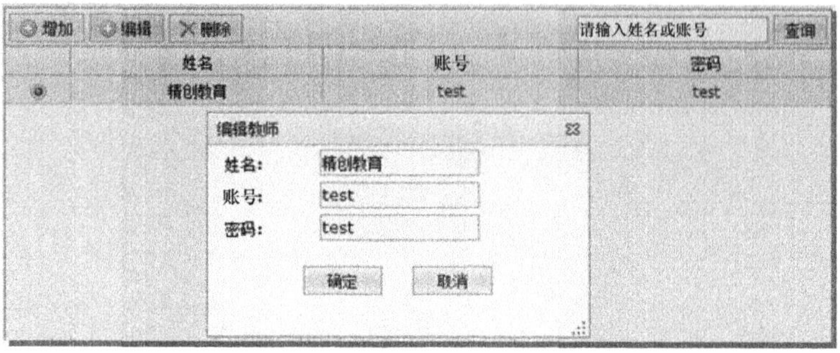

图 5－14　教师账号信息编辑

(3)删除。当某些教师账号不再使用时,可以将相应的账号信息删除。

5.2.2.2　数据库维护

能够显示当前数据库备份的信息,包括“备份名称”“备份说明”“备份日期”,如图 5－15 所示。

图 5－15　数据库维护

(1)备份。可以将当前正在运行的数据库系统进行备份,单击“备份”,如图 5－16 所示。可以输入相应的“备份名称”及“说明”。

(2)恢复。可以根据需要恢复相应时间点的数据备份,对相应数据库的项目进行查询,选中相应备份还原的数据库,单击“恢复”,如图 5－17 所示。

(3)删除。管理员可以定期对相应的备份进行删除,以便节省服务器磁盘空间。选中相应的备份名称,单击“删除”,如图 5－18 所示。

(4)初始化。管理员可以对当前使用的数据库进行初始化,主要是为了节省数据库系统的资源(初始化时当前所有教师的项目必须处于“完成”状态)。单击“初始化”,如图 5－19 所示。

图 5－16　数据库备份

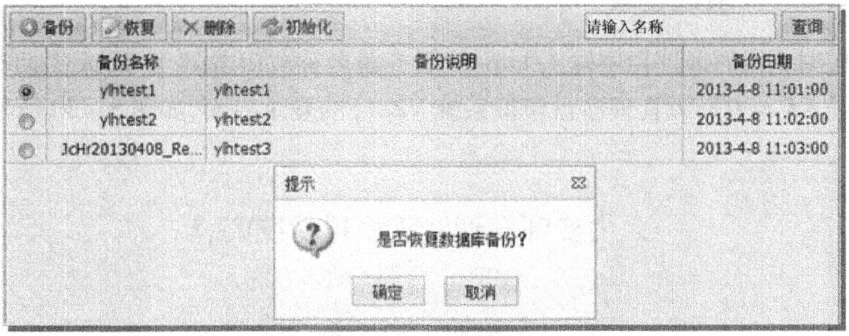

图 5－17　数据库恢复

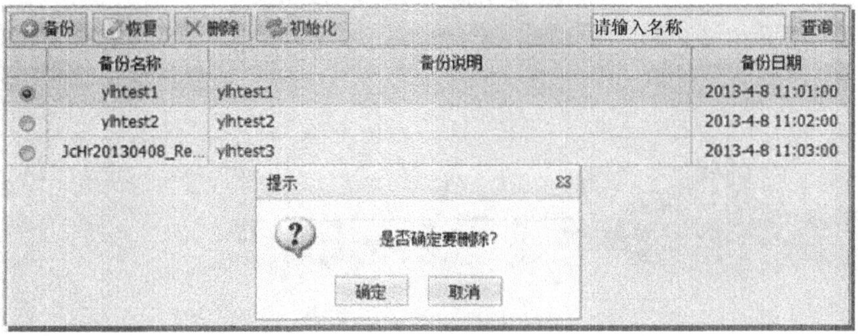

图 5－18　数据库备份删除

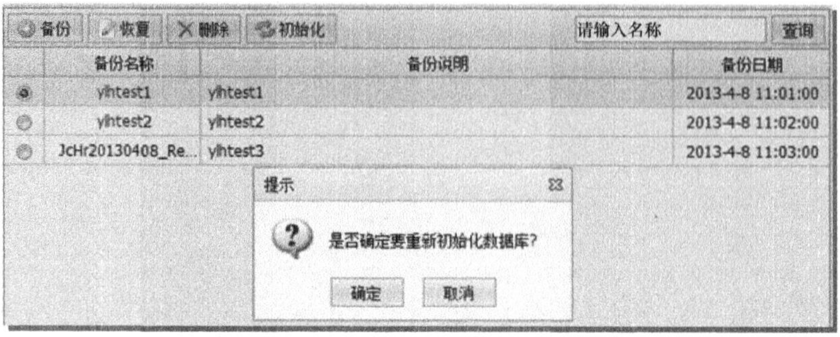

图 5 - 19　数据库初始化

5.3　教师操作指南

5.3.1　系统登录

在浏览器的地址栏中输入 http://服务器名称或服务器 IP 地址,“回车”就可以进入《人力资源管理沙盘模拟系统 V2.1》的登录界面,如图 5 - 20 所示。

图 5 - 20　人力资源管理沙盘模拟系统登录界面

管理员分配教师账号后,教师可以使用相应的账号登录创建项目进行教学。

人力资源管理沙盘模拟系统教师登录根据管理员所添加的账号和密码为:test/test,在右侧的角色类型中选择"教师端",单击"登录"。

教师端模块主要功能使用流程,如图5-21所示。

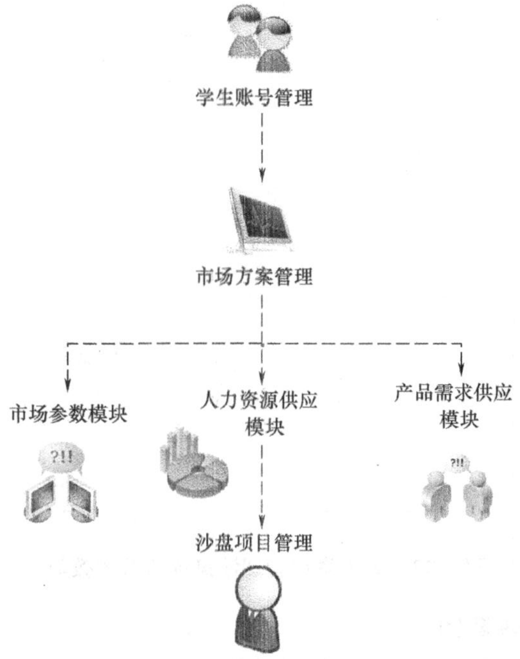

图5-21 教师端操作流程

5.3.2 教师操作

登录教师端后,如图5-22所示。

教师端的主要功能模块有"沙盘项目管理""市场方案管理"和"学生账号管理"。

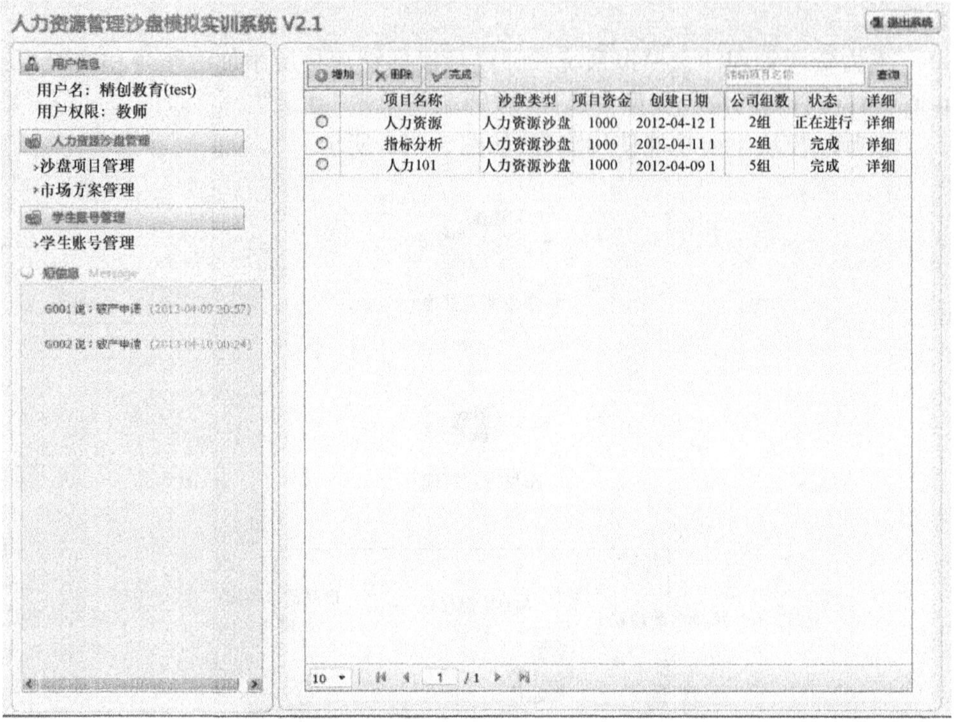

图 5－22　人力资源管理沙盘模拟系统教师端

5.3.2.1　系统管理

(1)沙盘项目管理。单击“沙盘项目管理”，如图 5－23 所示。主要功能有“增加”“删除”“完成”项目。

图 5－23　沙盘项目管理

单击“增加”，如图 5－24 所示。

教师新增项目主要设置了项目名称、市场方案、所属班级、参赛组数、资金总数及交互干预。其中，相应的市场方案及交互干预将在后面作详细介绍。系统根据教师所设置的“参赛组数”自动分配“学生账号管理”中的学生账号到该

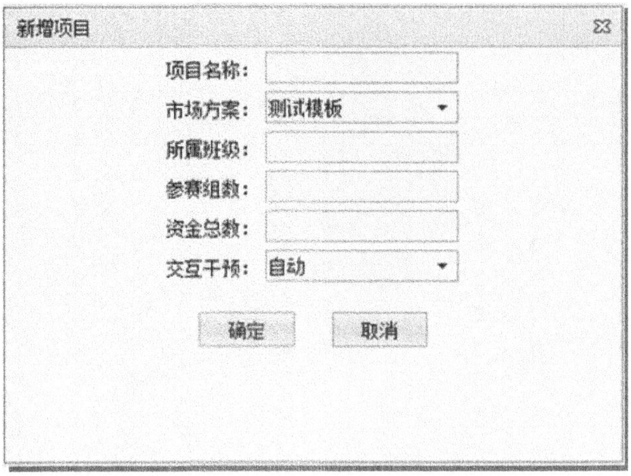

图 5－24　增加项目

项目组，教师端确认这些信息后，单击“确定”，如图 5－25 所示。当前项目名称为“人力资源”的项目状态处于“正在进行”，教师可以单击“详细”进行相应的项目管理。

图 5－25　项目状态

（2）市场方案管理。单击“市场方案管理”，可以设置相应的“市场参数”“产品需求”“人力供应”，如图 5－26 所示。

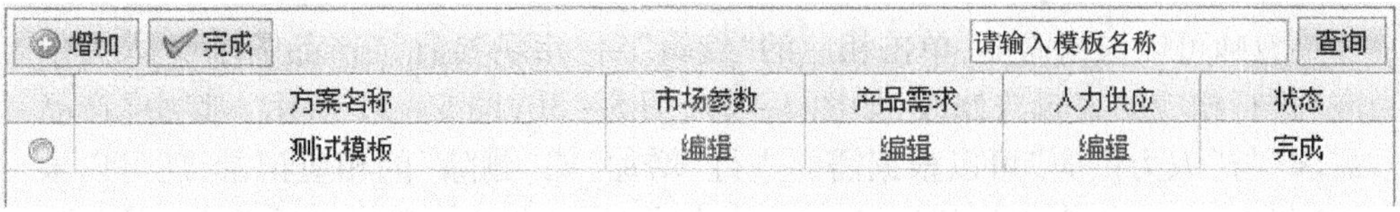

图 5－26　市场方案管理

单击“增加”，设置相应的“方案名称”及相应的方案“说明”，如图 5－27 所示。

图 5－27　增加方案

“确定”之后，“市场方案管理”中将显示教师所创建的方案，方案名称为“市场萧条期”的当前状态为“待配置”，如图 5－28 所示。

增加　完成　请输入模板名称　查询

	方案名称	市场参数	产品需求	人力供应	状态
○	测试模板	编辑	编辑	编辑	完成
◉	市场萧条期	编辑	编辑	编辑	待配置

图 5－28　市场方案管理

教师可以根据需要，单击相应的“编辑”对“市场参数”“产品需求”“人力供应”进行相应的编辑与修改，如图 5－29，图 5－30，图 5－31 所示。其中“产品需求”与“人力供应”可以根据需要进行“增加”或“删除”的相应记录，还可以根据“年度”显示相应年份的记录。“增加”或“删除”操作完成之后单击“保存”，进行确认修改。

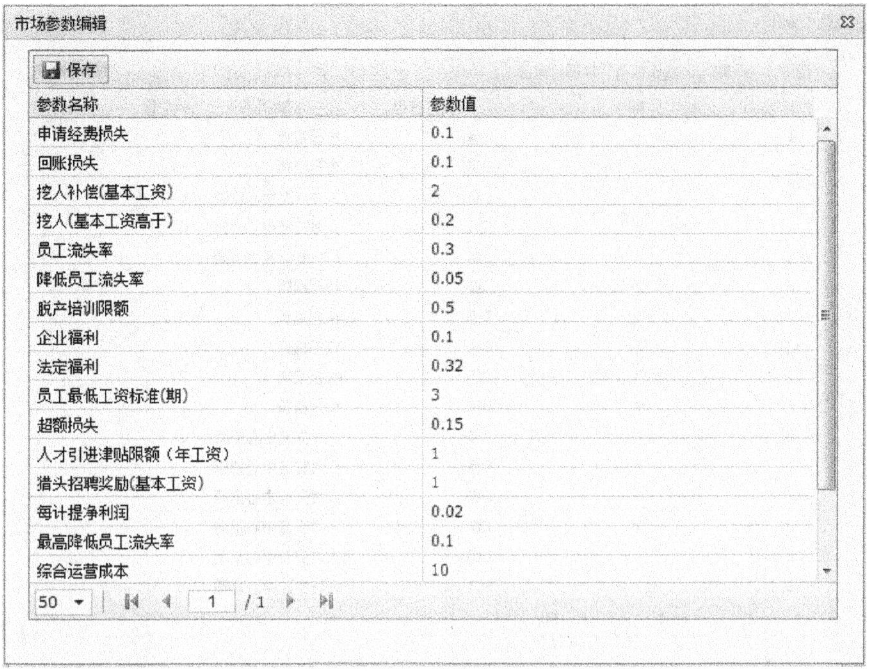

市场参数编辑

保存

参数名称	参数值
申请经费损失	0.1
回账损失	0.1
挖人补偿(基本工资)	2
挖人(基本工资高于)	0.2
员工流失率	0.3
降低员工流失率	0.05
脱产培训限额	0.5
企业福利	0.1
法定福利	0.32
员工最低工资标准(期)	3
超额损失	0.15
人才引进津贴限额（年工资）	1
猎头招聘奖励(基本工资)	1
每计提净利润	0.02
最高降低员工流失率	0.1
综合运营成本	10

50　1 / 1

图 5－29　市场参数编辑

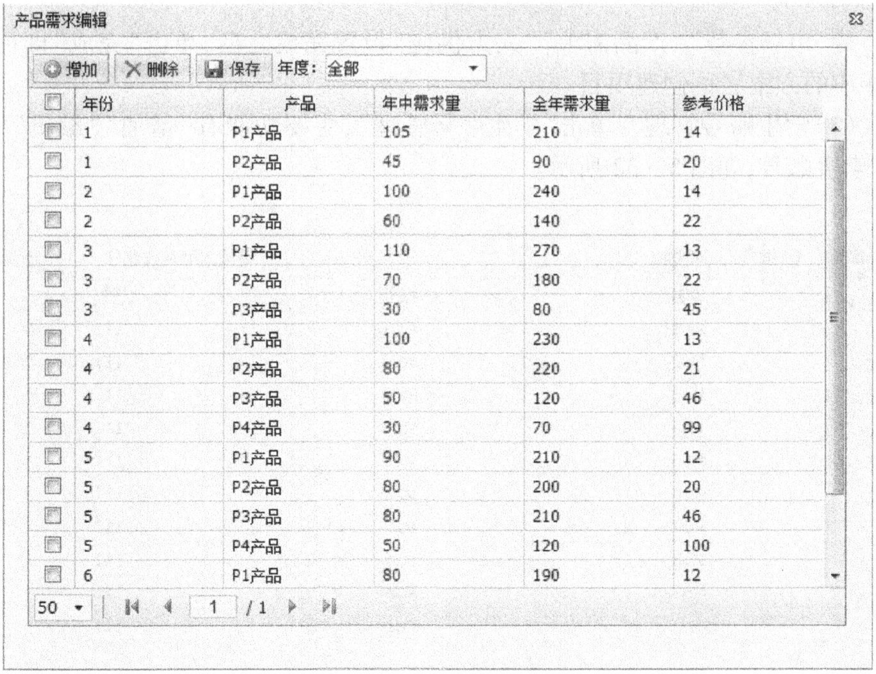

产品需求编辑

增加　删除　保存　年度：全部

年份	产品	年中需求量	全年需求量	参考价格
1	P1产品	105	210	14
1	P2产品	45	90	20
2	P1产品	100	240	14
2	P2产品	60	140	22
3	P1产品	110	270	13
3	P2产品	70	180	22
3	P3产品	30	80	45
4	P1产品	100	230	13
4	P2产品	80	220	21
4	P3产品	50	120	46
4	P4产品	30	70	99
5	P1产品	90	210	12
5	P2产品	80	200	20
5	P3产品	80	210	46
5	P4产品	50	120	100
6	P1产品	80	190	12

50　1 / 1

图 5－30　产品需求编辑

年份	期	员工等级	招聘渠道	供应量
1	1	B级	校园招聘	6
1	2	D级	校园招聘	6
1	2	D级	人才交流中心招聘	6
1	3	C级	人才交流中心招聘	6
1	2	C级	Internet 平台招聘	6
2	2	C级	校园招聘	2
2	1	D级	校园招聘	2
2	2	D级	校园招聘	3
2	3	D级	校园招聘	2
2	4	D级	校园招聘	2
2	2	B级	人才交流中心招聘	1
2	1	C级	人才交流中心招聘	1
2	1	D级	人才交流中心招聘	2
2	2	C级	人才交流中心招聘	2
2	2	D级	人才交流中心招聘	2
2	3	B级	人才交流中心招聘	1

图 5－31　人力供应编辑

待“市场参数”“产品需求”“人力供应”设置完成之后，单击“完成”即可使用相应的方案名称创建项目。

（3）学生账号管理。单击“学生账号管理”，主要功能有“增加”“编辑”“删除”学生账号，如图 5－32 所示。

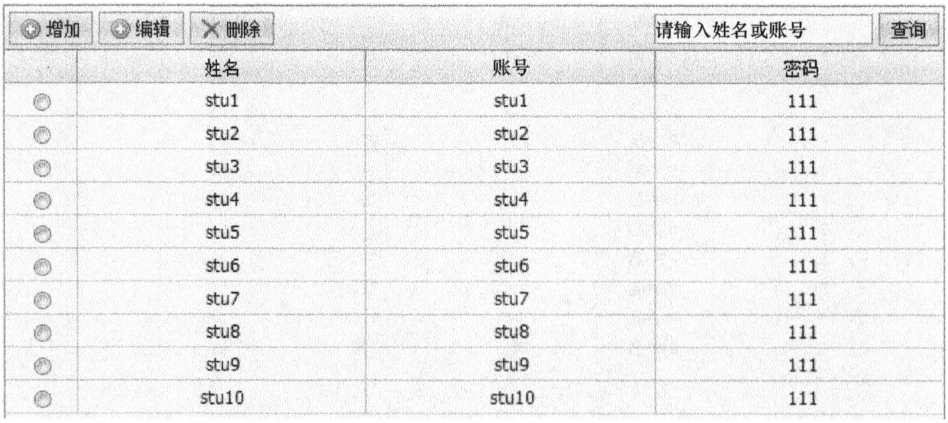

姓名	账号	密码
stu1	stu1	111
stu2	stu2	111
stu3	stu3	111
stu4	stu4	111
stu5	stu5	111
stu6	stu6	111
stu7	stu7	111
stu8	stu8	111
stu9	stu9	111
stu10	stu10	111

图 5－32　学生管理界面

①增加。单击“增加”，如图 5 – 33 所示。

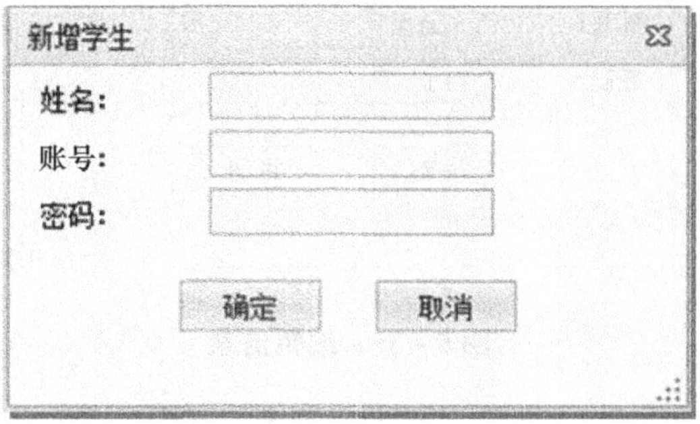

图 5 – 33　新增学生界面

学生账号添加规则：

■ 姓名：可以由中文字符、英文字母和数字组成。

■ 账号：可以由英文字母和数字组成。

■ 密码：可以由英文字母和数字组成。

②编辑。在学生信息展示区选择要编辑的学生账号，不能同时选择多个学生账号，如图 5 – 34 所示。

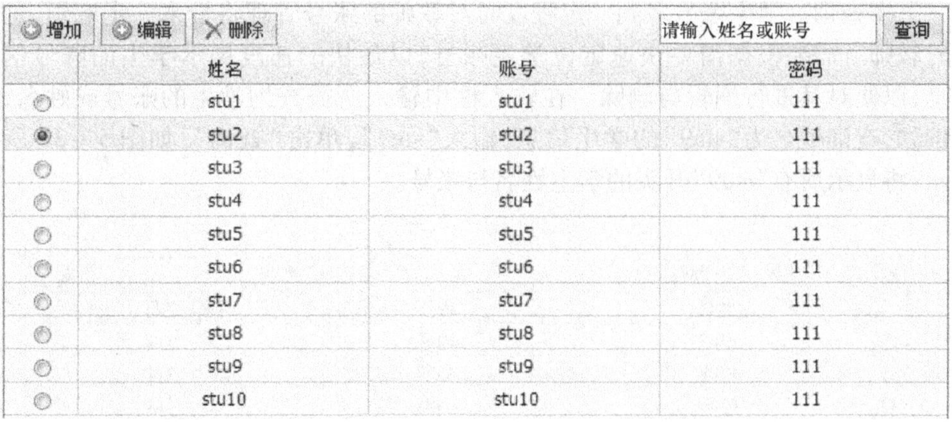

	姓名	账号	密码
○	stu1	stu1	111
●	stu2	stu2	111
○	stu3	stu3	111
○	stu4	stu4	111
○	stu5	stu5	111
○	stu6	stu6	111
○	stu7	stu7	111
○	stu8	stu8	111
○	stu9	stu9	111
○	stu10	stu10	111

图 5 – 34　学生账号编辑选择界面

单击“编辑”，如图 5 – 35 所示。

③删除。如有需要删除的学生账号，在学生信息展示区中选择相应的账号，单击“删除”，系统将会提示相应的信息，需要教师再次确认，以免发生误删。如图 5 – 36 所示。

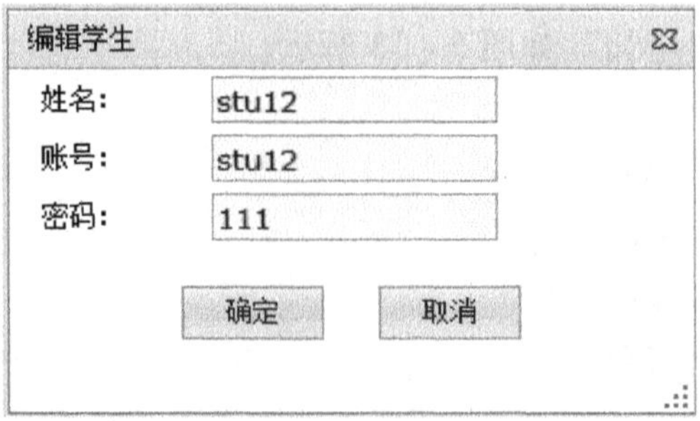

图 5－35　编辑信息

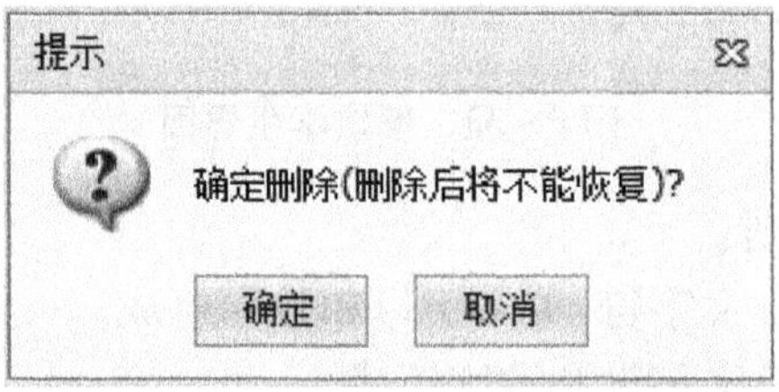

图 5－36　学生账号删除提示界面

如果确认需要删除该学生的账号，单击“确定”后，该学生账号就会被删除，如果单击“取消”将会取消此次的删除操作。

④查询。学生账号多到一定程度时对教师的账号管理将带来一定麻烦，这时教师就需要根据需要快速定位学生账号，以最快的速度展示学生的账号信息，以便对其进行编辑与删除。在输入框中输入所需查询学生的账号或姓名，例如，查询姓名为“stu9”的学生信息，输入“stu9”，单击“查询”，如图 5－37 所示，将显示所有“stu9”开头的学生姓名与账号。

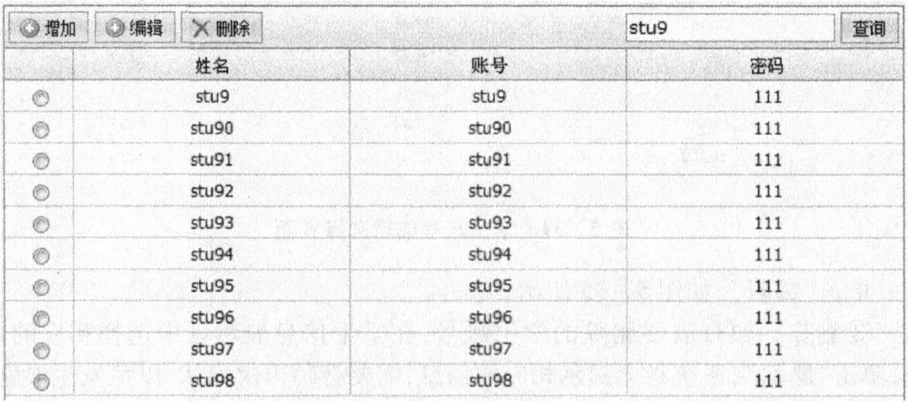

	姓名	账号	密码
	stu9	stu9	111
	stu90	stu90	111
	stu91	stu91	111
	stu92	stu92	111
	stu93	stu93	111
	stu94	stu94	111
	stu95	stu95	111
	stu96	stu96	111
	stu97	stu97	111
	stu98	stu98	111

图 5－37　学生信息查询界面

(4)短信息。在系统中的短信息中教师可以看到所有项目的学生的各项申请操作,如破产申请、融资申请等,如图5-38所示。

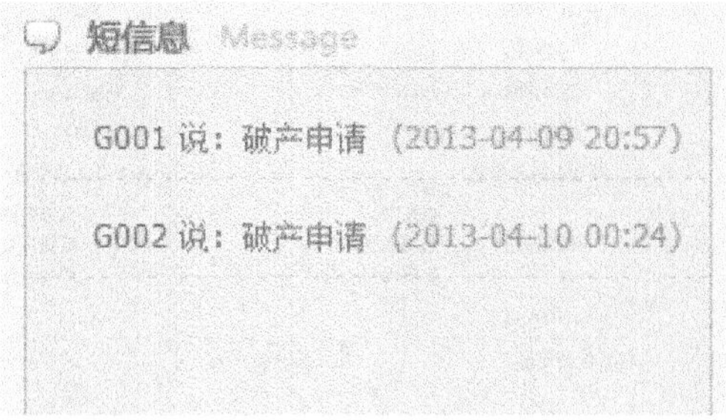

图5-38 短信息

5.3.2.2 运营查看

教师创建项目完成后,可以对当前教师账号中的所有项目进行管理,如图5-39所示。

增加 删除 完成 请输入项目名称 查询

	项目名称	沙盘类型	项目资金	创建日期	公司组数	状态	详细
○	人力资源	人力资源沙盘	1000	2013-04-12 1...	2组	正在进行	详细
○	指标分析	人力资源沙盘	1000	2013-04-11 1...	2组	完成	详细
○	人力101	人力资源沙盘	1000	2013-04-09 1...	5组	完成	详细

图5-39 项目管理

教师可以对"正在进行"的项目进行相应的市场竞争点的"交互干预",还可以对"完成"的项目单击"详细",进行历史数据查询,如图5-40所示。

第一,项目详细左侧显示的信息主要包括项目信息、公司信息、公司列表和短信息。

(1)项目信息。如图5-41所示,项目信息包括教师创建项目时所设置的项目名称、初始资金、参赛组数和预设方案。

(2)公司信息。如图5-42所示,"公司信息"包括当前在"公司列表"中所选择的公司的一些基本信息,包括公司名称、总经费、人力资源经费、运营时间和运营状态。

(3)公司列表。如图5-43所示,在"公司列表"中显示当前正在运营的所有公司的名称,在列表中选择相应的名称,可以在"公司信息"中展示相应公司的基本运营信息。

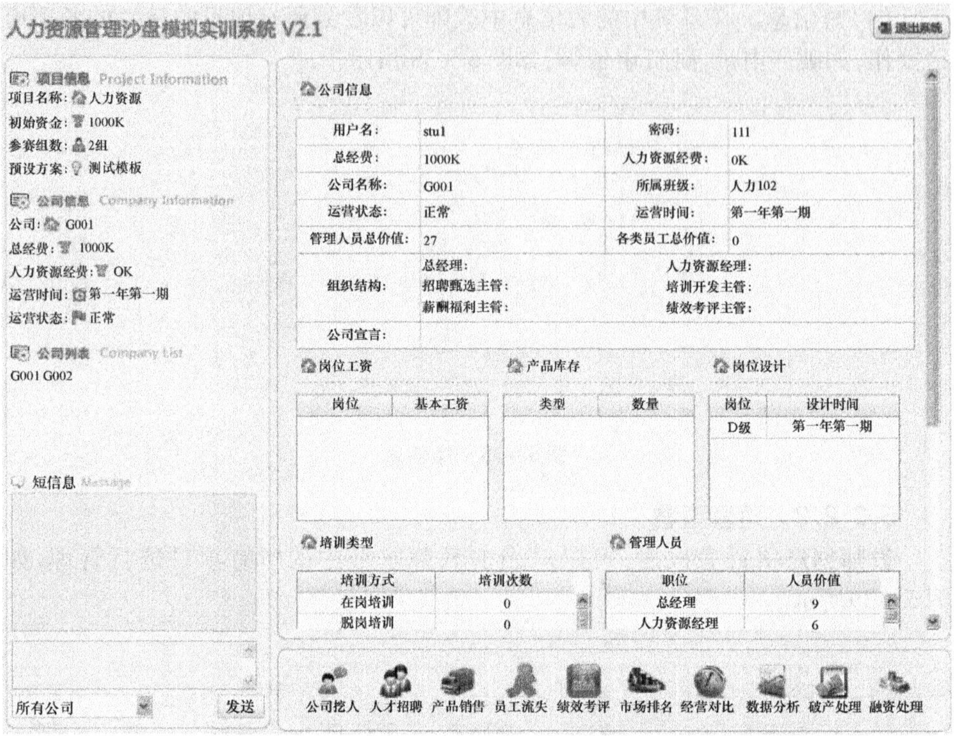

图 5－40　项目详细

图 5－41　项目信息

图 5－42　公司信息

图 5－43　公司列表

(4)短信息。教师可以使用短信息功能和各组学生进行交流,也可以向所有公司发送信息。如果在运营过程中有学生提出破产、融资的申请,系统还会自动在“短信息”中提醒教师。如图 5 -44 所示。

图 5 -44 短信息

第二,在“公司列表”中选择相应的公司编号,项目详细的右侧将显示被选公司较详细的信息,主要包括公司信息、岗位工资、产品库存、岗位设计、培训类型、管理人员和各类员工信息。

(1)公司信息。“公司信息”中详细地展示了用户名及密码、总经费及人力资源经费、公司名称及所属班级、运营状态及运营时间、管理人员总价值及各类员工总价值、组织结构及公司宣言,如图 5 -45 所示。

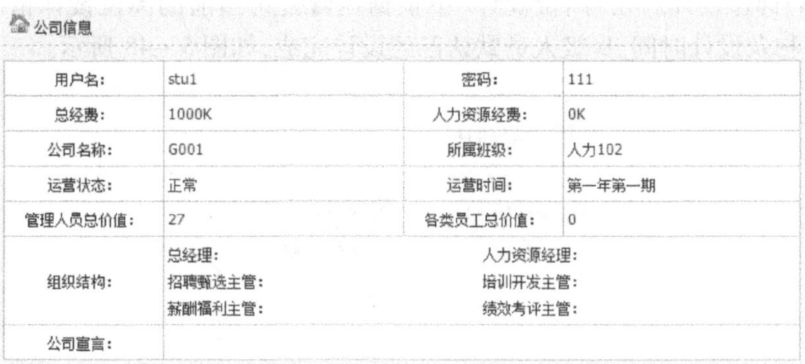
公司信息

用户名:	stu1	密码:	111
总经费:	1000K	人力资源经费:	0K
公司名称:	G001	所属班级:	人力102
运营状态:	正常	运营时间:	第一年第一期
管理人员总价值:	27	各类员工总价值:	0
组织结构:	总经理: 招聘甄选主管: 薪酬福利主管:	人力资源经理: 培训开发主管: 绩效考评主管:	
公司宣言:			

图 5 -45 公司信息

(2)岗位工资。在“岗位工资”中对运营公司当年年初所设定的各 A 级、B 级、C 级、D 级员工的基本工资进行实时更新,如图 5 -46 所示。

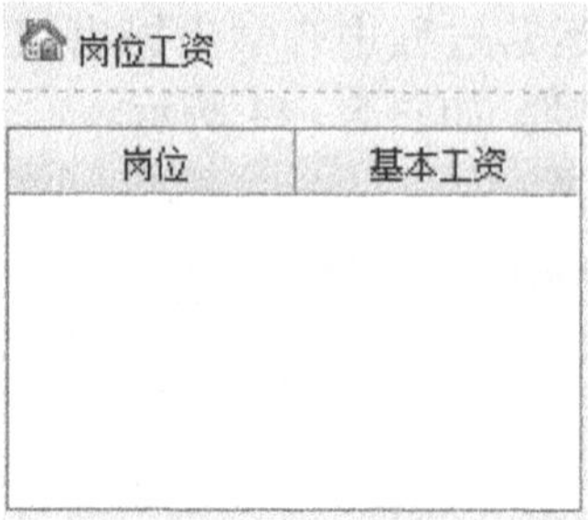

图 5－46　岗位工资

（3）产品库存。在“产品库存”中根据运营公司当前的销售情况，实时更新公司的产品库存信息，如图 5－47 所示。

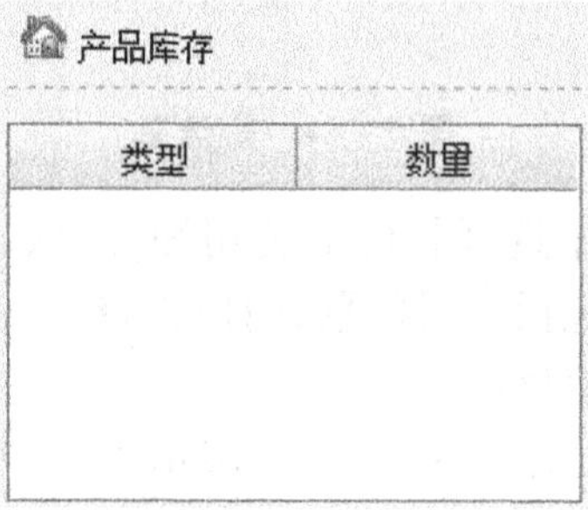

图 5－47　产品库存

（4）岗位设计。在“岗位设计”中根据运营公司当前的岗位设计情况显示岗位名称及设计时间，D 级人员默认已经设计完成，如图 5－48 所示。

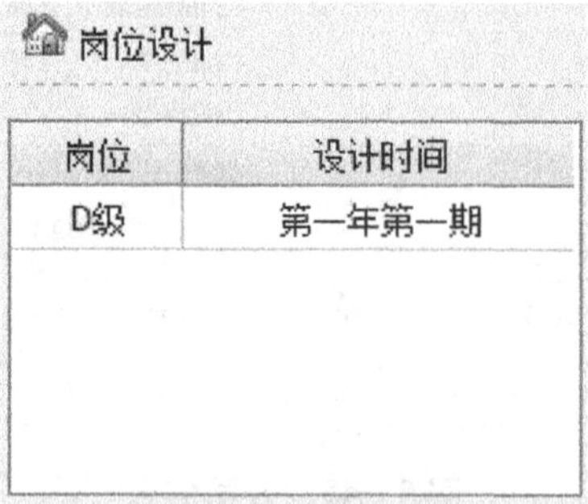

图 5－48　岗位设计

（5）培训类型。在“培训类型”中根据运营公司当年的员工培训情况，展示相应的培训方式所使用的次数，如图 5－49 所示。

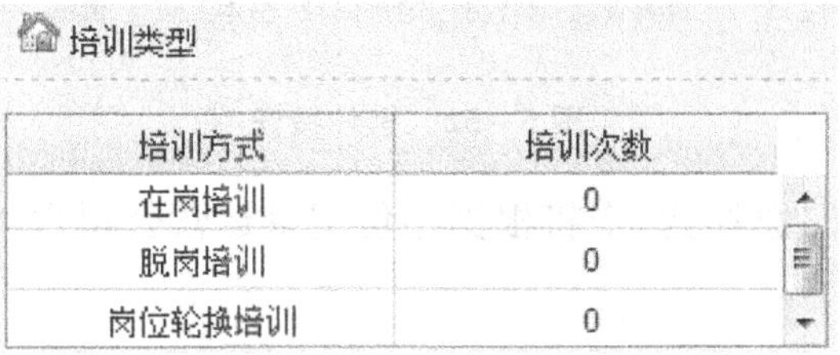
培训类型

培训方式	培训次数
在岗培训	0
脱岗培训	0
岗位轮换培训	0

图 5－49　培训类型

（6）管理人员。在“管理人员”中根据运营公司当年的运营情况，实时更新管理人员的价值，如图 5－50 所示。

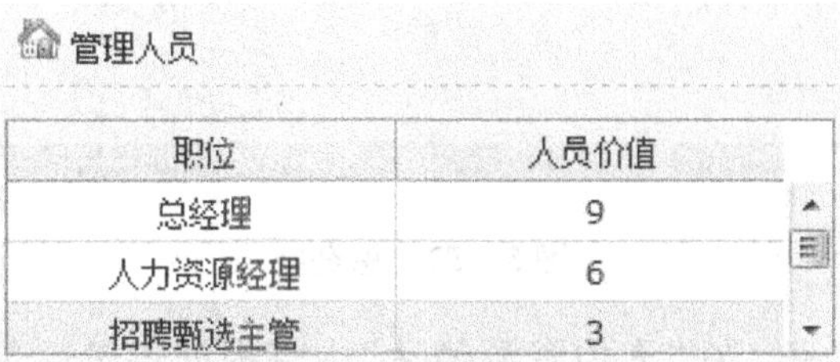
管理人员

职位	人员价值
总经理	9
人力资源经理	6
招聘甄选主管	3

图 5－50　管理人员

（7）各类员工。在“各类员工”中根据运营公司当年的运营情况，实时更新各类员工的价值、定岗、产能、在岗培训及脱产培训的次数，如图 5－51 所示。

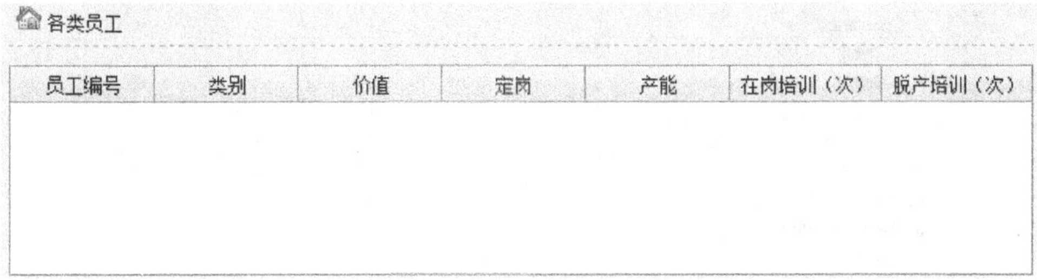
各类员工

员工编号	类别	价值	定岗	产能	在岗培训（次）	脱产培训（次）

图 5－51　各类员工

（8）操作按钮。“操作按钮”中包括总经费、人力资源经费、利润表、总评分、销售记录、员工基本工资、管理人员价值和员工价值，如图 5－52 所示。

图 5－52　操作按钮

①总经费。在"总经费"中将根据年份记录运营公司六年的总经费使用情况，如图 5－53 所示。

总经费

年份	人力资源经费申请	人力资源经费紧急申请	员工被挖补偿金	产品综合成本	销售收入	综合运营费用	总经费余额

图 5－53　总经费

②人力资源经费。在"人力资源经费"中将根据年份记录运营公司六年的人力资源经费各项费用的使用情况，如图 5－54 所示。

人力资源经费

经费类型	第一年	第二年	第三年	第四年	第五年	第六年
工作分析费用	0	0	0	0	0	0
挖人补偿金	0	0	0	0	0	0
经济补偿金	0	0	0	0	0	0
招聘费用	0	0	0	0	0	0
培训费用	0	0	0	0	0	0
员工工资	0	0	0	0	0	0
员工法定福利	0	0	0	0	0	0
管理人员基本工资	0	0	0	0	0	0
管理人员法定福利	0	0	0	0	0	0
人力资源经费紧急申请额	0	0	0	0	0	0
紧急经费损失	0	0	0	0	0	0
人力资源经费回账额	0	0	0	0	0	0
回账经费损失	0	0	0	0	0	0
超额经费损失	0	0	0	0	0	0
人力资源剩余经费	0	0	0	0	0	0

图 5－54　人力资源经费

③利润表。在“利润表”中将根据年份记录运营公司六年的利润收益情况以及相关年份的收入和支出情况，如图 5－55 所示。

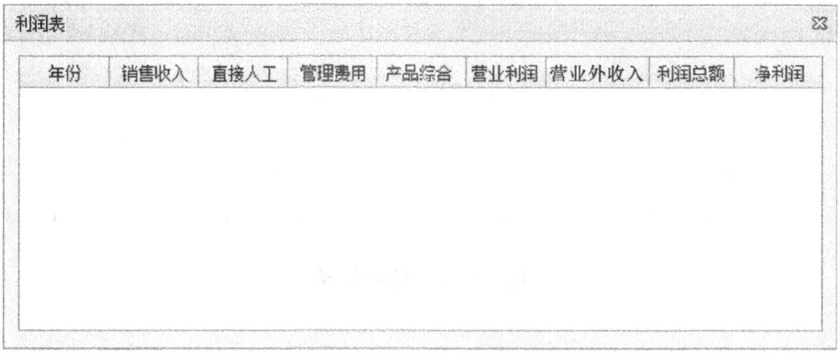

图 5－55　利润表

④总评分。在“总评分”中将根据年份记录运营公司六年的运营评分和排名情况以及与评分排名相关的各项数据，如图 5－56 所示。

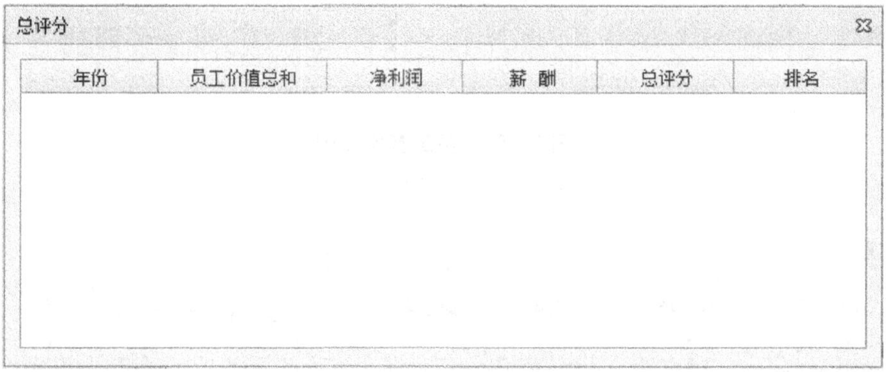

图 5－56　总评分

⑤销售记录。在“销售记录”中将根据年份记录运营公司六年的产品销售情况，如图 5－57 所示。

⑥员工基本工资。在“员工基本工资”中将根据年份记录运营公司六年中各级别员工基本工资的设置情况，如图 5－58 所示。

⑦管理人员价值。在“管理人员价值”中将根据年份记录运营公司六年中各管理人员的价值，如图 5－59 所示。

销售记录

产品类型	第一年	第二年	第三年	第四年	第五年	第六年

图 5-57　销售记录

员工基本工资

员工类型	第一年	第二年	第三年	第四年	第五年	第六年

图 5-58　员工基本工资

管理人员价值

管理员角色	第一年	第二年	第三年	第四年	第五年	第六年
总经理	9	0	0	0	0	0
人力资源经理	6	0	0	0	0	0
招聘甄选主管	3	0	0	0	0	0
培训开发主管	3	0	0	0	0	0
绩效考评主管	3	0	0	0	0	0
薪酬福利主管	3	0	0	0	0	0

图 5-59　管理人员价值

⑧员工价值。在“员工价值”中将根据年份记录运营公司六年中各级别员工的总价值，如图 5－60 所示。

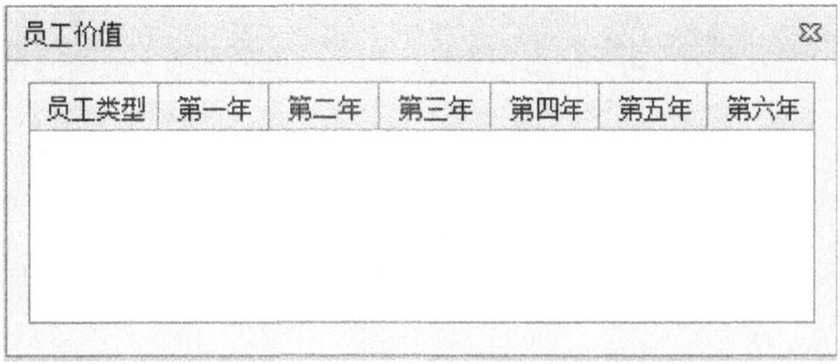

图 5－60　员工价值

5.3.2.3　项目管理

在项目运营过程中，教师可以通过多项功能对运营项目进行市场竞争的交互干预、数据分析查询等操作，如图 5－61 所示。

图 5－61　功能按钮

图 5－61 中的各项功能可以分为交互干预查询、历年数据查询、经营分析和其他四个方面。

■ 交互干预查询：公司挖人、人才招聘、产品销售。

■ 历年数据查询：员工流失、绩效考评、市场排名。

■ 经营分析：经营对比、数据分析。

■ 其他：破产处理、融资处理。

(1)公司挖人。根据规则，各运营公司可以从第二年开始后每年的第一周期对其他公司进行挖人的操作，单击“公司挖人”(如图 5－62 所示)，可以看到当前所有公司的挖人申请状态以及提交挖人申请后的申请单。

如图 5－62 所示，操作有“自动”与“手动”之分，此处教师可以对交互进行干预，在创建项目时，“交互干预”默认为“自动”，教师可以根据情况修改为“手动”。

自动：如果选择自动，系统判断所有学生提交挖人信息后将自动公布结果，此时“开始”按钮不可用。

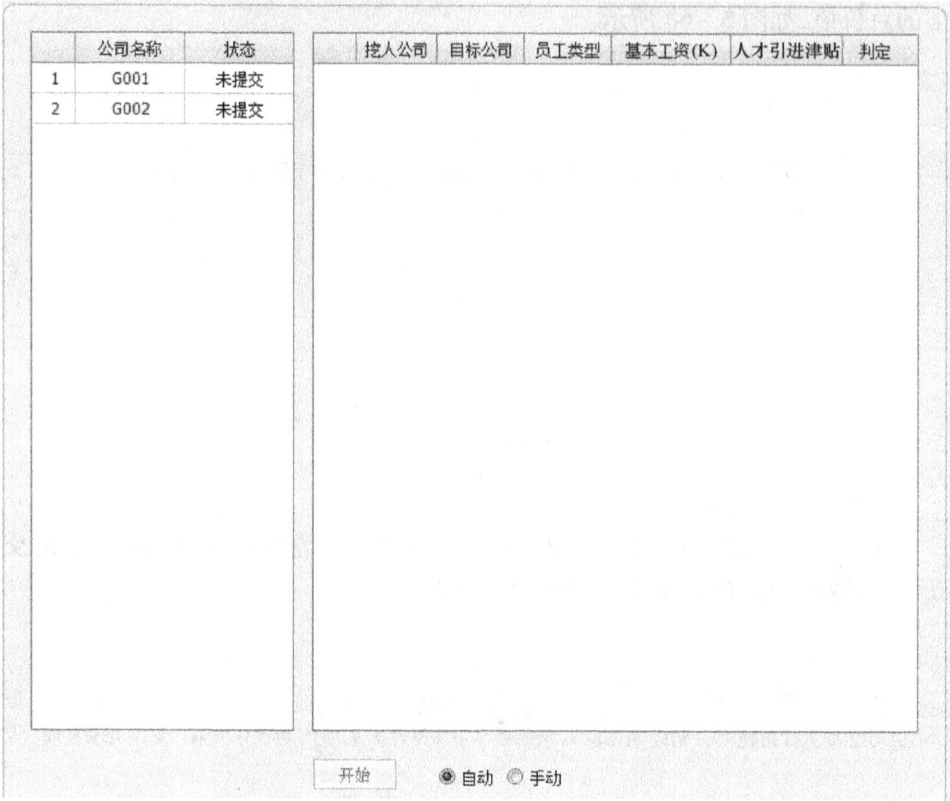

图 5－62　公司挖人

手动：如果选择手动，系统判断所有学生提交挖人信息后不会自动公布结果，各学生端处展示的信息也会一直处于等待状态，此时“开始”按钮可用，教师单击“开始”后，各学生端才可以看到挖人的结果展示，并可以继续操作。

(2)人员招聘。根据规则，每年每期都可以进行相应的人员招聘，单击“人员招聘”(如图 5－63 所示)，将展示相应招聘渠道招聘的人员数量、各公司的招聘状态以及各公司的招聘提交单。

交互干预功能与挖人相似，此处不作详细叙述。

(3)产品销售。根据规则，在各公司运营的过程中，每年都有两次机会提交产品，进行市场销售，如图 5－64 所示。在界面中展示所有公司的产品销售状态、产品类型、产品需求量、年中产品售价、年末产品售价以及当前各公司各类产品的交货数量。

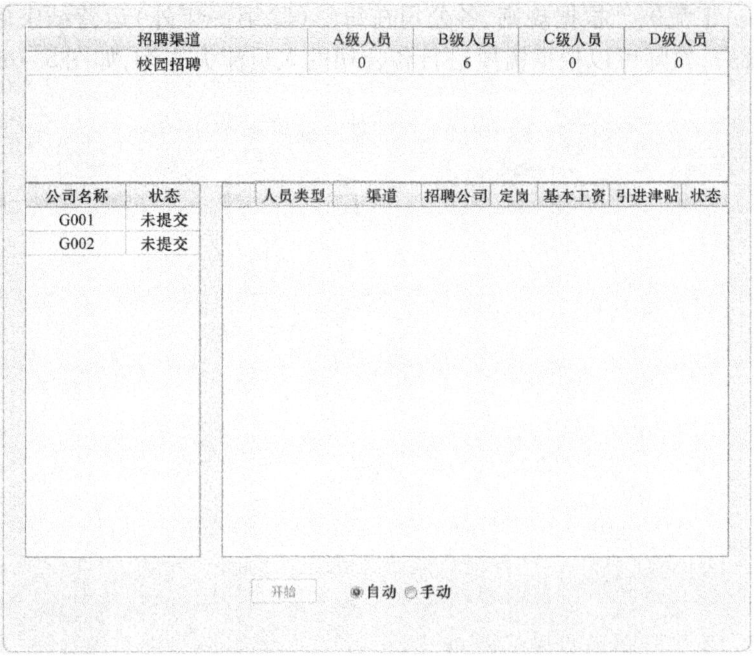

图 5－63　人员招聘

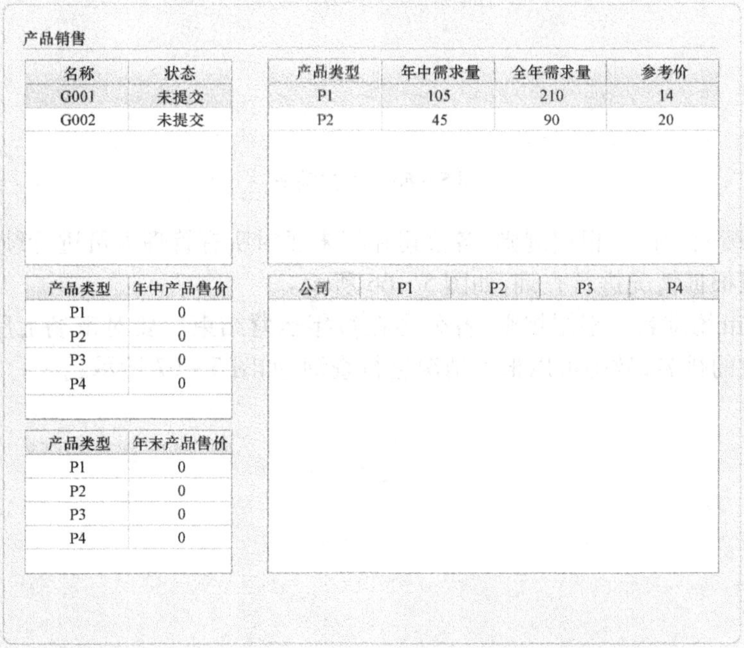

图 5－64　产品销售

(4)员工流失。根据规则,各公司在每年(除第一年外)运营结束后可能会有员工流失,教师可以根据需要进行各公司的人员流失查询,如图 5-65 所示。

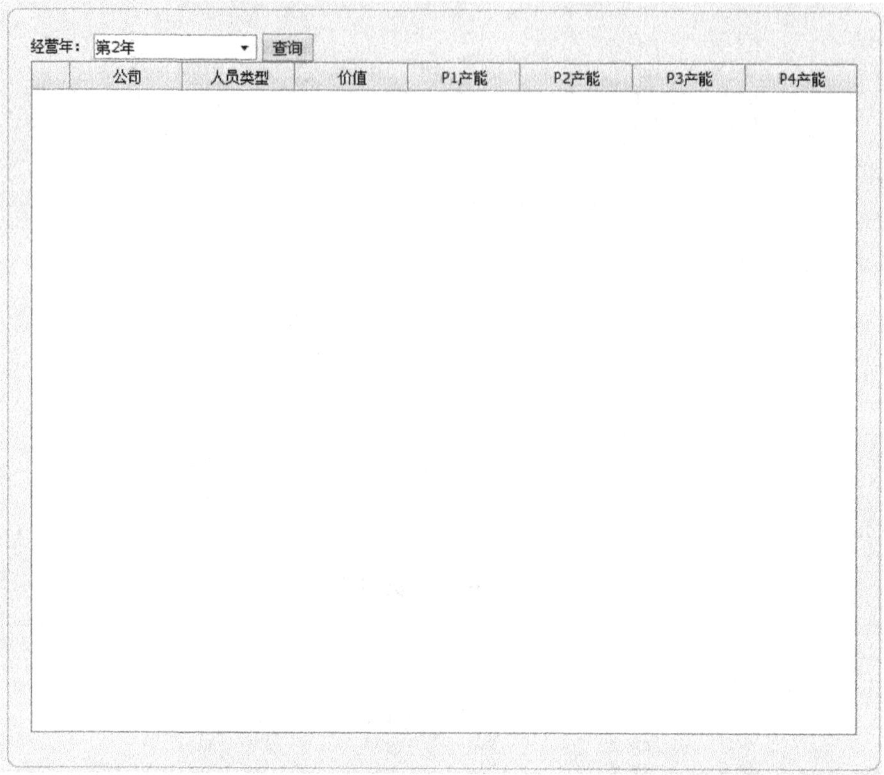

图 5-65　人员流失

(5)绩效考评。根据规则,各公司在年末要对所有管理人员进行绩效考评,教师可以根据情况进行查询,如图 5-66 所示。

(6)市场排名。根据规则,各公司在每年运营结束后要对市场上所有公司进行相应的排名,教师可以根据情况进行查询,如图 5-67 所示。

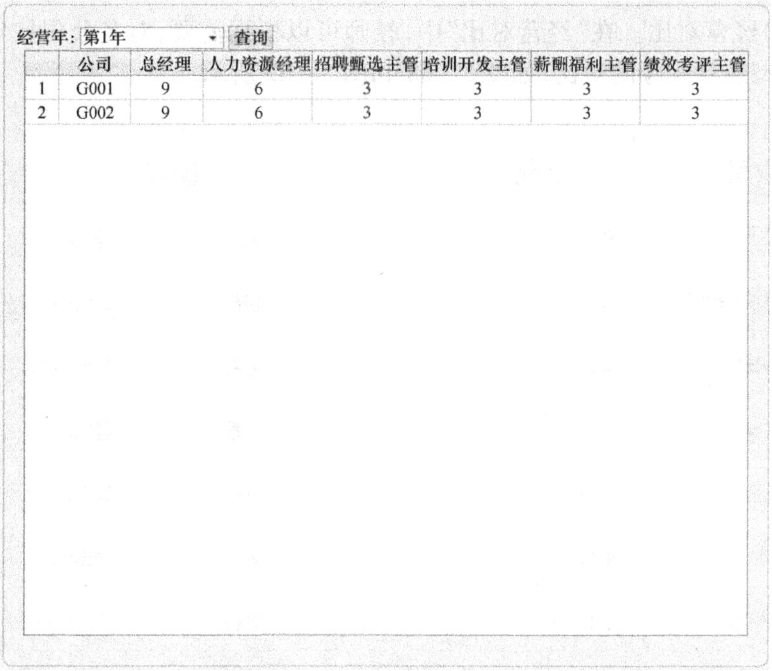

经营年：第1年 查询

	公司	总经理	人力资源经理	招聘甄选主管	培训开发主管	薪酬福利主管	绩效考评主管
1	G001	9	6	3	3	3	3
2	G002	9	6	3	3	3	3

图 5－66 绩效考评

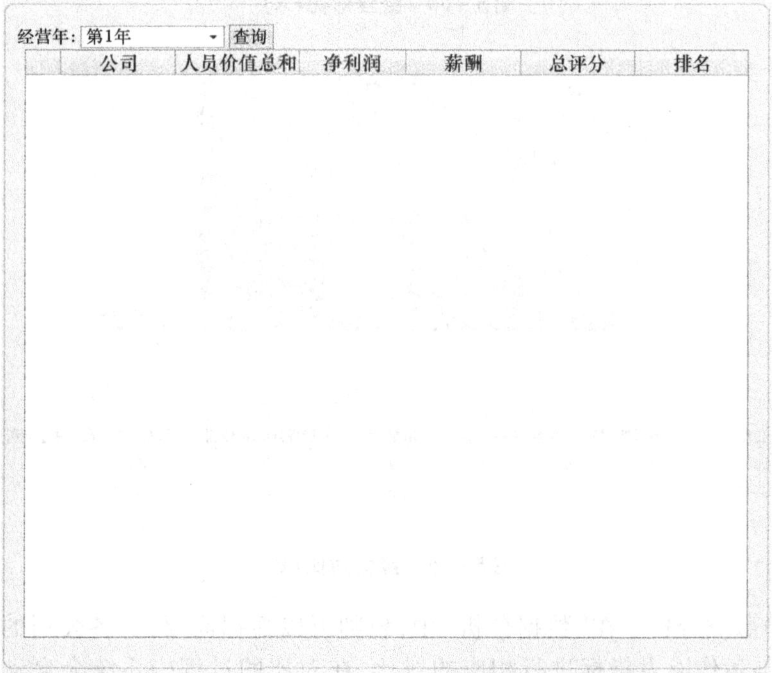

经营年：第1年 查询

	公司	人员价值总和	净利润	薪酬	总评分	排名

图 5－67 市场排名

(7)经营对比。在“经营对比”中,教师可以根据需要,对各公司按年度、按数据类型进行相应的对比,如图 5－68 和图 5－69 所示。

项目	年份	操作	
总经费使用	第1年	查看	导出EXCEL
人力资源经费使用	第1年	查看	导出EXCEL
员工级别工资	第1年	查看	导出EXCEL
利润	第1年	查看	导出EXCEL
总评分	第1年	查看	导出EXCEL
销售记录	第1年	查看	导出EXCEL
管理人员价值	第1年	查看	导出EXCEL
员工价值	第1年	查看	导出EXCEL

图 5－68　经营对比(A)

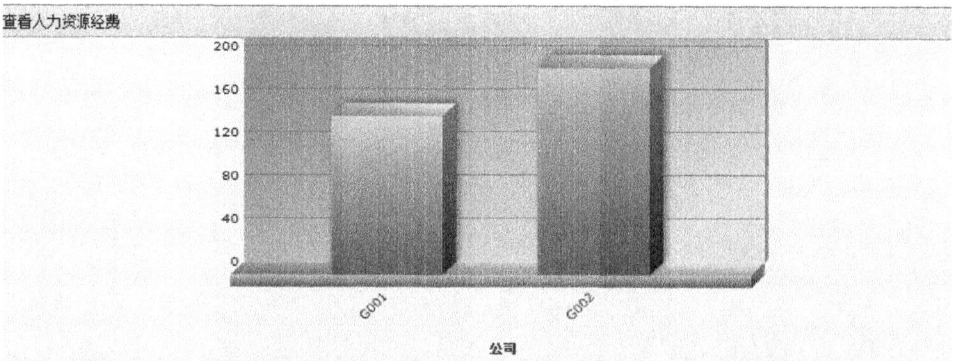

序号	公司	工作分析费	挖人补偿金	经济补偿金	招聘费用	技能提升|转岗培训	员工工资	员工法定福利	管理人员基
1	G001	0	0	0	0	0	36	12	180
2	G002	0	0	0	0	0	24	8	180

图 5－69　经营对比(B)

(8)数据分析。在“数据分析”中,教师可以根据需要,对各公司的盈利能力指标与运作能力指标进行相应的对比,在对比的过程中系统会自动形成图表,如图 5－70 所示。

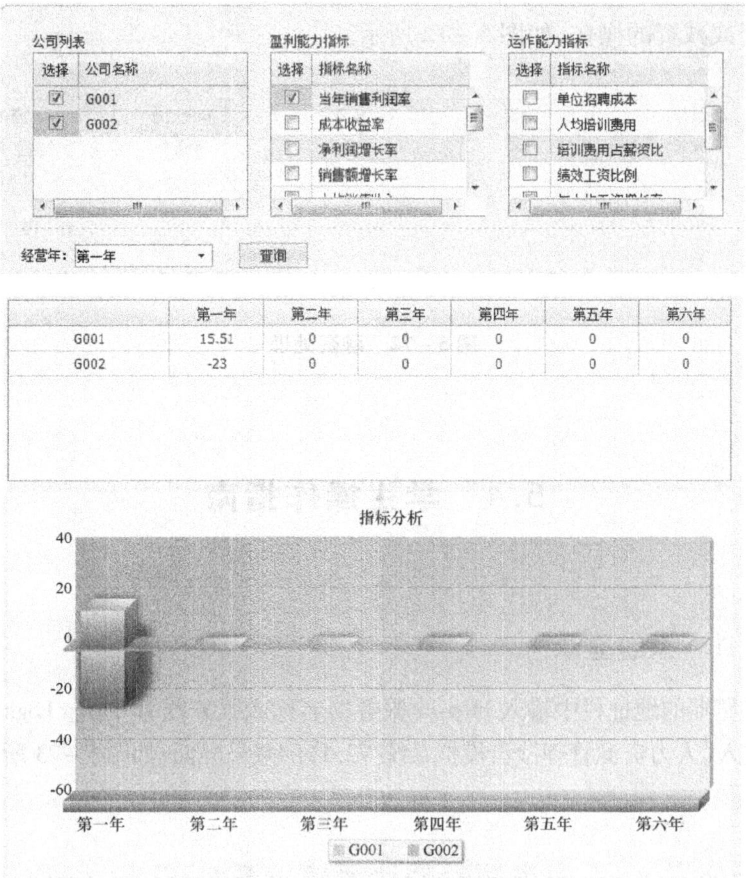

图 5-70　数据分析

(9)破产处理。有些公司在运营过程中可能会遇到资金不足的情况,这时候公司就会破产,教师可以在此处对其公司进行破产处理,学生也可以申请破产。教师操作“破产”,公司将不参与市场竞争、市场排名,如图 5-71 所示。

	公司	申请破产	破产时间		运营状态	操作
			年	期		
1	G001	未申请	0	0	正常	破产
2	G002	未申请	0	0	正常	破产

图 5-71　破产处理

(10)融资处理。融资的主要功能是,教师在教学的过程中可以对某一公司进行融资或减资的操作，如图 5－72 所示。

	公司	融资	减资	审批状态	操作
1	G002	300	0	申请中	批准 否决

图 5－72　融资处理

5.4　学生操作指南

5.4.1　系统登录

在浏览器的地址栏中输入 http://服务器名称或服务器 IP 地址/Login，“回车”就可以进入《人力资源管理沙盘模拟系统 V2.1》的登录界面，如图 5－73 所示。

图 5－73　人力资源管理沙盘模拟系统登录界面

学生根据教师所分配的账号进行登录。

5.4.2 学生界面介绍

5.4.2.1 学生端左侧信息栏

左侧信息栏中包括公司信息、财务信息、培训信息、员工信息和库存信息，如图 5 - 74 所示。

➢ 公司信息：主要包括学生公司名称、当前运营时间、当前运营状态。

➢ 财务信息：主要包括当前公司经费与人力资源经费，两项经费根据运营的变化会发生变化。

➢ 培训信息：主要包括公司当前各项培训的在培训人员的数量。

➢ 员工信息：主要包括各类员工的数量以及价值。

➢ 库存信息：主要包括各类产品的库存信息。

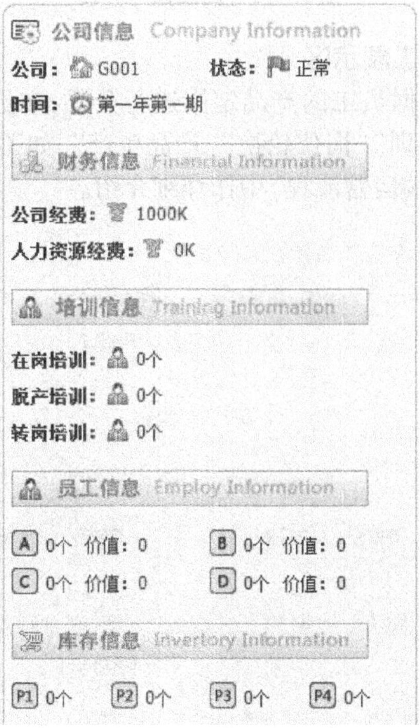

图 5 - 74 信息展示界面

5.4.2.2 人力资源的运营流程

人力资源运营的操作流程如图 5 - 75 所示。各项流程的具体内容将在“5.4.3 学生端运营流程”中作详细介绍。

图 5－75　运营流程

5.4.2.3　应急操作

应急操作是为学生应对公司突然出现意外情况设置的操作区，如图 5－76 所示。应急的各项具体操作将在“5.4.3 学生端运营流程”中作详细介绍。

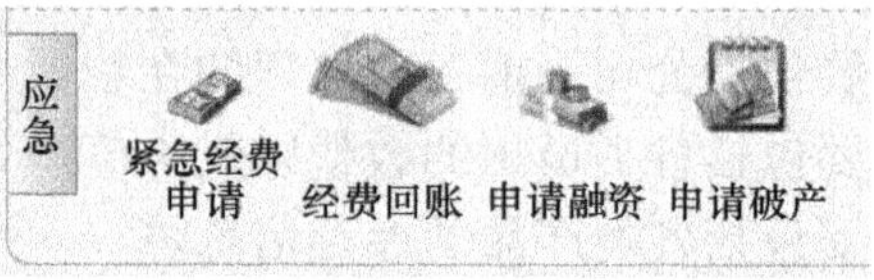

图 5－76　应急操作界面

5.4.2.4　各类员工展示区

在员工展示区，根据员工的产品定岗进行分类，在员工展示区中还可以操作“人员辞退”“技能培训”“岗位轮换”“产品生产”，如图 5－77 所示，各项具体操作将在“5.4.3 学生端运营流程”中作详细介绍。

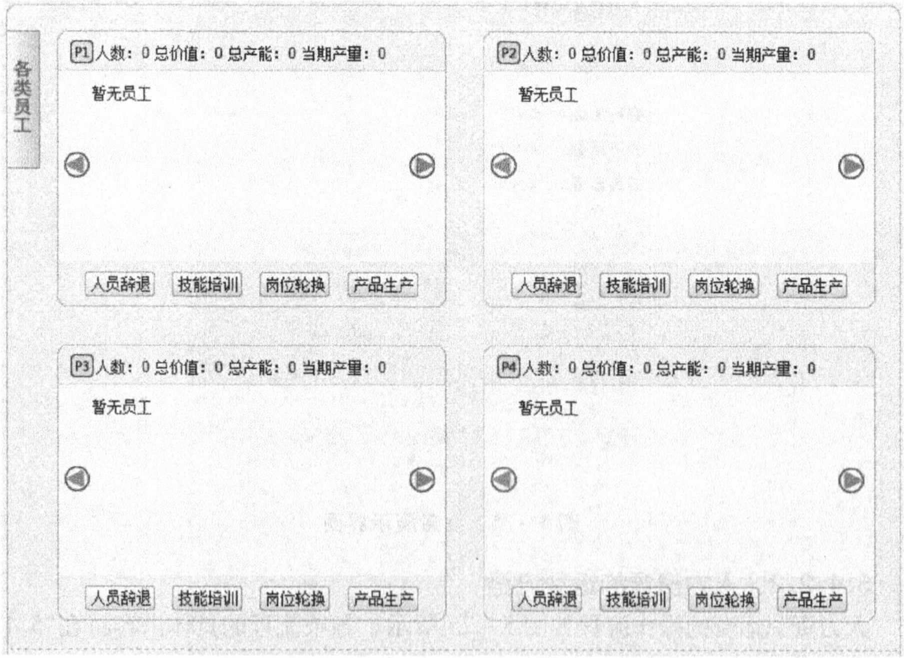

图 5－77　各类员工展示区

5.4.2.5 管理人员展示区

在管理人员展示区展示所有管理人员的价值以及相关数据，将鼠标移动某个管理人员的图标上可以进行详细查询，如图 5 – 78 所示。各项具体操作将在“5.4.3 学生端运营流程”中作详细介绍。

图 5 – 78 管理人员展示区

5.4.2.6 记录

记录的主要内容是各公司运营过程中所产生的数据(如图 5 – 79 所示)，以便能够进行查询。各项具体内容将在“5.4.3 学生端运营流程”中作详细介绍。

图 5 – 79 记录

5.4.2.7 其他

人力资源系统还提供了公司信息注册、台面校对、市场需求和人才信息查询及规则说明，如图 5 – 80 所示。各项具体内容将在“5.4.3 学生端运营流程”中作详细介绍。

图 5 – 80 其他

5.4.3 学生端运营流程

学生端模块功能的运营流程如图 5 – 81 所示。

5.4.3.1 信息确认

学生登录系统后首先要对自己的公司进行相应的信息注册，以及确定在哪里可以查询到自己所需要的一些实物沙盘台面的信息、市场的信息以及规则的说明。

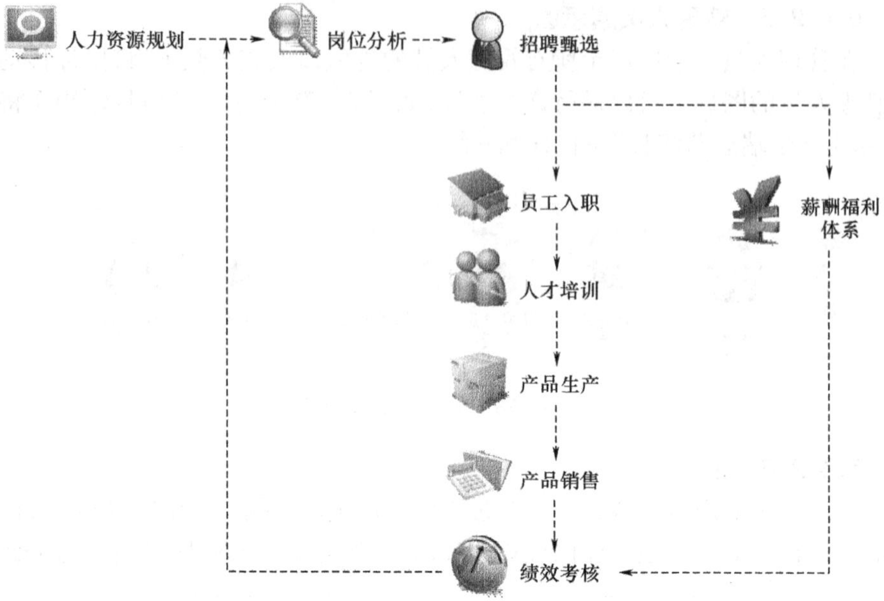

图 5－81　学生端运营流程

(1)公司信息注册。学生登录系统后,需要做的第一件事就是注册公司信息,基本信息主要包括账号和密码的修改、各管理岗位的人员定岗以及公司宣言,如图5－82所示。

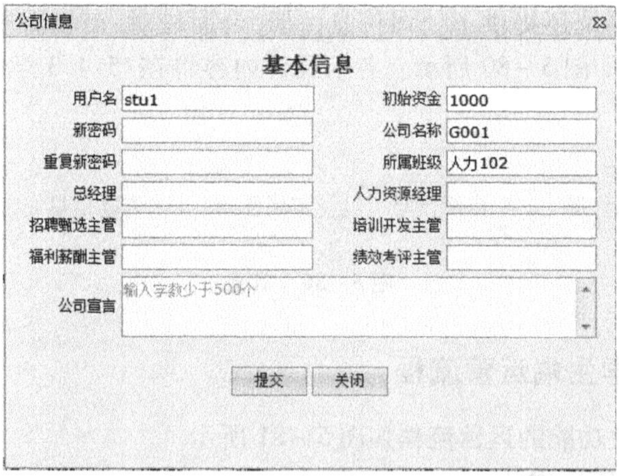

图 5－82　公司信息

(2)台面校对。在系统操作时,有时因教学需要,教师将系统与实物沙盘一并使用,所以在此也提供了相应的台面数据较对,如图 5－83 所示。

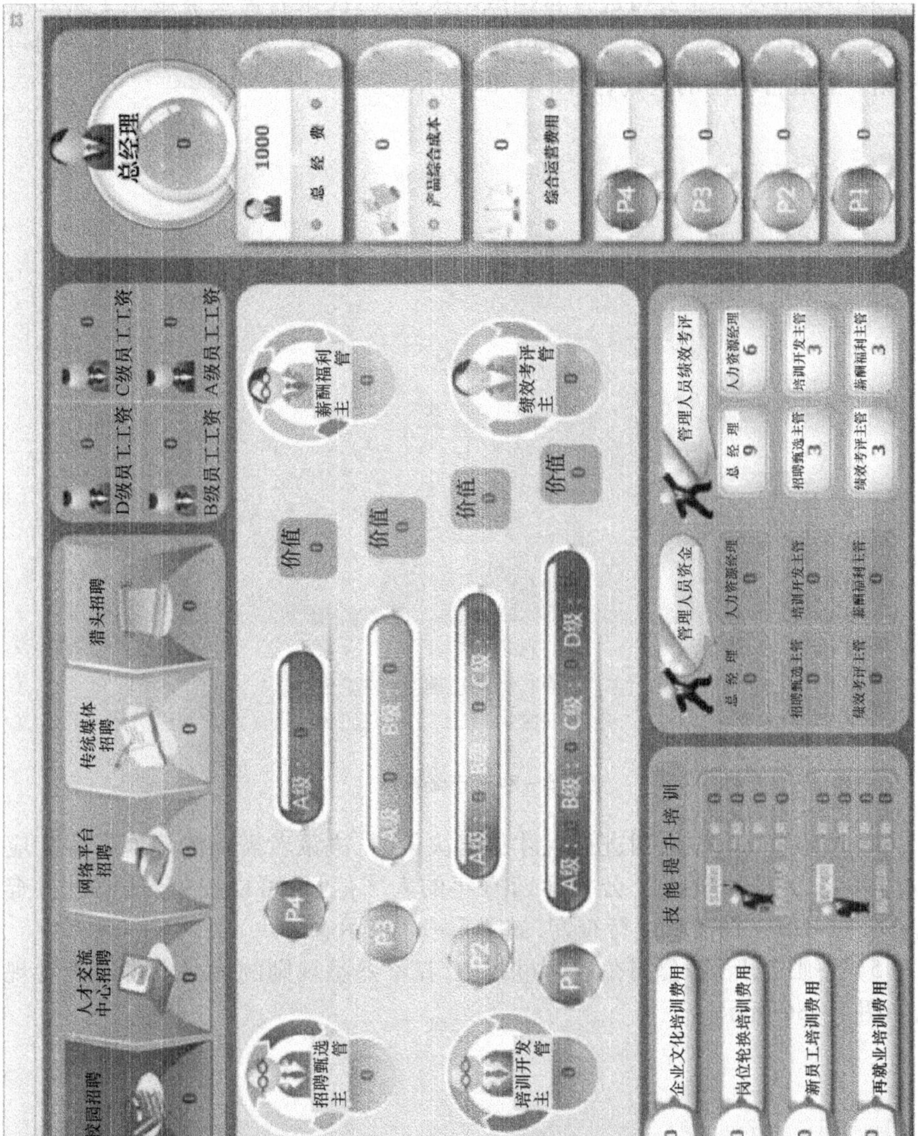
台面校对
人力资源经理
人力资源经费
岗位设计费用
岗位分析费用
福利费用
经济补偿金
其他费用
校园招聘
人才交流中心招聘
网络平台招聘
传统媒体招聘
猎头招聘
D级员工工资
C级员工工资
B级员工工资
A级员工工资
招聘甄选主管
培训开发主管
薪酬福利主管
绩效考评主管
价值
企业文化培训费用
岗位轮换培训费用
新员工培训费用
再就业培训费用
技能提升培训
管理人员资金
管理人员绩效考评
总经理
总经费
1000
产品综合成本
综合运营费用

图 5－83　台面校对

(3)市场需求。在公司进行营销战略决策时,决策者需要清楚地了解相应的市场需求信息,系统中提供了公司运营六年的市场产品需求信息,各公司可以根据需要进行相应的查询,如图 5－84 所示。

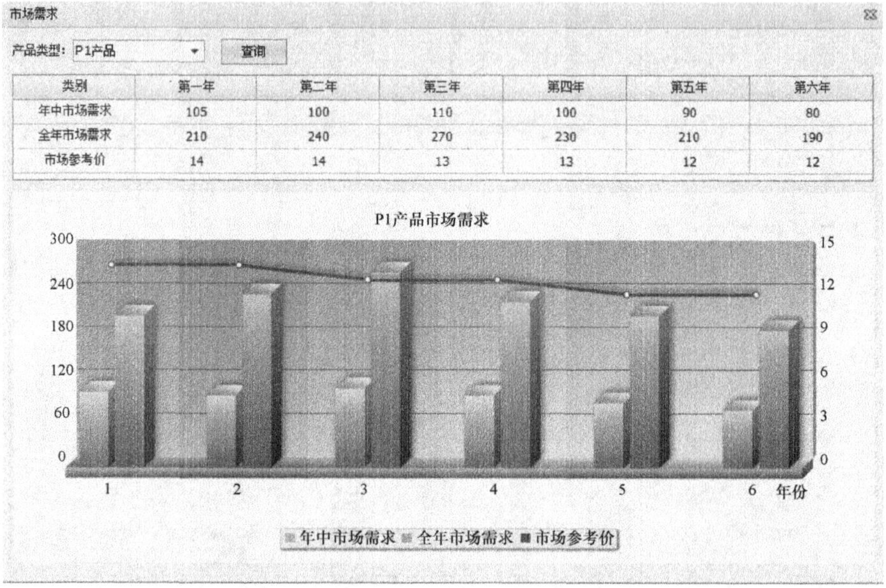

图 5－84　市场需求

(4)人才信息。在公司进行人才战略决策时,决策者需要清楚地了解相应的人才信息,系统中提供了公司运营六年的人才信息,可以按年、按期进行查询,各公司可以根据需求进行查询,如图 5－85 所示。

(5)规则说明。各公司在运营过程中,在不熟悉规则的情况下可以查看规则,如图 5－86 所示。

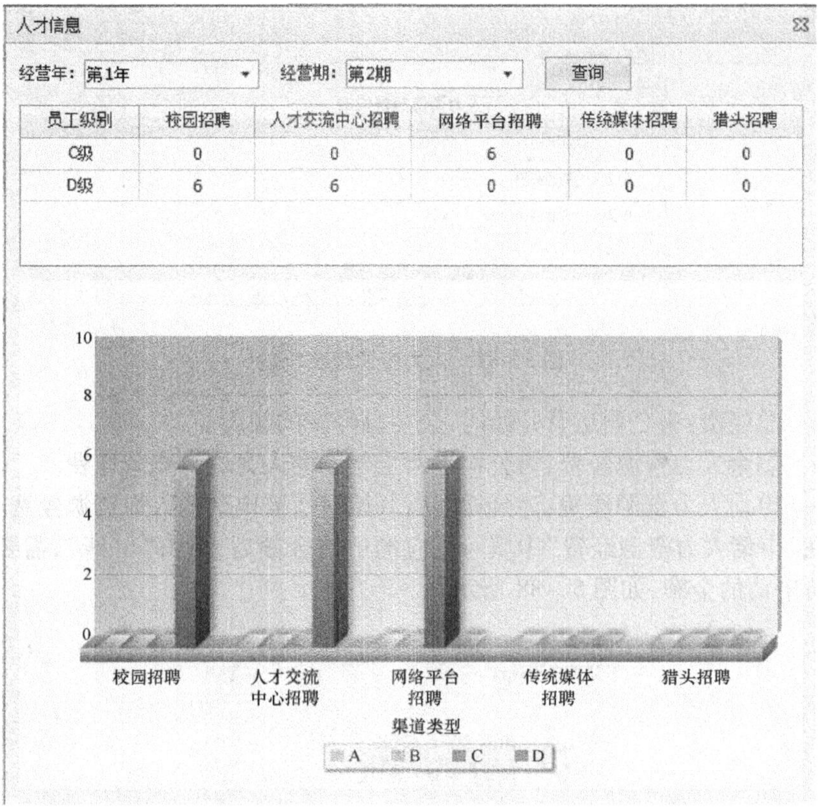

图 5－85　人才信息

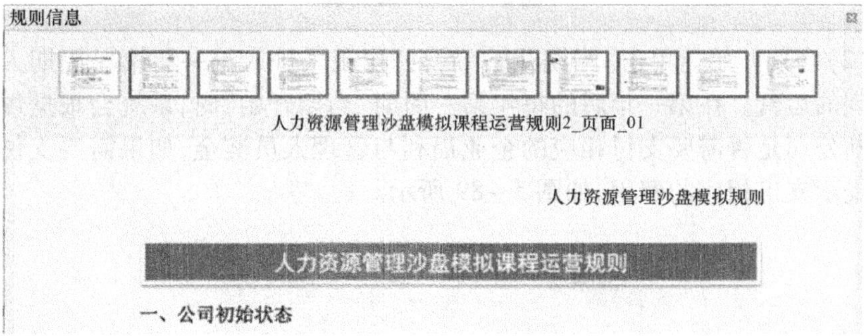

图 5－86　规则说明

5.4.3.2　运营流程

（1）申请人力资源经费。每年年初企业需要申请人力资源运营经费，单击“申请人力资源经费”，如图 5－87 所示。

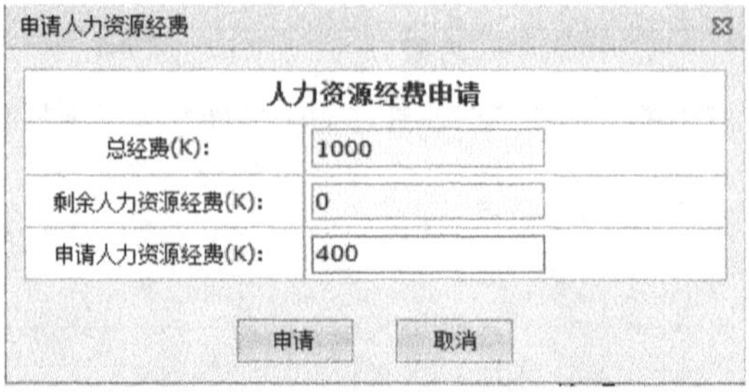

图 5－87　人力资源经费申请

- 总经费：为公司运营开始时，公司总经费的额度。
- 剩余人力资源经费：为公司运营上年度的人力资源剩余经费。
- 申请人力资源经费：为公司运营开始时所需申请的人力资源经费。

在“申请人力资源经费”中填写相应的申请金额后，单击“申请”，需要再次确认所申请的金额，如图 5－88 所示。

图 5－88　申请确认

(2) 当期开始。单击“当期开始”后，公司正式进入第一年第一周期人力资源管理的运营。在第一年后的每年第一周期“当期开始”时，系统会根据规则自动判断公司是否需要支付相应的企业福利与管理人员奖金，如果需要支付则系统将提示支出相应的费用，如图 5－89 所示。

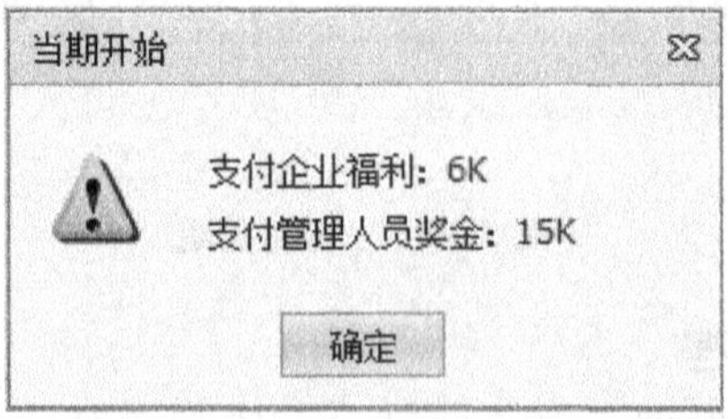

图 5－89　支付企业福利与管理人员奖金

(3)企业文化培训。公司在第一年第一周期时不需要进行企业文化培训。根据规则,如果上一年运营结束时企业利润大于0,在来年可以选择进行相应的企业文化培训,以降低员工的流失率。企业文化培训的费用是上年度公司净利润的2%或4%,以降低员工流失率的5%或10%,如图5-90所示。

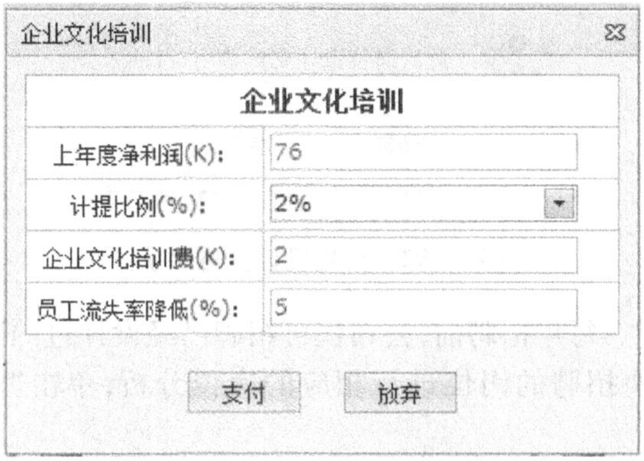

图5-90 企业文化培训

(4)岗位设计。在每年的第一周期时,公司可以根据人才招聘的需要,对所需要招聘的岗位进行设计,岗位只要设计一次就长久有效,每年不重复设计。D级员工的岗位系统默认为已设计,公司需要决定是否设计A,B,C级员工的岗位,单击“岗位设计”,如图5-91所示。

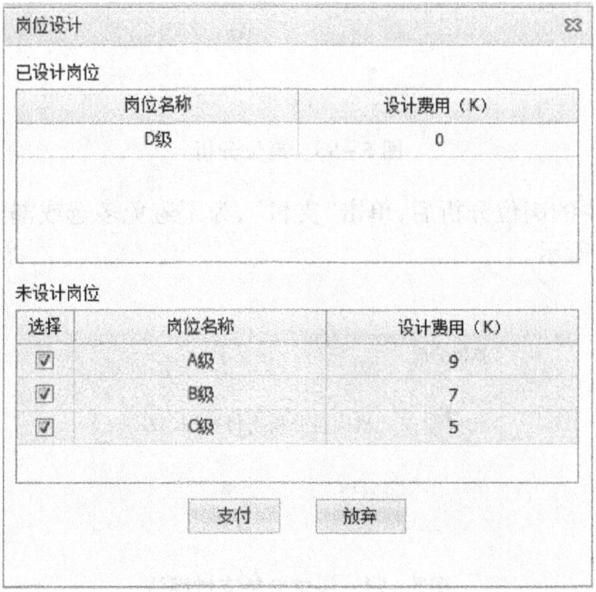

图5-91 岗位设计

选择相应的岗位后，单击“支付”，为了避免多选或漏选，需要再次确认，如图5－92所示。

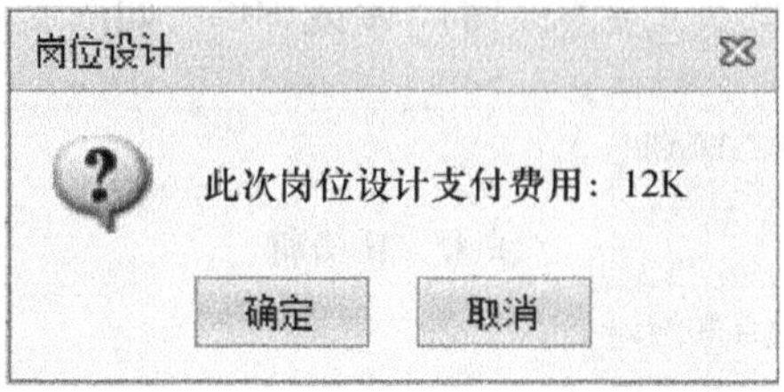

图5－92　岗位设计支付确认

（5）岗位分析。每年招聘前，公司仅可招聘已经设计过的岗位，在每期招聘前还必须对所需要招聘的岗位进行相应的岗位分析，单击“岗位分析”，如图5－93所示。

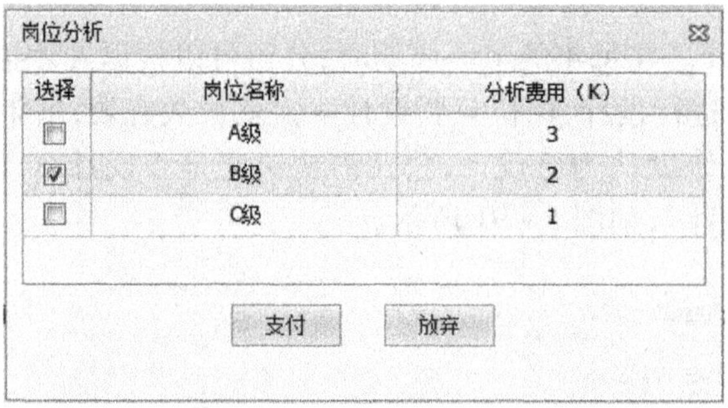

图5－93　岗位分析

选择所需要的岗位分析后，单击“支付”，为了避免多选或漏选，需要再次确认，如图5－94所示。

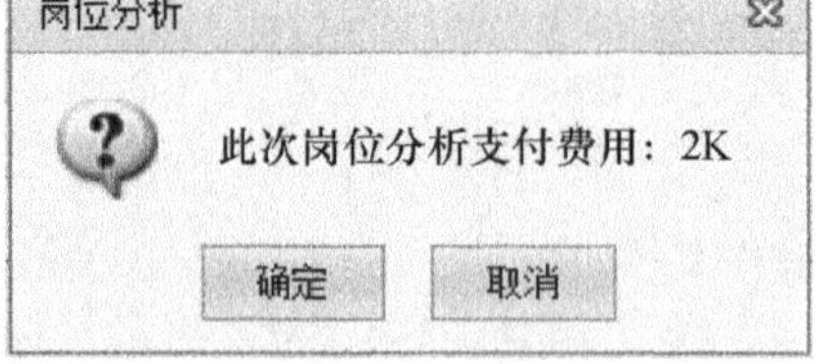

图5－94　岗位分析支付确认

(6)制定基本工资。公司在每年招聘前除了需要进行相应的岗位设计与岗位分析外,还需在每年的第一周期设定A级、B级、C级、D级各类人员的期基本工资,如图5－95所示。

制定基本工资

员工级别	上年度期基本工资	本年度期基本工资
A级	3	3
B级	3	3
C级	3	3
D级	3	3

图5－95　制定基本工资

(7)挖人。根据规则,每家公司从第二年的第一周期开始,可以对其他公司进行挖人,挖人属于猎头招聘,需要支付与猎头招聘相同的成本,在填写“挖人申请单”时,系统会自动判断“目标公司”有哪些“员工类型”,如图5－96所示。

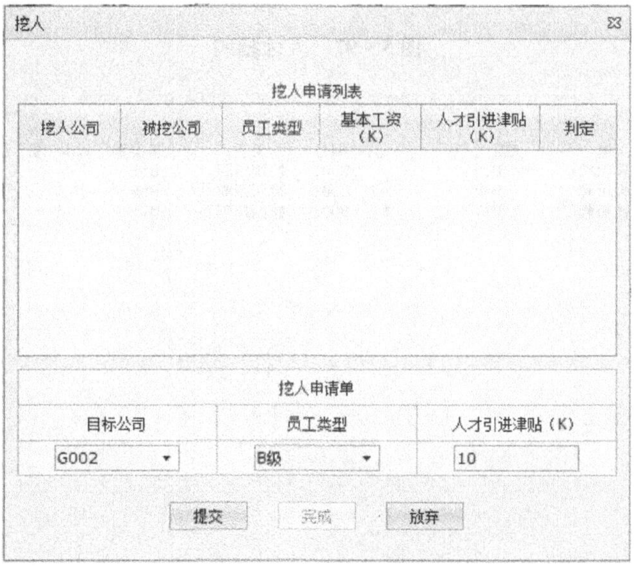

图5－96　挖人申请

(8)人才招聘。公司每期可以在相应渠道进行人才招聘,如图5－97所示。在第一年的第一周期,校园招聘渠道提供了6个B级人员可供招聘。

选择所需要招聘的人员,单击“ > ”按钮添加到公司招聘意向招聘区中,如图5－98所示。

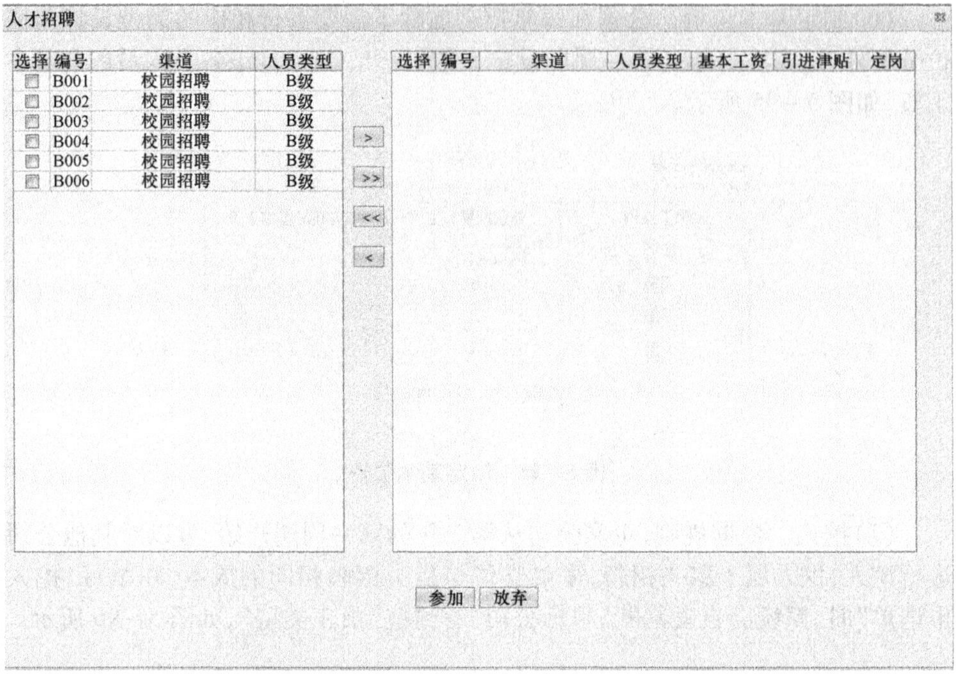

图 5－97　人才招聘

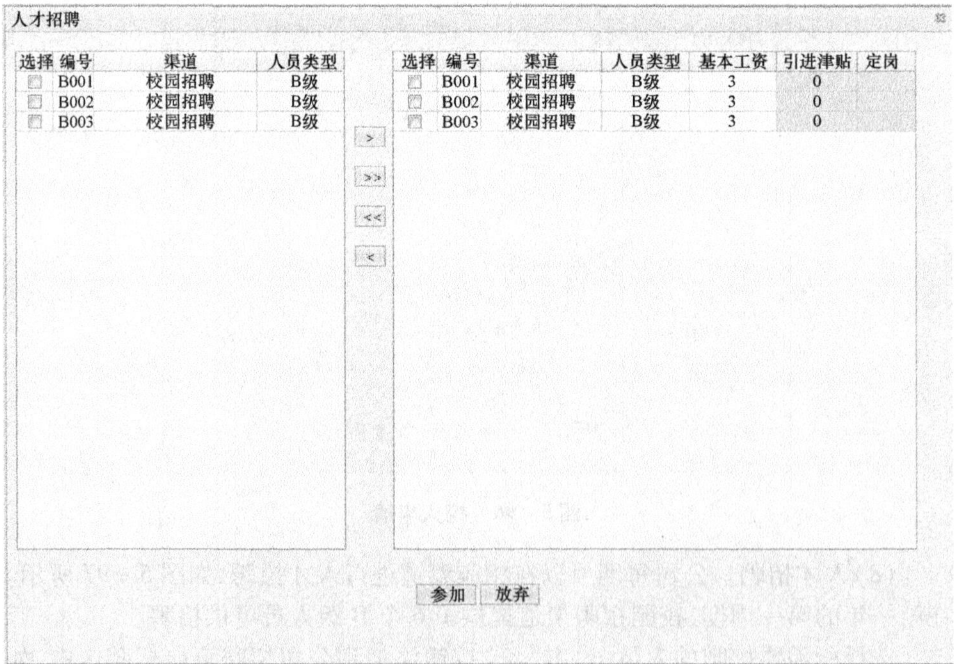

图 5－98　添加招聘人员

添加招聘人员完成后，需要支付“引进津贴”与“定岗”，如图 5－99 所示。

选择	编号	渠道	人员类型	基本工资	引进津贴	定岗
☐	B003	校园招聘	B级	3	1	P1
☐	B001	校园招聘	B级	3	1	P1
☐	B002	校园招聘	B级	3	1	P2

图 5－99　设置引进津贴与定岗

确认“引进津贴”与“定岗”设置完成后，单击“参加”，待所有公司招聘信息填写完成后，系统判断招聘顺序，这时公司可以选择自己所需要招聘的人员类型，公司有 90 秒的时间进行选择，如图 5－100 所示。

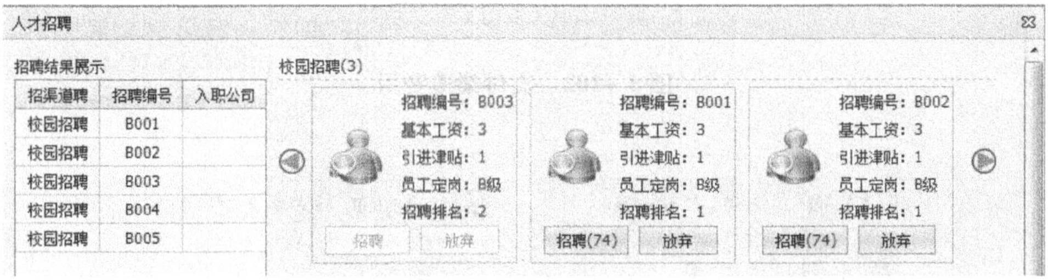

图 5－100　招聘选择

选择需要招聘的人员后，在“招聘结果展示”中就会展示现在正在被招聘的人员的入职公司，如图 5－101 所示。

图 5－101　招聘结果展示

如果在人员信息中，招聘顺序不是“1”的公司需要等待其他公司放弃后才可以对该人员进行招聘，若点击“放弃”则视为招聘失败，依次类推。如果有多条渠道同时招聘时，需要等待招聘完成，单击“完成”，支付相应招聘渠道的金额，如图 5－102 所示。

此时，将在“各类人员”展示区中看到招聘成功的相应人员，已经根据定岗进入相应的产品生产岗位中，如图 5－103 所示。

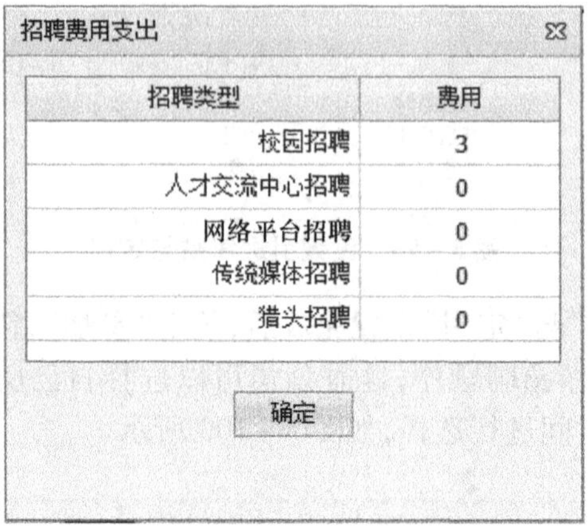

图 5－102　支付渠道费用

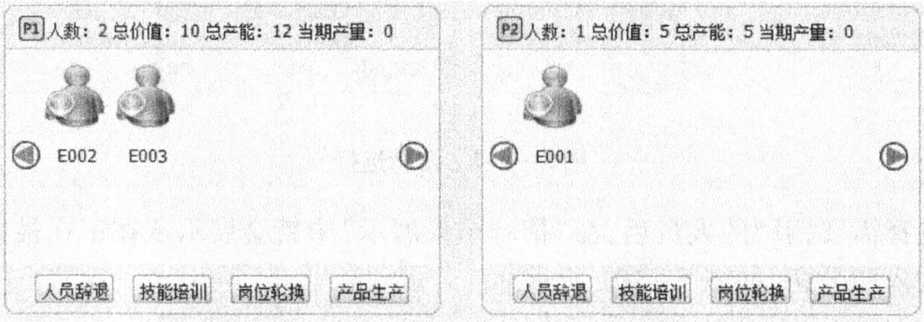

图 5－103　招聘成功人员

将鼠标移动到“E003”上，可以察看该人员的详细信息，如图 5－104 所示。

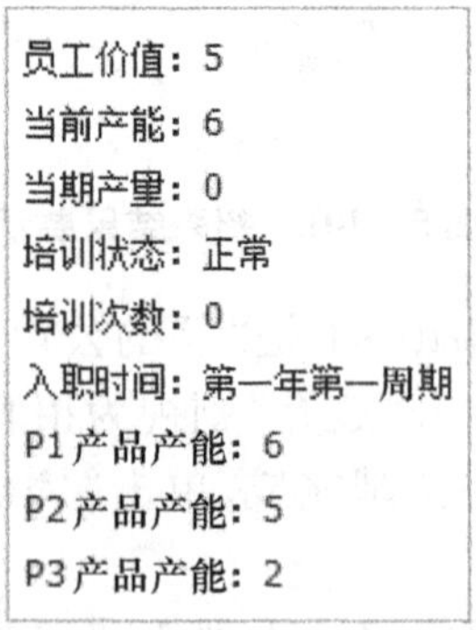

图 5－104　人员信息

(9)入职培训。在招聘完成后,需要对招聘成功的员工进行入职培训,其中,挖人成功招聘的员工也需要进行入职培训,如图 5－105 所示。

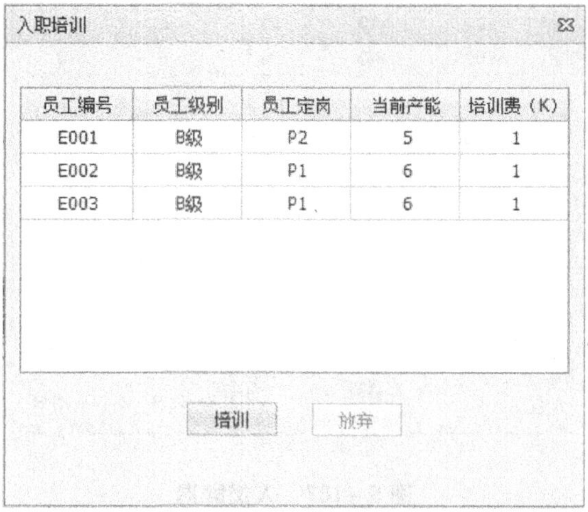

员工编号	员工级别	员工定岗	当前产能	培训费(K)
E001	B级	P2	5	1
E002	B级	P1	6	1
E003	B级	P1	6	1

图 5－105　入职培训

单击“培训”,支付相应的培训费,如图 5－106 所示。

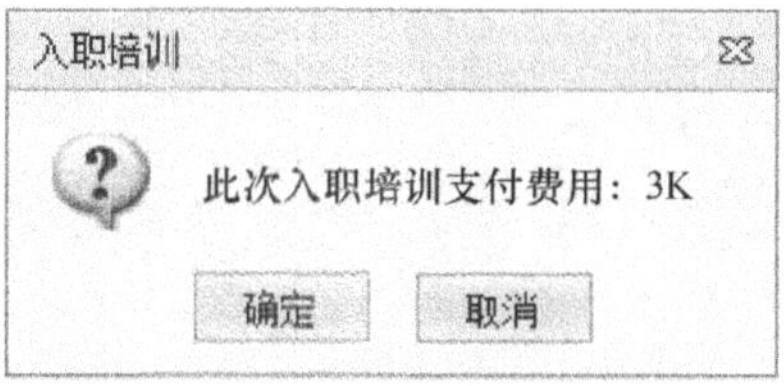

图 5－106　支付培训费

公司在每期新员工入职培训后,可以对相应生产线上的人员进行“人员辞退”“技能培训”“岗位轮换”和“产品生产”。

(10)人员辞退。公司每期可以辞退富余人员,从而降低公司的人力成本,在相应产品生产线上单击“人员辞退”,如图 5－107 所示。在人员辞退时需要支付相应的“经济补偿金”,同时还必须对其进行“再就业培训”。

(11)技能培训。公司在每期可以对人员进行相应的技能培训,从而提升员工的价值和所对应生产产品的产能。技能培训有两种方式:在岗培训与脱产培训,如图 5－108 所示。

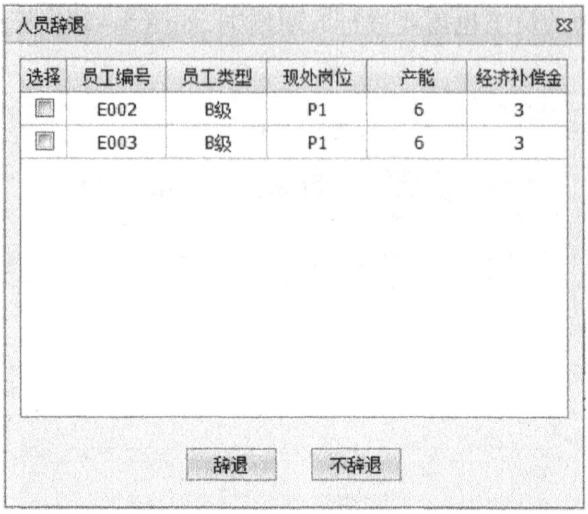

图 5－107　人员辞退

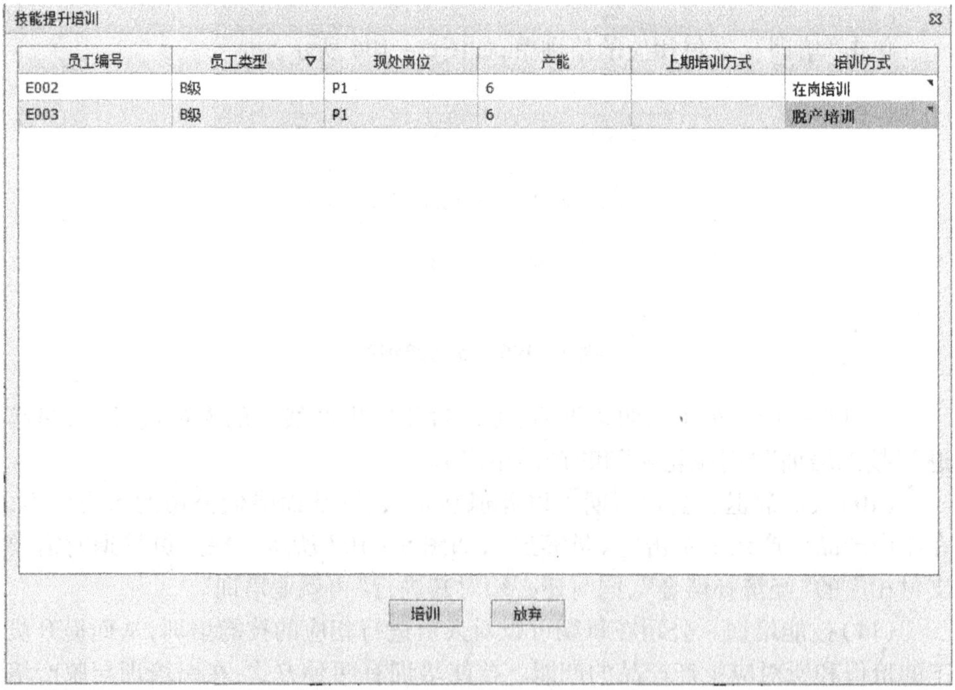

图 5－108　技能培训

选择相应的"培训方式"后,单击"培训",支付相应的技能培训费用,如图5－109所示。

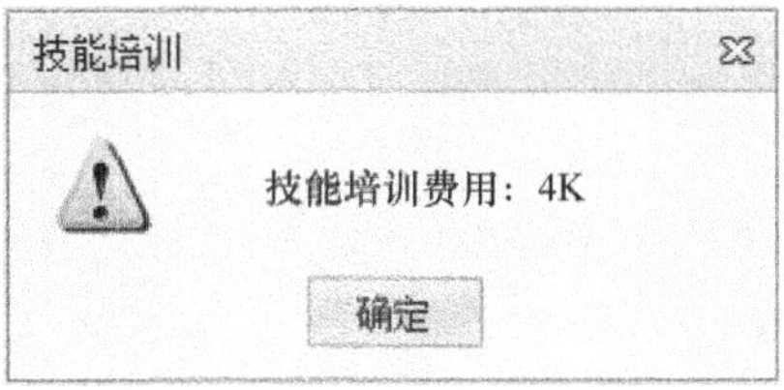

图5－109 支付培训费用

此时,培训员工人员信息中的"培训状态"也会随之改变,其中"培训次数"是统计当前的培训方式连续培训的次数,每当转换培训方式使培训升级时,"培训次数"就会重新统计,如图5－110所示。

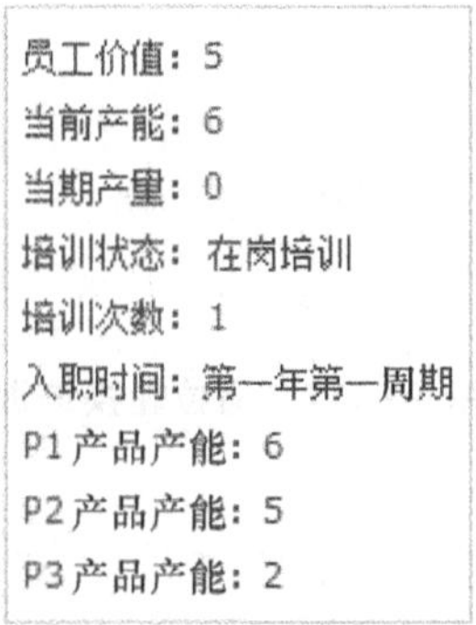

图5－110 培训员工人员信息

(12)岗位轮换。公司可以根据生产需要对有相应产品生产能力的人员进行"岗位轮换",例如,B级员工有生产P1、P2、P3产品的能力,那么B级员工就可以在P1、P2、P3产品之间进行转岗培训。转岗培训不能当期生效,要到下一期才能生效,如图5－111所示。

(13)产品生产。公司每一周期可以根据相应生产线上的产能进行产品的生产,员工产品的生产数量不能超过该员工的产能,当期员工生产数量确定以后不能再进行修改,产品生产完工前,不能再对此条生产线的员工进行"人员辞退""技能培训"与"岗位轮换"操作,如图5－112所示。

图 5-111　岗位轮换培训

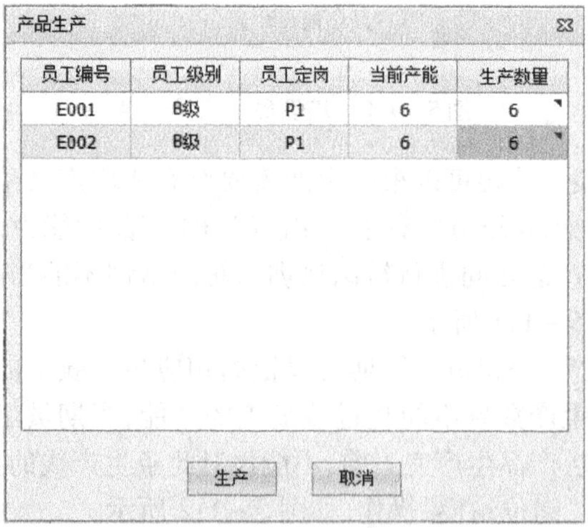

图 5-112　产品生产

确定相应员工的“生产数量”后，单击“生产”，支付相应的产品综合生产成本，如图 5 - 113 所示。

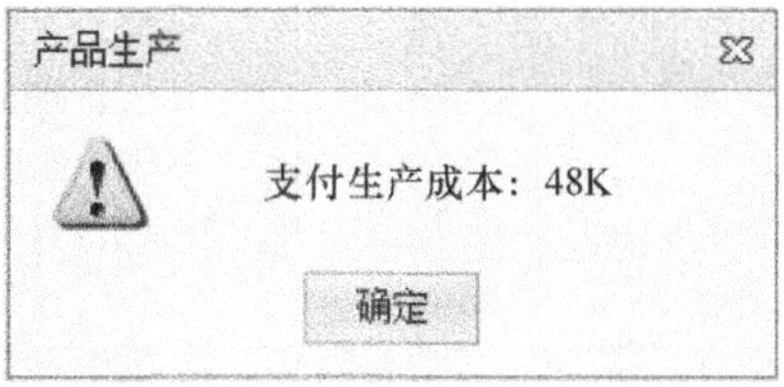

图 5 - 113　支付生产成本

在“产品生产”支付生产成本后，就可以在“库存信息”中看到相应产品的库存数量，在产品销售后，相应的产品数量就会交到市场中，从库存中消失，如图 5 - 114 所示。

图 5 - 114　库存信息

在信息的产品生产线上也可以看到当期相应产品的产量，在生产线中还可以看到相应生产线所分配的人员数量、人员价值和总产能，如图 5 - 115 所示。

图 5 - 115　生产线信息

(14)产品交货。每年的第二周期、第四周期可以进行产品交货，单击“产品交货”，公司可以根据情况提交产品交货的数量，修改“产品交货”中的“交货数量”，如图 5 - 116 所示。

确定“交货数量”后，单击“提交”或“放弃”就可以看到“市场产品销售列表”中其他公司的交货信息，如图 5 - 117 所示。

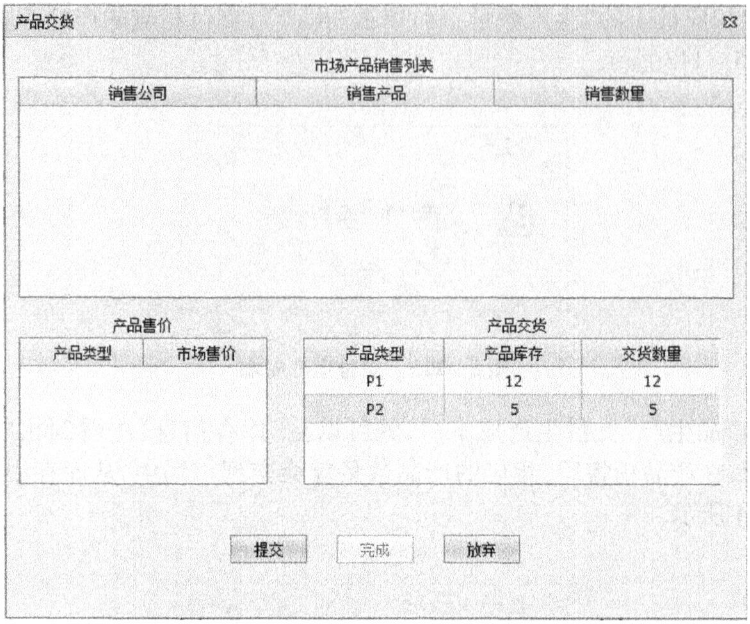

图 5 – 116　产品交货(A)

图 5 – 117　产品交货(B)

待所有公司交货完成后，将在“产品售价”区展示相应产品的“市场售价”，如图 5－118 所示。

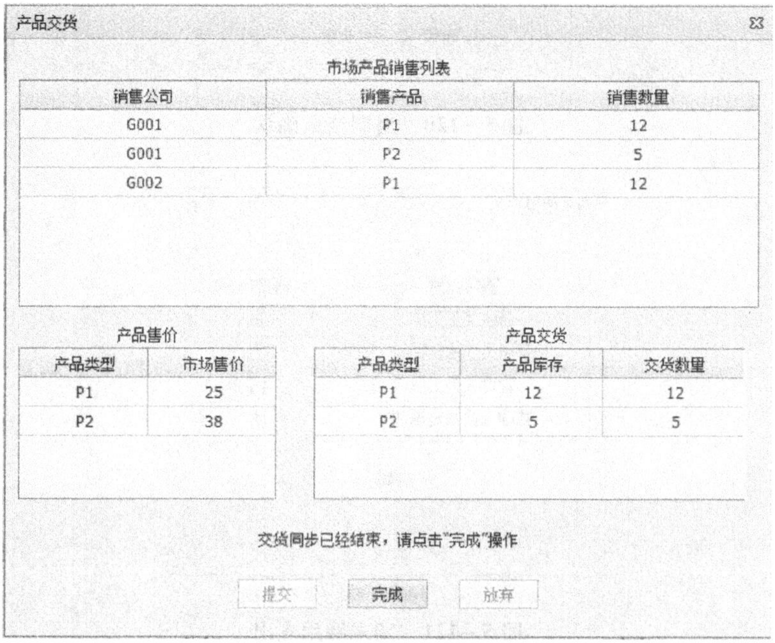

图 5－118　产品交货完成

单击“完成”就可以收到相应“交货数量”的销售收入，销售收入进入公司总经费中，如图 5－119 所示。

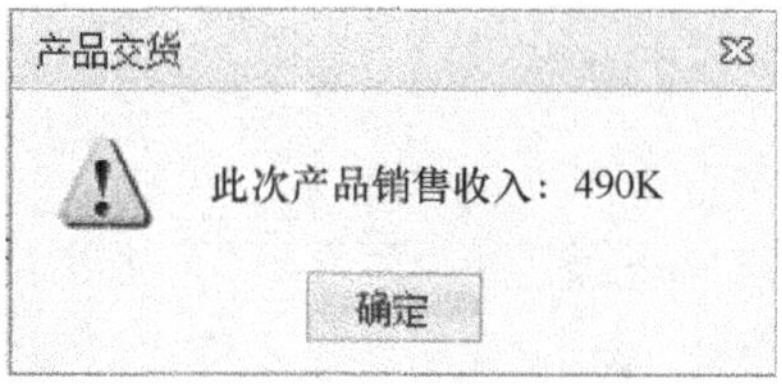

图 5－119　销售收入

（15）当期结束。确定一期的工作操作完成之后，单击“当期结束”，系统显示如图 5－120 所示，需要公司确认是否结束当期，如果暂时不想结束当期，则单击“取消”。

单击“确定”后，支付相应的“普通员工工资”“普通员工法定福利”“管理人员工资”和“管理人员法定福利”，在第四周期结束时，系统自动计算“清仓处理收入”及“超额损失”，如图 5－121 所示。

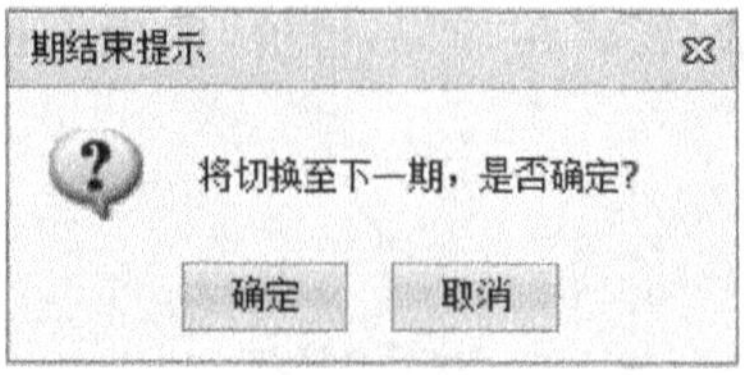

图 5－120　当期结束确认

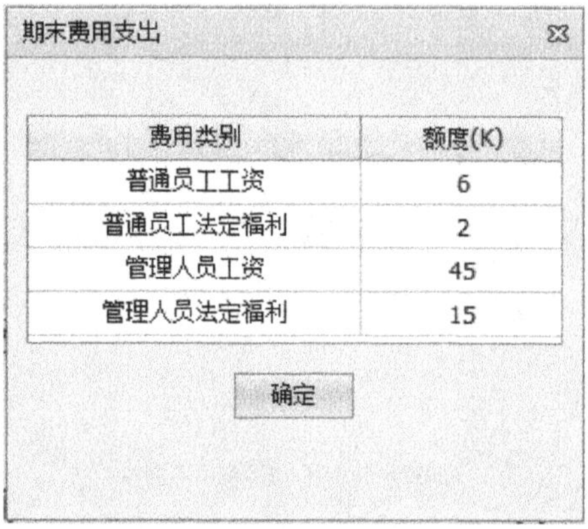

费用类别	额度(K)
普通员工工资	6
普通员工法定福利	2
管理人员工资	45
管理人员法定福利	15

图 5－121　期末费用支出

(16)人员流失。根据规则，公司每年年末将有相应的人员流失(第一年年末不流失)，如图 5－122 所示。

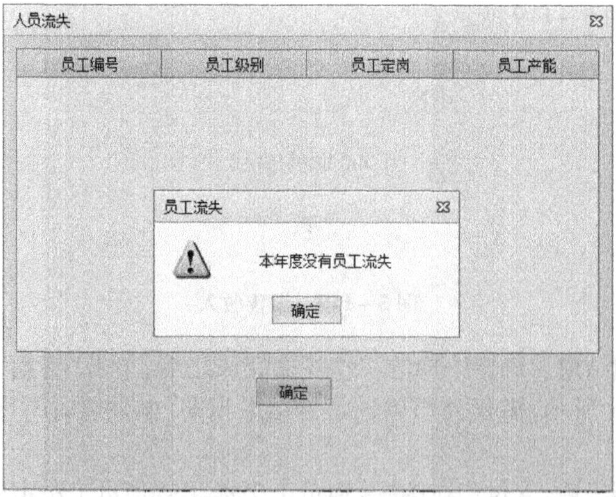

图 5－122　人员流失

(17)绩效考评。每年年末,公司将会对所有的管理人员进行相应的绩效考评,如图 5-123 所示。

	职位	年初管理人员价值	绩效价值	年末管理人员价值
1	总经理	9	0	9
2	人力资源经理	6	0	6
3	招聘甄选主管	3	0	3
4	培训开发主管	3	0	3
5	绩效考评主管	3	0	3
6	薪酬福利主管	3	0	3

图 5-123　绩效考评

(18)市场排名。每年运营结束之后,系统将对所有的公司进行相应的市场排名,如图 5-124 所示。

公司	本年度排名	本年度评分
G001	1	52.97
G002	2	27.68

图 5-124　市场排名

5.4.3.3　应急操作

(1)紧急经费申请。公司在运营过程中,可能会产生人力资源经费不足的情况,这时候就需要进行"紧急人力资源经费申请",如图 5-125 所示。在"紧急人力资源经费申请"的过程中会产生相应的"经费损失",如图 5-126 所示。

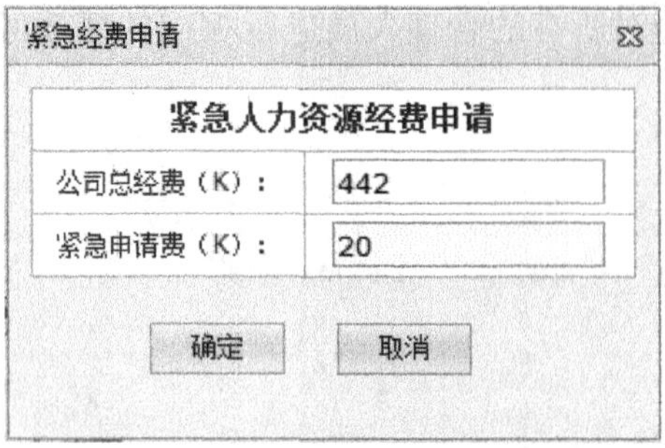

图 5－125　紧急人力资源经费申请

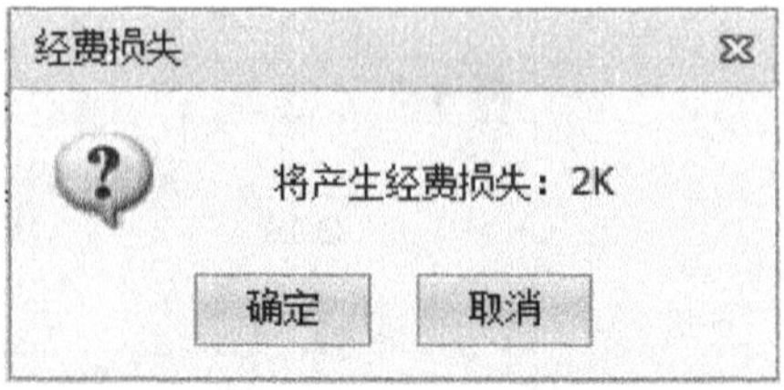

图 5－126　经费损失

（2）经费回账。公司在运营过程中，可能会产生公司经费不足的情况，这时候就需要进行“人力资源经费回账”，如图 5－127 所示。在“经费回账”的过程中会产生相应的“经费损失”，如图 5－128 所示。

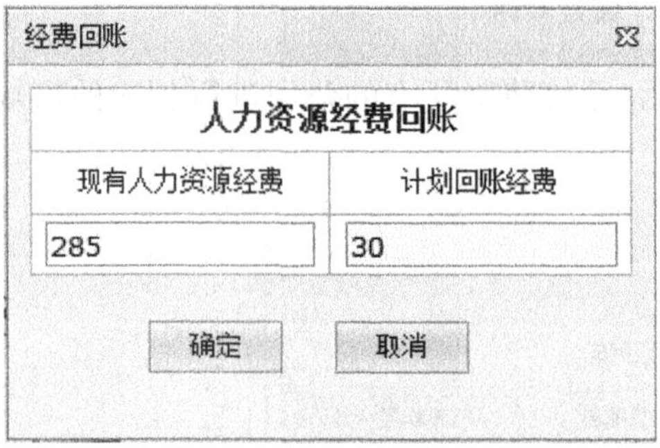

图 5－127　人力资源经费回账

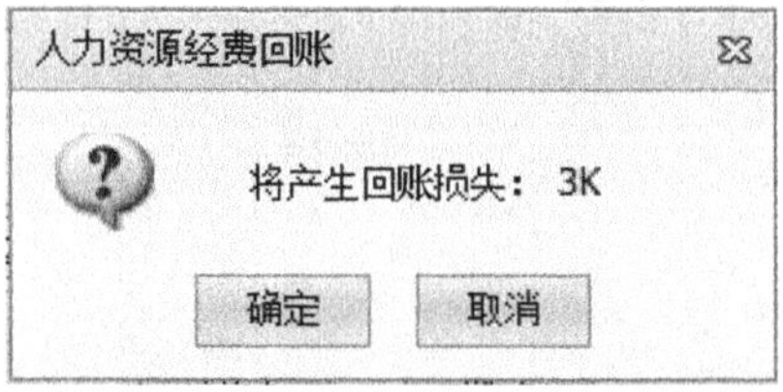

图 5－128　回账损失

（3）申请融资。公司在运营过程中，可能会产生经费不足的情况，这时可以向教师申请融资，如图 5－129 所示。

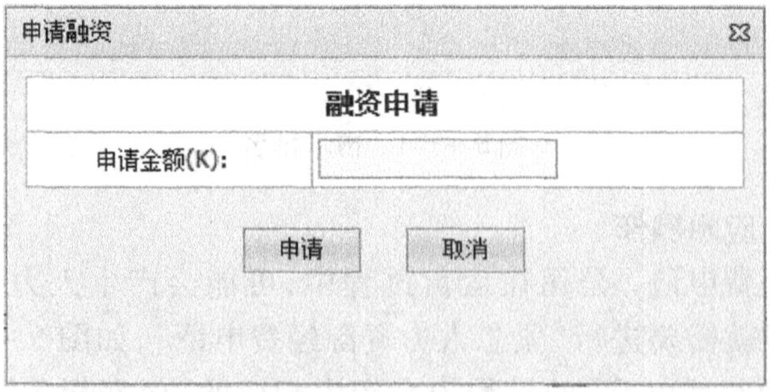

图 5－129　申请融资

教师端的融资处理如图 5－130 所示。

	公司	融资	减资	审批状态	操作
1	G002	300	0	申请中	批准 否决

图 5－130 融资处理

（4）申请破产。公司在运营过程中，可能会发生资金不足的情况，这时需要“申请破产”。申请破产的同时系统会提示是否确定不申请融资，如图 5－131 所示。

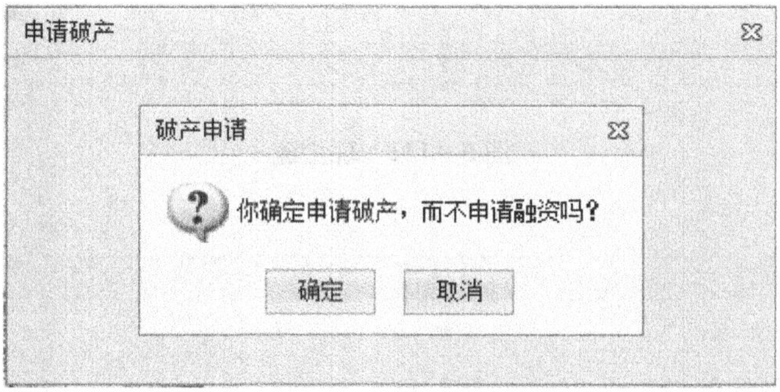

图 5－131 申请破产

5.4.3.4 记录

人力资源管理沙盘模拟系统的记录主要包括现金流、人员价值、薪酬明细、培训明细、销售明细、企业福利、管理人员奖金、员工流失及历年排名记录。

（1）现金流。在“现金流”中清楚地记录了公司各运营年人力资源经费及总经费的收支情况，如图 5－132 所示。

（2）人员价值。在“人员价值”中清楚地记录了公司每年结束时管理人员价值及员工价值，同时还记录了员工当年的状态，如图 5－133 所示。

现金流

经营年：第一年

序号	操作说明	流出资金（K）	流入资金（K）	剩余人力资源经费（K）	剩余总经费（K）	时间
28	人力资源经费超额损失	2	0	74	1002	第一年第四期
27	支付综合运营成本	10	0	76	1002	第一年第四期
26	支付管理人员法定福利	15	0	76	1012	第一年第四期
25	支付管理人员工资	45	0	91	1012	第一年第四期
24	支付员工法定福利	3	0	136	1012	第一年第四期
23	支付员工工资	9	0	139	1012	第一年第四期
22	仓储处理收入	0	0	148	1012	第一年第四期
21	年末产品销售收入	0	0	148	1012	第一年第四期
20	支付管理人员法定福利	15	0	148	1012	第一年第三期
19	支付管理人员工资	45	0	163	1012	第一年第三期
18	支付员工法定福利	3	0	208	1012	第一年第三期

图 5－132　现金流

人员价值

经营年：第一年

管理人员价值

角色	年初价值	年末价值
总经理	9	9
人力资源经理	6	6
招聘甄选主管	3	3
培训开发主管	3	3
绩效考评主管	3	3
薪酬福利主管	3	3

员工价值

序号	员工编号	员工级别	员工价值	员工状态
127	E001	B级	5	在岗
128	E002	B级	5	在岗
131	E003	B级	5	在岗

图 5－133　人员价值

（3）薪酬明细。在“薪酬明细”中清楚地记录了公司每年每一期所支出的薪酬情况及合计，如图 5－134 所示。

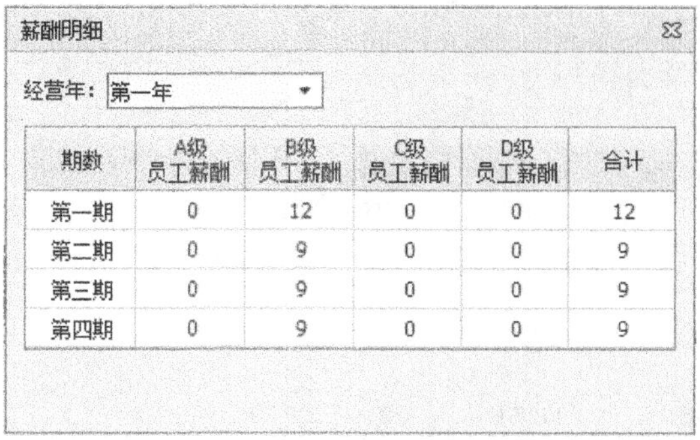

薪酬明细

经营年：第一年

期数	A级员工薪酬	B级员工薪酬	C级员工薪酬	D级员工薪酬	合计
第一期	0	12	0	0	12
第二期	0	9	0	0	9
第三期	0	9	0	0	9
第四期	0	9	0	0	9

图 5－134　薪酬明细

(4)培训明细。在“培训明细”中清楚地记录了公司各年各员工“在岗培训”“脱产培训”与“转岗培训”的次数及培训成本，如图 5－135 所示。

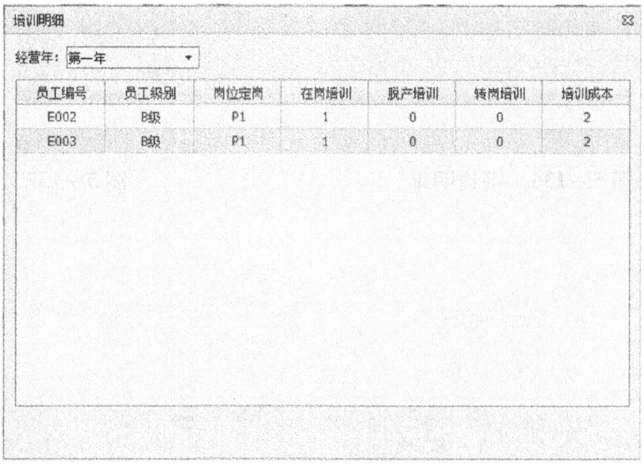

培训明细

经营年：第一年

员工编号	员工级别	岗位定岗	在岗培训	脱产培训	转岗培训	培训成本
E002	B级	P1	1	0	0	2
E003	B级	P1	1	0	0	2

图 5－135　培训明细

(5)销售明细。在“销售明细”中清楚地记录了公司各年的“年中销售”“年末销售”和“年末清仓”的产品销售数量、市场售价及销售收入情况，如图5－136 所示。

(6)企业福利。在“企业福利”中清楚地记录了公司下一年年初所需支付的企业福利情况，如图 5－137 所示。

(7)管理人员奖金。在“管理人员奖金”中清楚地记录了公司下一年所需支付的管理人员奖金，可以根据经营年查询，如图 5－138 所示。

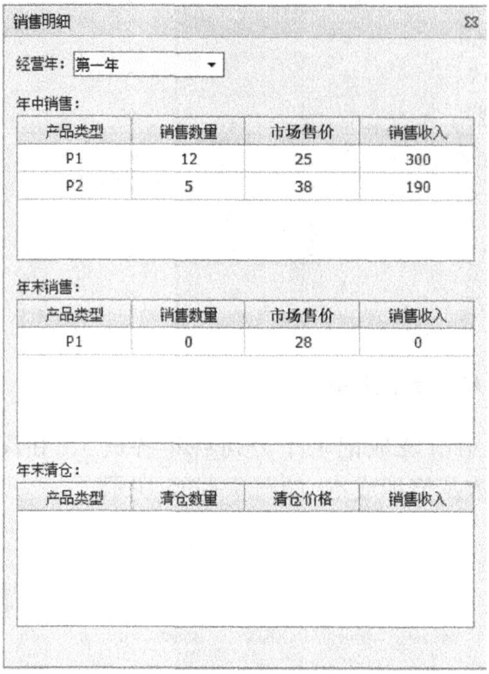

产品类型	销售数量	市场售价	销售收入
P1	12	25	300
P2	5	38	190

产品类型	销售数量	市场售价	销售收入
P1	0	28	0

产品类型	清仓数量	清仓价格	销售收入

图 5 – 136　销售明细

运营年	企业福利
第一年	6

图 5 – 137　企业福利

人员	管理人员奖金
总经理	4
人力资源经理	3
招聘甄选主管	2
培训开发主管	2
绩效考评主管	2
薪酬福利主管	2

图 5 – 138　管理人员奖金

（8）员工流失。在“员工流失”中清楚地记录了每年年末公司所流失的员工的详细情况，如图 5－139 所示。

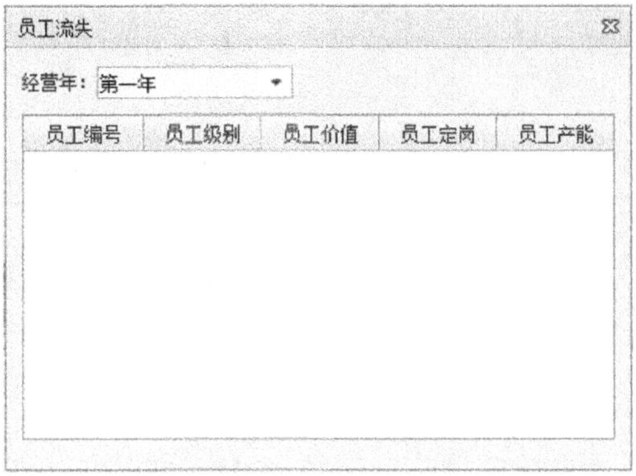

图 5－139　员工流失

（9）历年排名。在“历年排名”中清楚地记录了公司历年的市场排名情况，如图 5－140 所示。

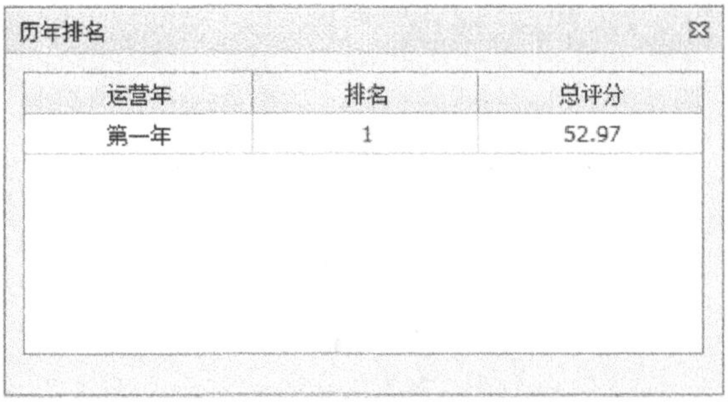

图 5－140　历年排名

6

人力资源管理沙盘模拟运营

人力资源管理沙盘模拟运营时应当严格执行运营规则与运营流程。为了做好人力资源管理工作,作为人力资源部门的主要执行者,应当做好以下三方面的工作。

第一,人力资源管理过程的市场需求分析、人才供应分析、决策(规划)、预算和计划。这些工作应当在每年经营结束后、下年运营之前做好,主要是为了使公司的人力资源管理活动能够顺利进行,防止意外情况的发生。

第二,人力资源管理过程的控制。根据预先制定的人力资源管理计划进行薪酬制定、人员招聘、培训开发、产品生产和市场销售等工作。

第三,人力资源管理过程的核算、分析。核算主要是对当年人力资源管理过程中得失的盘点,并对人力资源部门主要执行者的各种报表进行分析,将分析结果与预算进行比较,找出差异之处,并对这些差异进行再次分析,以便在以后的人力资源管理中更好地开展工作。

在人力资源管理沙盘模拟运营中,各公司人力资源管理部门主管按照人力资源管理流程表有序地开展工作。流程记录表(详见附录1)是公司人力资源管理的简化工作流程,也是人力资源管理竞争模拟中的主要工作流程,所以必须严格按照流程执行。流程记录表主要分为年初工作、年末工作和按周期执行的工作。在模拟经营中,由总经理与人力资源经理主持,带领团队中各成员各司其职,按照年初制定的规则及流程记录表执行。每一项流程执行完毕,各公司成员需在自己的记录表中进行详细的数据记录。

本章结合人力资源管理规则,解决学生初次接触沙盘时在经营过程中的操作问题。首先,介绍人力资源管理年初应当做哪些工作以及怎样做;然后,按照流程表分别介绍在管理过程中的规范化操作,防止出现由于操作失误影响结果的情况出现;最后,介绍年末的各项工作及基于人力资源管理结果对公司作出评定。

本章重点:

- 年初新年度规划和战略制定
- 日常运营流程和操作要点
- 报表的编制和核算

6.1 年初工作

在一年之初,企业应当谋划全年的经营,预测可能出现的问题和情况,分析可能面临的困境,寻找解决问题的途径和办法,使企业未来的经营活动处于企业管理者的掌控之中。为此，首先，企业应当召集各部门主管召开新年度规划会议，初步制定企业本年度的人力资源管理规划，由人力资源经理向总经理申请部门运营经费；然后，薪酬福利主管根据上年度的超额利润情况支付企业福利与管理人员奖金；最后，各部门主管在人力资源经理的带领下开展本年度的各项管理工作。

6.1.1　初始信息登记（人员与价值）

为了当年度经营的数据清晰，每年初总经理、绩效考评主管、培训开发主管需要对公司员工的生产能力、拥有的价值以及培训状况进行一次全方位的盘点，为当年经营提供人员状况的数据支撑。

操作方法

6.1.1.1　角色表格

总经理：登记上年度员工经过招聘、培训、辞退、流失等各项工作后所记录的员工编号、级别、定岗以及产能情况，见表6－1。

表6－1　员工生产明细表

员工编号	第一周期				离职	第二周期				离职	第三周期				离职	第四周期				离职
	级别	定岗	产能	产量		级别	定岗	产能	产量		级别	定岗	产能	产量		级别	定岗	产能	产量	
001	B	P1	6	6		B	P1	6	6		B	P1	6	6		B	P1	6	6	
002						C	P2	2	2		C	P2	2	2		C	P2	2	2	
003						D	P1	1	1		D	P1	1	0	辞					
004						D	P1	1	1		D	P1	1	1		D	P1	1	1	
005											C	P2	2	2		C	P2	2	2	

填表规则：

（1）员工编号：每个员工编号仅可为一名员工使用，且编号不随员工变动而变化，若员工离职（被挖、辞退、流失），该编号自动封存，不再使用。如表6－1中编号为003的D级员工在第一年第三周期被辞退，则之后该编号一栏不再填写该员工的相关资料，同时该编号也不再被其他员工使用。

（2）级别：员工级别分为A，B，C，D四个等级；新员工登记信息时周期要与招聘到该员工的周期相对应。例如，在第一年第三周期招聘一名C级员工，则其填写如表6－1中编号为005的员工。

(3)定岗。员工生产岗位,即员工生产何种产品;新员工定岗必须与招聘时定岗相同,不可随意改动。

(4)绩效考评主管。登记上年度经过绩效考核过的管理人员价值情况(见表6-2)。年初管理人员的价值不仅影响到当年各管理人员的基本工资,更影响当年的评分情况。统计年初管理人员的价值后,绩效考评主管应及时与薪酬福利主管沟通,提醒其按照最新的价值所对应的年基本工资发放薪酬。

表6-2 管理人员价值

职位 价值	总经理	人力资源经理	招聘甄选主管	培训开发主管	绩效考评主管	薪酬福利主管	合计
年初管理人员价值	9	6	3	3	3	3	27
绩效价值	0	0	0	0	0	0	0
年末管理人员价值	9	6	3	3	3	3	27

除了登记年初管理人员价值以外,绩效考评主管还需登记在职员工的级别及年初价值(见表6-3)。由于绩效考评主管掌握原始的员工价值,因此还可与总经理所登记的员工产能进行对照,相互对照可以找出数据统计的疏漏。比如,当某B级员工价值为6时,其对应的某个产品的产能必定高出初始产能1个。

表6-3 在职员工级别及价值

项目 序号	员工编号	员工级别	年初员工价值	年末员工价值	员工状态
1	001	B	5		
2	002	C	2		
3	004	D	0		
4	005	C	2		

6.1.1.2 角色盘面

由于初始信息登记(人员与价值)这一步骤主要是起到承上启下、将上年度的数据进行整理对照的作用,因此,盘面部分主要查看人员数量以及价值(见图6-1)、管理人员的年初价值(见图6-2),做到账面和盘面相符。

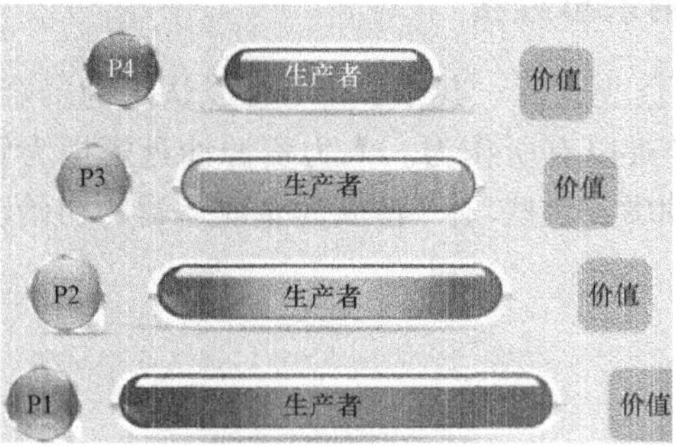

图 6－1　人员数量以及价值

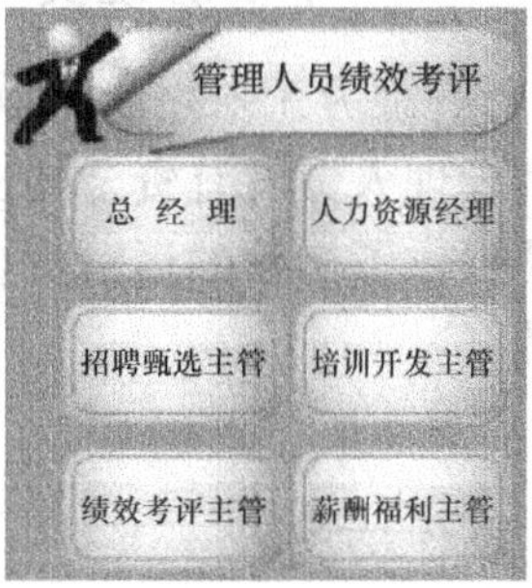

图 6－2　管理人员年初价值

6.1.1.3　流程表

人力资源经理：总经理在核对员工信息后，需要报送人力资源经理，人力资源经理在流程表"初始信息登记（人员与价值）"一栏中打"√"即可，如表6－4所示。

表 6－4　初始信息登记表

手工操作流程			操作角色	填写表格	记录（四个周期）			
					一	二	三	四
年初	1	初始信息登记（人员与价值）	总经理/绩效考评主管/培训开发主管	1－1/6－1/4－1[①]	√			

①第 6 章中各表及附录 1"流程记录表"的"填写表格"一栏中的表序号分别与附录中的表序号相对应，即 1－1 为表 2，1－2 为表 3，1－3 为表 4，1－4 为表 5，1－5 为表 6，2－1 为表 7，2－2 为表 8，2－3 为表 9，3－1 为表 10，3－2 为表 11，3－3 为表 12，4－1 为表 13，4－2 为表 14，4－3 为表 15，5－1 为表 16，5－2 为表 17，5－3 为表 18，5－4 为表 19，5－5 为表 20，5－6 为表 21，6－1 为表 22，6－2 为表 23，7－1 为表 24，7－2 为表 25，7－3 为表 26，7－4 为表 27，7－5 为表 28。

填表规则：

（1）手工操作流程：表示相应的操作内容，在相应内容前的数字表示相应的操作顺序。

（2）操作角色：表示相应的操作角色。

（3）填写表格：表示相应的操作角色所需操作的表格；"★"号表示确认操作，只要在相应记录中打"√"即可。

（4）记录：表示相应的操作周期，"一、二、三、四"表示市场营销运营沙盘模拟中的四个运营周期，其中"灰色底纹"表示相应周期不需要进行操作。

6.1.2 年初总经费/上年度剩余总经费

“巧妇难为无米之炊”同样适用于企业运营。其中,“米”可以认定为资金,再好的管理人员没有资金的支撑,同样难以有所作为。人力资源沙盘模拟为管理团队提供了初始的运营资金,共1 000K。这些“米”将成为企业运营的初始动力来源。

操作方法

6.1.2.1 角色表格

总经理:第一年运营时,由教师分配年初总经费金额,总经理在“总经费收支明细表”(见附录2,表3)的“年初总经费/上年度剩余总经费”一栏中填入相应的经费额。在之后的运营年开始时,由总经理对上年度剩余的总经费进行盘点,在“年初总经费/上年度剩余总经费”一栏中填入相应的数额,如表6-5所示。

表6-5 总经费收支明细表

年初总经费/上年度剩余总经费	1 000

6.1.2.2 角色盘面

总经理:第一年运营时,领取教师分配的相应金额后,放在沙盘盘面所对应的“总经费”处。在其他运营年开始时,由总经理根据表中“年初总经费/上年度剩余总经费”与盘面上的“总经费”进行核对,如图6-3所示。

图6-3 总经费放置处

6.1.2.3 流程表

人力资源经理:总经理在核对信息后,需要报送人力资源经理,人力资源经理在流程表“年初总经费/上年度剩余总经费”一栏中填入“1 000”的数额即可,如表6-6所示。

表6-6 人力资源经理流程表

手工操作流程			操作角色	填写表格	记录(四个周期)			
					一	二	三	四
年初	2	年初总经费/上年度剩余总经费	总经理	1-2	1 000			

6.1.3 新年度规划会议

俗话说:“不谋万世者,不足谋一时;不谋全局者,不足谋一域。”在开始新的一年经营之前,由总经理与人力资源经理召集各职能主管召开公司新年度规划会议,根据各职能主管掌握的信息与公司的实际情况,初步提出公司在新一年的新年度规划,其中包括人员招聘、培训开发和产品生产及销售等。

年初公司新年度规划会议涉及公司在新的一年中如何开展各项人力资源管理活动。通过制定年度规划,可以使各职能主管在经营过程中做到胸有成竹,并能够知道自己在什么时候应当做什么、怎样做,可以有效地预防人力资源管理过程中决策的随意性和盲目性,减少人力资源管理策略的失误;同时,在制定人力资源管理战略规划时,各职能经理已经就各项决策达成了共识,可以使各项人力资源管理活动有条不紊地进行,可以有效地提高团队的合作精神、鼓舞士气,提高团队的凝聚力、向心力和战斗力,使团队成员之间更加紧密地团结在一起,同心协力、积极进取。

商业情报有助于发展公司的核心能力,是强化和改变公司发展战略的重要基础,谁掌握了情报,谁就能在激烈的市场竞争中处于主动的地位,就能赢得时间、人才和利润。而商业情报的获得与分析尤其重要。商业情报的来源主要分为两大类:即一手情报和二手情报。一手情报主要通过调查得到;二手情报主要通过中间环节获得,如行业报道、商业周刊、人才市场、互联网或中介机构等。

6.1.3.1 读懂市场产品需求的预测

在沙盘模拟中,市场预测是各公司能够得到关于产品市场需求预测和价格及人力资源供求状况的唯一可以参考的有价值的数据信息,对市场预测的分析与人才规划息息相关,在沙盘中主要分为产品需求预测和人才供给预测,图6-4提供的是四种产品六年中的数据。

图6-4是P系列产品6年的市场需求预测,包括产品数量、市场参考价。表6-7是人力资源供应表。首先,各公司根据市场提供的人力资源数量预计本年度可以生产的全部产品的数量及公司可以招聘到的人员情况及生产的产品数量;然后,根据市场的产品需求和市场参考价确定公司招聘人员及生产产品分类。

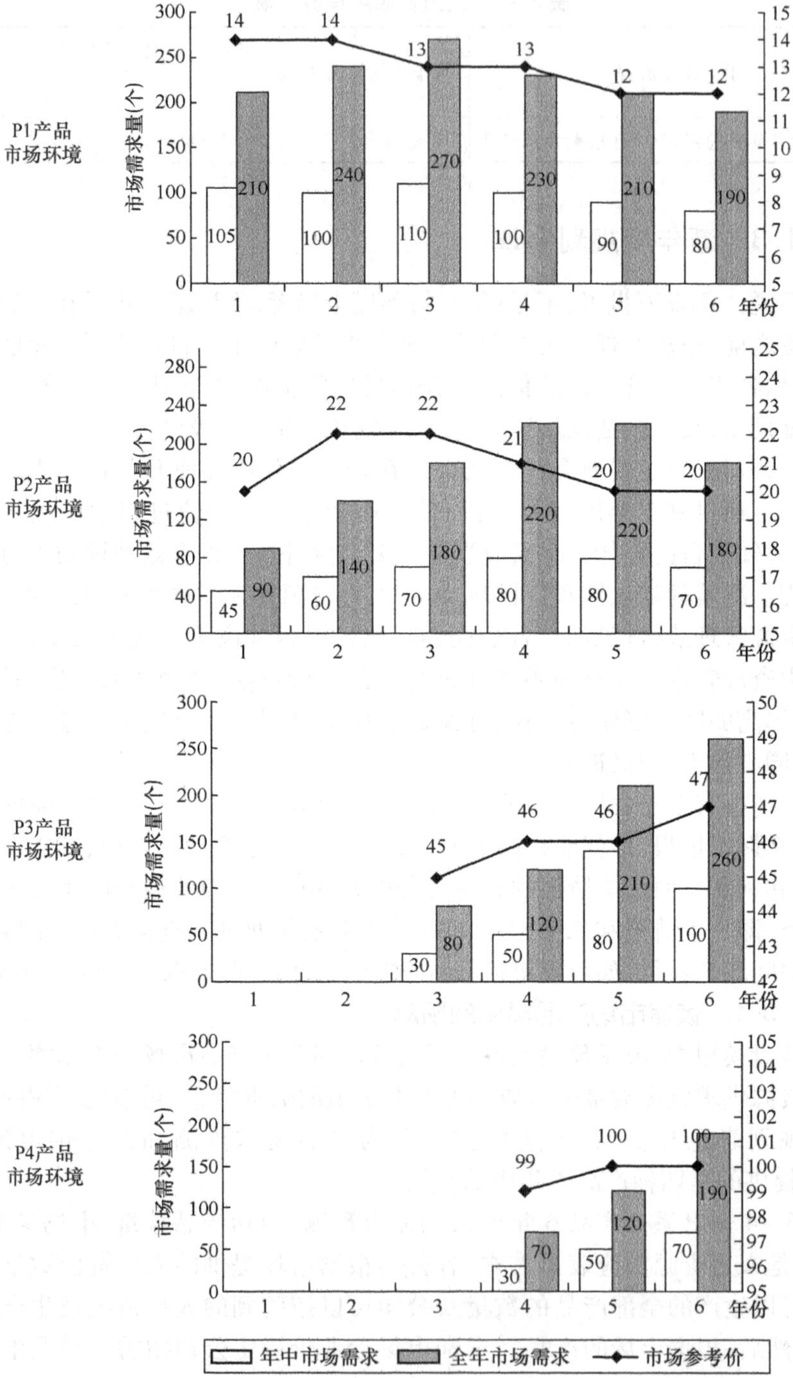

图 6-4　新年度规划会议重要参考资料一：市场需求趋势

表 6-7 新年度规划会议重要参考资料二:人力资源供应表

周期		第一周期					第二周期					第三周期					第四周期				
年份	招聘渠道	校园招聘	人才交流中心招聘	网络平台招聘	传统媒体招聘	猎头招聘	校园招聘	人才交流中心招聘	网络平台招聘	传统媒体招聘	猎头招聘	校园招聘	人才交流中心招聘	网络平台招聘	传统媒体招聘	猎头招聘	校园招聘	人才交流中心招聘	网络平台招聘	传统媒体招聘	猎头招聘
第一年	A																				
	B	0	6	0	0							0	0	0	0						
	C	0	0	0	0		0	0	6			0	6	0	0		0	0	0		
	D	0	0	0	0		6	6	0			0	0	0	0		0	0	0		

6.1.3.2 分析竞争对手

招聘甄选主管通过各种途径了解同行业竞争对手的情况,例如,他们的现有员工情况如何?现有资金如何利用?基本工资发放情况如何?对竞争对手进行全面分析有利于公司合理利用资源,开展竞争。

操作方法

人力资源经理:总经理在总结当年的各部门规划,并由各位主管与经理撰写完成包括招聘、培训、薪酬和绩效管理等各方面的规划文稿后,由人力资源经理在流程表“新年度规划会议”一栏中打“√”即可,如表 6-8 所示。

表 6-8 人力资源经理流程表

手工操作流程			操作角色	填写表格	记录(四个周期)			
					一	二	三	四
年初	3	新年度规划会议	总经理	★	√			

6.1.4 上年度剩余人力资源经费

当公司有初始的 1 000K 资金后,人力资源经理需要考虑部门的资金情况。除第一年外,人力资源经理首先需要考虑上年度部门是否有剩余的经费,因此,每年初由人力资源经理确认“上年度年末剩余的人力资源经费”。

操作方法

6.1.4.1 角色表格

人力资源经理：运营模拟从第一年重新开始，之前的相关操作全部重置清零，因此没有“上年度剩余人力资源经费”，所以，人力资源经理在“人力资源经费使用表”（见附录3，表7）中的“上年度剩余人力资源经费”一栏处填入“0”；在之后的运营年开始时，需要人力资源经理对“上年度剩余人力资源经费”进行相应的盘点，并在“人力资源经费使用表”中的“上年度剩余人力资源经费”一栏中填入相应的数额，如表6－9所示。

表6－9 人力资源经费使用表

上年度剩余人力资源经费	0

6.1.4.2 角色盘面

人力资源经理：第一年作为教学年，人力资源经理不需要进行“上年度剩余人力资源经费”的盘点。在其他运营年开始时，人力资源经理需要根据表中“上年度剩余人力资源经费”对盘面中的“人力资源经费”进行核对，如图6－5所示。

图6－5 人力资源经费放置处

6.1.4.3 流程表

人力资源经理：核对完毕“上年度剩余人力资源经费”后，在流程表相应栏内填入相应的数额即可，如表6－10所示。

表6－10 人力资源经理流程表

手工操作流程		操作角色	填写表格	记录（四个周期）			
				一	二	三	四
4	上年度人力资源剩余经费	人力资源经理	2－1	0			

6.1.5 申请人力资源经费

由于公司资金有限,所以,在对资金进行规划时需要考虑包括总经费与人力资源经费两个主要部分。其中,总经费主要用于产品的综合生产成本的支付,人力资源经费用于人力资源管理相关的费用支付。人力资源经费申请多,则公司总经费少;相反,公司总经费多,人力资源经费则少。因此,有效区分两者的权重成为操作沙盘模拟的重心之一,而人力资源经费的申请与新年度规划会议中确定的当年人力资源战略规划密切相关。

人力资源战略规划的制定应当考虑目前和未来的市场需求、竞争对手可能执行的策略及本公司的现状。在制定规划时,公司首先应当对市场需求进行准确的分析,包括分析各个市场产品的需求状况和参考价格,预测竞争对手可能的目标市场和产品定位情况,预测各个竞争对手在新的一年中的资金使用情况。在此基础上,各职能主管针对本部门的现实情况,提出当年人力资源管理战略规划的初步设想,经过论证后,权衡各方利弊得失,作出公司新年度人力资源管理经费规划。在制定人力资源管理经费规划时应考虑招聘甄选规划、培训开发规划、产品生产销售规划和薪酬福利规划等。

通过下述四个规划可以看出有效实施资金规划的重要性。

第一,产品生产销售规划。作为公司的核心目标,通过销售实现公司产品价值,获取更高销售利润是企业经营的目标。由于产品的综合成本是总经费支出的主要费用,因此,预测当年生产的产品,即可预测出当年需要使用的总经费数额。这来自于对数据的精确分析和判断。

第二,招聘甄选规划。招聘甄选是获取人才的唯一途径,也是提升公司员工整体产能的重要途径之一,因此,招聘甄选规划的有效实施将极大地影响人力资源整体战略的执行。公司根据当年的生产销售规划可以了解当年公司需要的产能支撑,招聘甄选规划可以由这些数据判断当年需要补充多少人才,才能满足产能需求。

第三,培训开发规划。作为提升公司员工整体产能的另外一条重要途径,培训开发规划不仅可以提升产能以及员工价值,更因为培训开发具有较强的可规划与预测性,得到了公司的高度重视。由于招聘甄选存在着各公司间的竞争与对抗,因此,通过这一方式保证公司产能的需求是有一定风险的,公司可以通过培训开发对存在缺位的产能给予补充。

第四,薪酬福利规划。作为人力资源经费的主要支出环节,薪酬福利对于资金规划的影响意义重大。对内可留住人才,对外有竞争力且符合公司成本要求的薪酬是公司一贯追求的最佳组合。为各类型员工制定怎样的基本工资标准,发放多少人才引进津贴都会影响员工队伍的稳定以及员工进入公司的意愿，科学的薪酬福利规划将直接影响招聘甄选乃至人力资源战略的成败。除了在申请人力资源经费时需要考虑这些因素以外，紧急申请人力资源经费、人力资源经费向公司经费的回账、人力资源经费申请过多而存在的大量余额都会产生经费损失。因此，人力资源经费的申请是人力资源沙盘模拟最重要的资金规划环节，将其与新年度规划会议的重要性同等看待也未尝不可。

操作方法

6.1.5.1 角色表格

人力资源经理：根据年初规划，人力资源经理在“人力资源经费使用表”的“人力资源经费申请额”一栏中填入经费申请额，如表6－11所示。

表6－11　人力资源经费申请额

人力资源经费申请额	500

总经理：根据人力资源经费申请额，在“总经费收支明细表”的“人力资源经费申请额”一栏中填入人力资源经理的经费申请额。

6.1.5.2 角色盘面

总经理：在“总经费”处支出相应的金额，交给人力资源经理。

人力资源经理：人力资源经理将在总经理处领取的经费放在“人力资源经费”处，如图6－6所示。

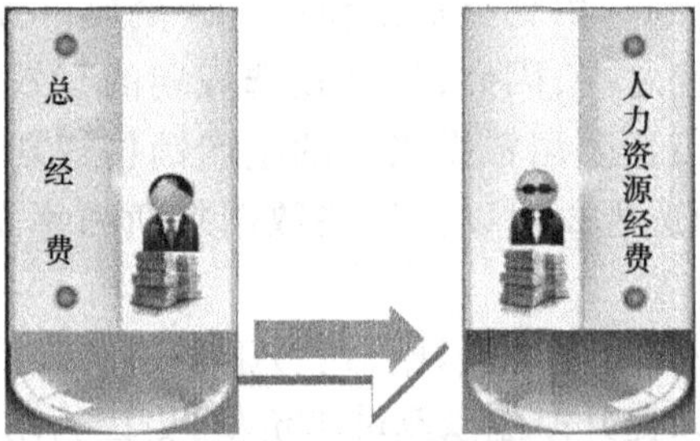

图6－6　“总经费”向“人力资源经费”拨款

6.1.5.3 流程表

人力资源经理：核对“人力资源经费使用表”及盘面上的“人力资源经费”，在流程表相应栏中填入“500”的数额即可，如表6－12所示。

表 6－12　人力资源经理流程表

手工操作流程			操作角色	填写表格	记录(四个周期)			
					一	二	三	四
年初	5	申请人力资源经费	人力资源经理/总经理	2－1/1－2	500			

6.1.6　支付企业福利

企业福利作为对法定福利的重要补充，一直受公司利润的影响。每年公司根据上年度超额利润情况提出一定比例作为企业福利发放给员工与管理人员。

操作方法

6.1.6.1　角色表格

薪酬福利主管：计算下一年度年初需要支付的企业福利。由于企业福利依据的是上年度的超额利润，所以，公司在年末进行计算，下年度年初支付。第一年企业福利费用为“0”。

6.1.6.2　角色盘面

薪酬福利主管：由于第一年企业福利费用为“0”，因此盘面无操作。从第二年开始，如果上年度有超额利润，应根据规则计算出企业福利费，然后向人力资源经理申请人力资源经费，放置在“福利费用”处，如图 6－7 所示。

图 6－7　福利费用摆放处

6.1.6.3　流程表

人力资源经理：核对上一年度“企业福利费用表”（见附录 6，表 20）及盘面上的“福利费用”，在流程表“支付企业福利”一栏中填入相应的数额即可，如表 6－13 所示。

表 6－13　人力资源经理流程表

手工操作流程			操作角色	填写表格	记录(四个周期)			
					一	二	三	四
年初	6	支付企业福利	人力资源经理	2－1	0			

6.1.7　支付管理人员奖金

管理人员奖金作为管理人员薪酬的重要部分，与管理人员的价值和超额利润密切相关。公司经营得越好,管理人员获得的奖金越多。由于第一年为初始年,管理人员奖金为"0"。从第二年开始,可以查看上一年度的"管理人员奖金表"(见附录6,表21),按照数据当年支付即可。

操作方法

6.1.7.1 角色表格

薪酬福利主管:模拟运营从第一年开始,所以"员工薪酬明细表"(见附录6,表17)与"人力资源经费使用表"中的"管理人员奖金"都为"0",在其他运营年开始时,"管理人员奖金"即为上一年年末提前计算的管理人员奖金,如表6-14所示。

表6-14 管理人员奖金

管理人员奖金	0

6.1.7.2 角色盘面

薪酬福利主管:由于第一年为初始年,管理人员奖金均为"0",因此盘面无操作。从第二年开始,如果上年度有超额利润,应根据规则计算出管理人员的奖金数额,然后向人力资源经理申请人力资源经费,放置在"管理人员奖金"处,如图6-8所示。

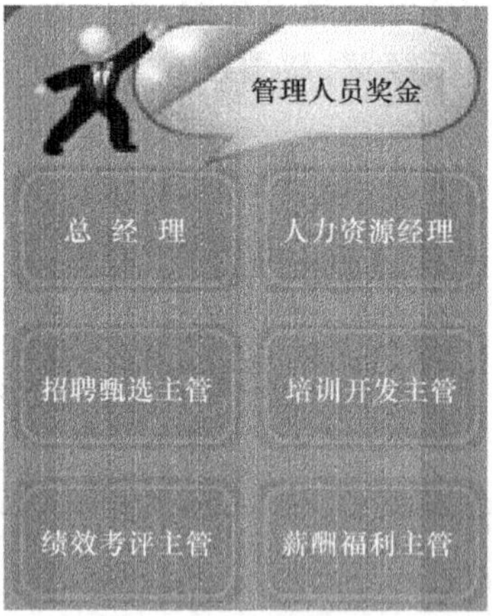

图6-8 管理人员奖金放置处

6.1.7.3 流程表

人力资源经理:核对上一年度"管理人员奖金表"及盘面上的"管理人员奖金",在流程表"支付管理人员奖金"一栏中填入相应的数额即可,如表6-15所示。

表 6－15 支付管理人员奖金

手工操作流程			操作角色	填写表格	记录(四个周期)			
					一	二	三	四
年初	7	支付管理人员奖金	薪酬福利主管/人力资源经理	5－5/2－1/2－2	0			

6.1.8 企业文化培训

随着我国企业的发展,现代企业制度的建立与实施不断完善、成熟,员工的精神需求越来越得到企业的重视。企业文化培训是满足员工精神需求、不断提升员工凝聚力的重要载体与手段。从人力资源管理沙盘模拟角度看,企业文化培训的资金来源于上一年度企业的净利润,每年从上年度净利润中计提一定比例的资金作为企业文化培训费用。企业文化培训最直接的效用就是提升了员工的稳定性,减少了员工流失。

操作方法

6.1.8.1 角色表格

培训开发主管:第一年为初始年,所以,“企业文化培训方案”(见附录5,表14)中的“上年净利润”“企业文化培训费用”与“员工流失率降低幅度”的记录均为“0”。在其他运营年开始时,“上年净利润”为正值时,可以选择和确定企业文化培训的计提比例,不同的计提比例会形成不同数额的费用,获得不同的培训效果,如表 6－16 所示。

表 6－16 企业文化培训方案

上年净利润	企业文化培训计提比例	企业文化培训费用	员工流失率降低幅度
0	0	0	0

6.1.8.2 角色盘面

培训开发主管:由于第一年为初始年,企业文化培训费用为“0”,因此盘面无操作。从第二年开始,如果上年度有净利润,应根据人力资源战略规划选择和确定相应的计提比例,然后向人力资源经理申请人力资源经费,放置在“企业文化培训费用”处,如图 6－9 所示。

图 6－9　企业文化培训费用放置处

6.1.8.3　流程表

人力资源经理：核对上一年度“企业文化培训方案”及盘面上的“企业文化培训费用”，在流程表“企业文化培训”一栏中填入相应的数额即可，如表 6－17 所示。

表 6－17　企业文化培训

手工操作流程			操作角色	填写表格	记录（四个周期）			
					一	二	三	四
年初	8	企业文化培训	培训开发主管	4－2	0			

6.2　运营流程

公司制定完成年度战略规划后，就可以按照运营规则和流程进行运营，这个流程表就是任务清单。任务清单反映了企业运营过程中各项工作的先后顺序。为了全面了解人力资源管理沙盘模拟运营，这里按照流程的顺序，对人力资源管理运营中的各操作要点进行介绍。

6.2.1　期初经费盘点（总经费、人力资源经费）

为了保证表单与盘面相符，公司应当在下期运营开始前对公司上期的资金进行盘点。盘点的项目主要有现金、人员招聘、人员培训、员工薪酬、管理人员薪酬、产品生产和销售收入等。各职能角色对沙盘盘面的资产逐一进行清点，确认沙盘盘面道具放置，并确认相应的数据，然后将自己的操作表格记录数据和总经理或人力资源经理进行核对，如有错误应及时向总经理或人力资源经理反映并给予解决。期初经费即上期期末的剩余经费。

操作方法

6.2.1.1 角色表格

总经理：根据“年初总经费/上年度剩余总经费”减去“人力资源管理经费申请额”，将剩余的经费数额填入“总经费收支明细表”的“期初公司总经费”栏中，如表6－18所示。之后的第二周期、第三周期、第四周期的期初总经费为前期期初总经费减去公司相应的运营费用。

表6－18 总经费收支明细表

年初总经费/上年度剩余总经费	1 000	人力资源经费申请额		500	
周期	第一周期	第二周期	第三周期	第四周期	合计
期初总经费	500	476	740	688	

人力资源经理：根据“上年度人力资源剩余经费”加上“人力资源经费申请额”，将数额填入“人力资源经费使用表”中第一周期的“期初人力资源经费”栏中，如表6－19所示。之后的第二周期、第三周期、第四周期的期初人力资源经费为上一周期期初人力资源经费减去人力资源管理的费用。

表6－19 人力资源经费使用表

上年度人力资源剩余经费	0	人力资源经费申请额		500	企业福利	0
管理人员奖金	0	企业文化培训费用		0		
周期	第一周期	第二周期	第三周期	第四周期	合计	
期初人力资源经费	500	395	276	165		

6.2.1.2 角色盘面

人力资源经理/总经理：根据“总经费收支明细表”“人力资源经费使用表”中的“期初总经费”“期初人力资源经费”确认盘面上的经费额度，如图6－10所示。

图6－10 总经费、人力资源经费

6.2.1.3 流程表

人力资源经理:核对“总经费收支明细表”“人力资源经费使用表”及相应的盘面经费,在流程表相应栏内填入相应的数额即可,如表 6－20 所示。

表 6－20 人力资源经理流程表

手工操作流程		操作角色	填写表格	记录(四个周期)			
				一	二	三	四
9	期初总经费盘点	总经理	1－2	500	476	740	688
10	期初人力资源经费盘点	人力资源经理	2－1	500	413	276	165

6.2.2 岗位设计

工作分析作为人力资源管理的基础工作,其对人力资源的招聘有特别重要的意义与作用。工作分析由岗位设计与岗位分析两部分组成,其中,岗位设计是对公司尚未设置的职位进行详细的描述与定位。

操作方法

6.2.2.1 角色表格

招聘甄选主管:因为岗位设计只有在每年的第一周期进行,错过这个机会就会影响整体招聘策略的实施。例如,在第一周期对 B,C,D 三类员工进行设计,可在“招聘申请明细表”(见附录4,表10)“岗位设计”栏中分别填写“7”“5”“0”。D 类员工的岗位设计费之所以为“0”,是因为 D 类员工为实习生,无需进行设计,如表 6－21 所示。

表 6－21 岗位设计与员工类型

岗位设计	员工类型
0	A
7	B
5	C
0	D

填表规则:首次进行职位设计的员工级别,在相应的方格内填入设计费用;若该职位已设计付费,则在相应方格内打“√”以作为标注;职位设计仅在每年的第一周期进行。如“招聘申请明细表”第一年对 B 级员工进行了岗位设计,那么在岗位设计方格内填写 8,而第二年以及之后只需打“√”。

除此之外，还需在“工作分析及招聘费用统计表”（见附录4，表11）中，将汇总的当期岗位设计费用填入相应的栏中，如表6－22所示。

表6－22　汇总岗位设计费用

周期		第一周期	第二周期	第三周期	第四周期	合计
工作分析	岗位设计	12				12

6.2.2.2　角色盘面

招聘甄选主管：根据“招聘申请明细表”“工作分析及招聘费用统计表”中“岗位设计”记录的费用额，向人力资源经理申请人力资源经费，放置在“岗位设计费用”处，如图6－11所示。

图6－11　岗位设计费用放置处

6.2.2.3　流程表

人力资源经理：核对“招聘申请明细表”“工作分析及招聘费用统计表”及相应的盘面经费，在流程表相应栏内填入相应的数额即可，如表6－23所示。

表6－23　人力资源经理流程表

手工操作流程		操作角色	填写表格	记录（四个周期）			
				一	二	三	四
11	岗位设计	招聘甄选主管/人力资源经理	3－1/3－2/2－1	12			

6.2.3　岗位分析

岗位分析针对的是公司已有的职位，在招聘前进行有针对性的岗位分析，可以为所招聘的人才的准确定位提供依据。

操作方法

6.2.3.1　角色表格

招聘甄选主管：因为岗位分析需在每次招聘前进行，因此，若当期需要招聘B级员工，则需对B级员工进行岗位分析；若错过对B级员工的分析，当期就没有对B级员工进行招聘的权力。例如，第一周期对B级员工进行岗位分析，可在“招聘申请明细表”的对应栏内填写“2”。其中，D级员工的岗位分析费为

"0",无须分析即可招聘,如表 6 - 24 所示。

表 6 - 24　各级员工岗位分析表

员工级别	项目＼周期	第一周期	第二周期	第三周期	第四周期
A	岗位分析	0			
B	岗位分析	2		0	
C	岗位分析	0	1	1	0

填表规则:A 级员工只在一栏内有记录,表示只有每年的第一周期可进行岗位分析;B 级员工在两栏内有记录,则表示在第一与第三周期可进行岗位分析;C 级员工在四栏内均有记录,则表示每周期都可进行岗位分析。

除此之外,还需在"工作分析及招聘费用统计表"中,将汇总的当期岗位设计费用填入栏中,如表 6 - 25 所示。

表 6 - 25　汇总岗位设计费用

项目＼周期		第一周期	第二周期	第三周期	第四周期	合计
工作分析	岗位分析	2	1	1	0	4

6.2.3.2　角色盘面

招聘甄选主管:根据"招聘申请明细表""工作分析及招聘费用统计表"中"岗位分析"记录的费用额,向人力资源经理申请人力资源经费,放置在岗位分析费用处,如图 6 - 12 所示。

图 6 - 12　岗位分析费用放置处

6.2.3.3　流程表

人力资源经理:核对"招聘申请明细表""工作分析及招聘费用统计表"及相应的盘面经费,在流程表相应栏内填入相应的数额即可,如表 6 - 26所示。

表 6 - 26　人力资源经理流程表

手工操作流程		操作角色	填写表格	记录(四个周期)			
				一	二	三	四
12	岗位分析	招聘甄选主管/人力资源经理	3 - 1/3 - 2/2 - 1	2	1	1	0

6.2.4 制定—调整员工年基本工资

公司根据规划招聘相应的员工，除了选择合适的招聘渠道和招聘时机以外，更为重要的是制定有竞争力的薪酬标准。每年年初，公司可以制定各类型员工的年基本工资或进行调整。制定调整完成后，公司将按照标准执行，不再随意进行调整。

操作方法

6.2.4.1 角色表格

薪酬福利主管：在“员工年基本工资制定/调整表”（见附录6，表16）中，每类人员都有年期基本工资，企业可以根据前期规划调整每类人员年期基本工资，调整完成后，在本年度的运营过程中不再对基本工资进行调整，直到下一年运营开始才可以重新设定，如表6－27所示。

表6－27 员工年期基本工资制定/调整表

员工级别	上一年期基本工资	调整后当年期基本工资
A	0	0
B	0	32
C	0	20
D	0	12

制定当年各类人员的期基本工资以后，将数据填入“招聘申请明细表”中，招聘甄选主管按照这一标准进行招聘。

6.2.4.2 流程表

人力资源经理：确认“员工年基本工资制定/调整表”中各级人员的年基本工资，在流程表相应栏内打“√”，如表6－28所示。

表6－28 人力资源经理流程表

手工操作流程		操作角色	填写表格	记录（四个周期）			
				一	二	三	四
13	制定/调整员工年基本工资	薪酬福利主管/招聘甄选主管	5－1/3－1	√			

6.2.5 挖人—人才引进

挖人作为招聘的重要渠道，属于猎头招聘的一个部分，越来越受到企业的重视与青睐。挖人不仅可获得本企业所需要的重要人才，而且可以通过挖人影响其他公司战略规划的执行，可谓一举两得。当然，挖人本身也不是一本万利，由于规则的限制，挖人可能会产生比正常招聘更高的招聘成本和薪酬成本，权衡利弊后，公司应作出合理判断。

操作方法

6.2.5.1 角色表格

招聘甄选主管：在“挖人申请表”（见附录4，表12）中，填写挖人的目标公司、员工级别、该级别员工现行的年基本工资和可支付的人才引进津贴。填写申请表后可交给教师，由教师进行比较与判断。由于第一年无员工，不能挖人，因此暂无数据，但公司经营至第二年，公司间在符合规则的前提下可自由挖人。公司灵活运用挖人规则，将有效补充公司人员缺口。对外部情报的及时收集和准确定位，是挖人成功的关键，如表6－29所示。

表6－29 挖人申请表

目标公司	员工级别	年基本工资	人才引进津贴	员工定岗	P1产能	P2产能	P3产能	P4产能	成功与否

填表规则：

(1)年基本工资：该数值与“员工年基本工资制定/调整表”中“调整后当年基本工资”一栏意义相同，即挖人公司当年支付该级别员工的年度基本工资。

(2)人才引进津贴：挖人公司可根据本公司对竞争对手的推断确定津贴的数额，但不可超过年度基本工资。

(3)员工定岗：被挖员工应保持原公司的定岗。

(4)成功与否：若挖人成功，则在“挖人申请表”上作相应的记录。

挖人所产生的最低招聘费用和挖人成功的猎头费用都计入猎头招聘费用，填入“工作分析及招聘费用统计表”，如表6－30所示。

表6－30 猎头招聘费用

周期 项目	第一周期	第二周期	第三周期	第四周期	合计
猎头招聘	0	0	0	0	0

挖人成功后，公司还需支付补偿金，计入“人力资源经费使用表”的“挖人补偿金”栏内，如表6－31所示。

表 6－31 挖人补偿金

项目＼周期	第一周期	第二周期	第三周期	第四周期	合计
挖人补偿金	0				0

员工被挖补偿金是员工被其他公司挖走后，其他公司付给被挖公司的补偿金，其数额为该员工在原公司年基本工资的 50%。

公司对挖来员工需要办理入职手续，即总经理将员工的编号、级别、产能计入“员工生产明细表”（见附录 2，表 2）；同时，培训开发主管将员工的编号、级别、定岗、原产能计入“员工产能培训明细表”（见附录 5，表 13）；绩效考评主管将员工价值计入“员工人数及员工年末价值统计表”（见附录 7，表 23）。完成这些登记手续，标志着一轮的挖人流程已经完成。

6.2.5.2 角色盘面

招聘甄选主管：当收到“挖人申请表”时，招聘甄选主管向人力资源经理申请最低猎头招聘费用（3K/人），放置在“猎头招聘”处。若挖人成功，招聘甄选主管根据“挖人申请表”中确定的年基本工资，按照挖人规则，向人力资源经理申请 25% 的年基本工资放置在“猎头招聘”处。同时，招聘甄选主管还需根据被挖公司人员的年基本工资，向人力资源经理申请 50% 的年基本工资的人力资源经费，作为对被挖公司的补偿。被挖公司将获得的补偿金直接放入人力资源经费，如图 6－13 所示。

图 6－13 猎头招聘费用放置处

支付相关费用后，被挖公司将被挖人员与其对应的价值币（红币）交给教师，由教师转交给挖人公司；挖人公司按照被挖人员之前的定岗产品，放置在相应区域，完成挖人流程。

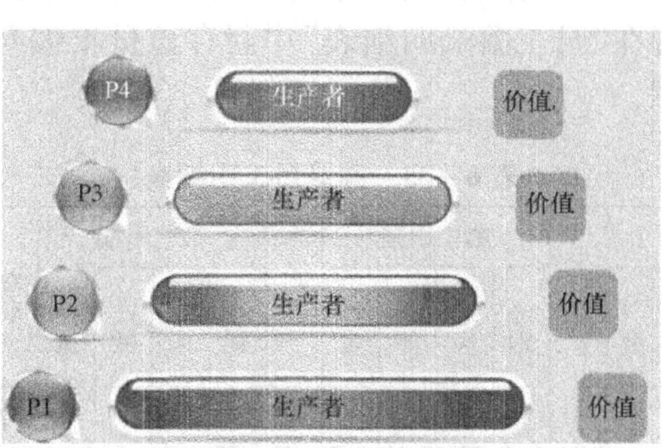

图 6－14 被挖人员与价值币放置处

6.2.5.3 流程表

人力资源经理：确认“工作分析及招聘费用统计表”“人力资源经费使用表”中对于挖人时的最低招聘费用、成功时的猎头招聘费用、挖人经济补偿金等数额，在流程表相应的栏内填入相应的数额即可，如表6－32所示。

表6－32 人力资源经理流程表

手工操作流程		操作角色	填写表格	记录（四个周期）			
				一	二	三	四
14	挖人－人才引进	招聘甄选主管	3－3/7－2	0			

6.2.6 辞退—再就业培训

在劳动关系管理中，最为重要的是员工的入职、流失或辞退。其中，由于员工流失或辞退是人员的离职，必定将对公司的发展战略和产能产生影响。辞退作为企业主动裁员的方式，是企业调整员工结构、产能结构和薪酬结构等的重要手段。由于产能的重要与人才的稀缺，企业作出辞退员工决策时需慎之又慎，避免由于盲目辞退为企业造成难以弥补的损失。人力资源经理权衡薪酬成本、产能及价值等多方面因素作出辞退决定后，由其他部门主管和经理进行操作。

操作方法

6.2.6.1 角色表格

总经理：根据人力资源经理辞退决策，在“员工生产明细表”封存被辞退员工的编号，该编号下不会再安排员工。公司辞退员工后，需要完成一系列的工作：培训开发主管在“员工产能培训明细表”中封存该员工编号；绩效考评主管在“员工人数及员工年末价值统计表”中封存该员工编号，不再加入当年的价值统计；薪酬福利主管在“员工薪酬明细表”中封存该员工编号。“辞退员工明细表”如表6－33所示。

表6－33 辞退员工明细表

员工编号	第一周期				离职	第二周期				离职	第三周期				离职	第四周期				离职
	级别	定岗	产能	产量		级别	定岗	产能	产量		级别	定岗	产能	产量		级别	定岗	产能	产量	
003						D	P1	1	1		D	P1	1	0	辞					

填表规则：

离职：离职是对员工状况的描述，包括被挖、辞退、流失，可在相应栏内做出备注，分别为“挖”“流”“辞”。如编号003的D级员工在第三周期被辞退，则不再填写产量，并在离职栏内注明“辞”。

辞退员工是企业的主动行为，公司除了办理正常的辞退手续以外，根据新的劳动法规定，企业还需支付被辞退人员一个周期的基本工资作为经济补偿金。人力资源经理在“人力资源经费使用表”中填入相应的经济补偿金数额，如表6－34所示。

表6－34　辞退人员经济补偿金汇总表

周期 项目	第一周期	第二周期	第三周期	第四周期	合计
经济补偿金	0	0	3	0	3

除了需要对被辞退人员支付经济补偿金以外，公司还需对被辞退人员进行再就业培训，培训开发主管在“员工培训费用统计表”中填入相应的再就业培训费用，如表6－35所示。

表6－35　再就业培训费用表

周期 项目	第一周期	第二周期	第三周期	第四周期	小计
再就业培训费用	0	0	1	0	1

按照规定，每辞退一名员工，都需要对其进行再就业培训，并且在辞退员工当期进行。

6.2.6.2　角色盘面

总经理：将辞退人员在定岗产品区域及其价值的记录交给教师。

人力资源经理：根据被辞退员工基本工资的情况，给予一周期的基本工资作为经济补偿，并从人力资源经费中支付相应的资金放置在“经济补偿金”处，如图6－15所示。

图6－15　经济补偿金放置处

培训开发主管：根据被辞退员工的人数和再就业培训规则，向人力资源经理申请相应数额的人力资源经费，放置在“再就业培训费用”处，如图6－16所示。

图6－16　再就业培训费用放置处

6.2.6.3 流程表

人力资源经理:确认“人力资源经费使用表”“员工培训费用统计表”中经济补偿金与再就业培训费用的金额,在流程表相应的栏内填入相应的数额即可,如表6-36所示。

表6-36 人力资源经理流程表

手工操作流程		操作角色	填写表格	记录(四个周期)			
				一	二	三	四
15	辞退-再就业培训	总经理/人力资源经理/培训开发主管	1-1/2-1/4-3	0	√	3+1	0

6.2.7 技能提升培训/岗位轮换培训/升级

前文中已述,企业招聘除了通过增加人员来增加产能和价值的方式以外,还有一个更加稳定且可预期的方式,那就是技能提升培训。技能提升培训有着明显的三大优势:①可提高员工的产能;②可提高员工的价值;③有预期的产能/价值提升。其中,技能提升培训分为在岗培训和脱产培训两种方式,两种方式在培训周期、培训费用等方面都有所差异,公司可根据需要进行培训方式的选择。

技能提升培训除了可提高产能与价值以外,还可以提高员工等级。员工的等级与其价值是密切相关的,而员工的价值是可以通过技能提升培训获得的。比如,某个B级员工,初始的P1产品产能为6,初始价值为5,通过技能提升培训中的脱产培训,其每培训两个周期就可提升1个产能。按照这一标准计算,脱产培训八个周期,该员工就可提升4个产能,即P1产品的产能为10,对应的价值为9,已经达到了A级员工的初始产能和价值,则该B级员工升至A级员工,拥有A级员工的所有产能、价值和获得相应的薪酬,这即为员工的升级。

人力资源管理沙盘模拟运营中的员工除了有价值属性、产能属性以外还有一个重要的属性就是定岗属性,这在现实企业中也是存在的。如有的企业需要注塑工,在招聘员工时就明确写明需要注塑工,这就是定岗。但是当员工进入企业从事一段时间的注塑工作以后,公司需要他从事质检工作,这时就需要进行培训,即岗位轮换培训,使其从注塑工转岗从事质检岗位的工作。

进行岗位轮换培训有一个重要前提,即该员工可以从事转岗后的岗位工作,套用人力资源管理沙盘模拟中的规定,若B员工可以生产P1、P2、P3三种产品,那么B员工根据公司需要就可以通过岗位轮换培训的方式,在三种产品生产岗位上进行转换,这种岗位转换也可以称为上岗资格证书的培训。换言之,员工本身拥有这种产能,但是需要岗位轮换培训进行激活,即获得该岗位的上岗资格证书后才可进行该产品的生产。例如,B员工从原来P1产品生产岗位轮换到 P2 产品生产岗位，又从 P2 产品生产岗位轮换到 P1，同样需要参加培训。

操作方法

6.2.7.1 角色表格

培训开发主管：根据公司战略规划，通过技能提升培训增加员工产能和价值，在“员工产能培训明细表”相应编号的员工处填写相应费用，若需进行在岗培训，则在在岗培训处填入“2”，若需进行脱产培训，则在脱产培训处填入“3”。其中，现产能为目前员工所定岗位经过上一周期技能培训后的产能。由于技能提升培训有一定的延续性，如连续四个周期的在岗培训可提升一个产能，而若企业在岗培训三个周期以后没有继续培训，则之前的培训无效且无法继续进行，如表 6－37 所示。

表 6－37 员工产能培训明细表

员工编号	员工级别	员工定岗	原产能	第一周期				第二周期				第三周期				第四周期			
				技能提升培训		岗位轮换培训	现产能	技能提升培训		岗位轮换培训	现产能	技能提升培训		岗位轮换培训	现产能	技能提升培训		岗位轮换培训	现产能
				在岗培训	脱产培训			在岗培训	脱产培训			在岗培训	脱产培训			在岗培训	脱产培训		
001	B	P1	6				6	2			6	2			6	2			6

填表规则：

（1）员工编号：要与“员工生产明细表”中的“员工编号”保持一致。

（2）原产能：该数据为员工培训前的产能。

（3）员工定岗：员工转岗产品与其费用相对应，其具体情况为：转岗到 P1 费用为 1K；转岗到 P2 费用为 3K；转岗到 P3 费用为 5K；转岗到 P4 费用为 7K。

（4）现产能：此数据是员工经过一个周期培训后的产能。对 D 级员工进行在岗培训一个周期就可增加 1 个产能，对于其他级别的员工则需进行两个周期的在岗培训才可增加 1 个产能；对于各级别员工只要进行一个周期的脱产培训即可增加 1 个产能。

若需进行岗位轮换培训，则首先需明确轮岗的目标岗位。不同目标的岗位培训费用各有不同，培训开发主管在“员工产能培训明细表”中相应编号的员工处填写目标岗位和相应的费用即可，岗位轮换下期生效。

实现技能提升培训和岗位轮换培训后，需将当期支付的技能提升培训费用和岗位轮换培训费用进行汇总，计入“员工培训费用统计表”（见附录 5，表 15），如表 6－38 所示。

表 6－38　员工培训费用汇总表

项目＼周期	第一周期	第二周期	第三周期	第四周期	小计
在岗培训费用	0	2	2	2	6
脱产培训费用	0	0	0	0	0
岗位轮换培训费用	0	0	0	0	0
合计	0	2	2	2	6

填表规则：

(1)在岗培训：员工每经过四个周期的培训，员工所定岗的产能增加 1，同时并不影响当期生产。

(2)脱产培训：脱产培训时员工无产能，同时可进行岗位轮换培训。

(3)岗位轮换培训：员工为生产其他产品进行的培训，培训完成后，员工生产能力改变，可以生产新产品，而不能生产原来的产品。

6.2.7.2　角色盘面

培训开发主管：根据每个周期在岗培训与脱产培训的人次与费用，向人力资源经理申请相应数额的人力资源经费，放置在“技能提升培训”处，并根据不同的周期进行放置，如图 6－17 所示。

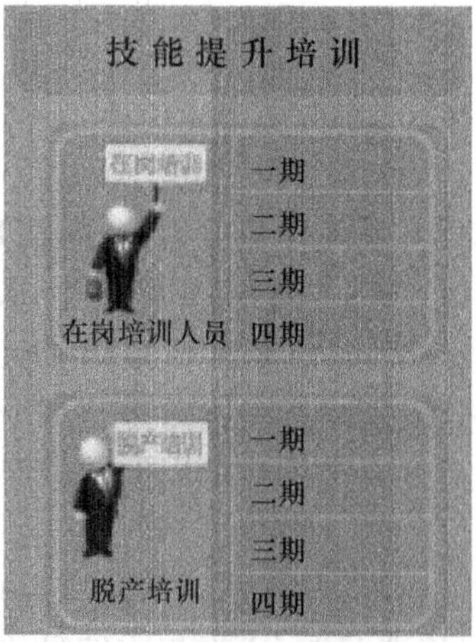

图 6－17　技能提升培训费用放置处

若进行岗位轮换培训，则根据规则向人力资源经理申请相应数额的人力资源经费，放置在“岗位轮换培训费用”处，如图 6－18 所示。

图 6－18　岗位轮换培训费用放置处

6.2.7.3 流程表

人力资源经理:确认"员工产能培训明细表""员工培训费用统计表"中在岗培训费用、脱产培训费用与岗位轮换培训费用等数额,在流程表相应的栏内填入相应的数额即可,如表 6-39 所示。

表 6-39 人力资源经理流程表

手工操作流程		操作角色	填写表格	记录(四个周期)			
				一	二	三	四
16	技能提升培训/岗位轮换培训/升级	培训开发主管/总经理	4-1/4-3/1-1	0	2	2	2

6.2.8 参加人才招聘会

人才招聘是人力资源管理中最容易与其他公司产生冲突与竞争的环节。人力资源管理作为公司内部管理的一项重要机制,一直以来被人误解为只在公司内部进行管理的一个环节,而随着人才重要性的不断提升,企业对人才的渴求不断加大,人才的稀缺是所有公司从事人力资源管理工作者的一致认同。随着这种趋势的持续,招聘领域的竞争异常激烈,包括招聘渠道的选择、招聘时机的掌握、薪酬福利的标准等都存在着竞争,因此,参加人才招聘会成为沙盘模拟经营中的中心任务之一。

操作方法

6.2.8.1 角色表格

招聘甄选主管:根据企业人力资源招聘战略,在"员工招聘明细表"中选择相应的招聘渠道,填写招聘信息,招聘人员。员工招聘如表 6-40 所示。

表 6-40 员工招聘明细表

岗位设计	年基本工资			第一周期					第二周期					第三周期				
				①	②	③	④	⑤	①	②	③	④	⑤	①	②	③	④	⑤
①校园招聘;②人才交流中心招聘;③网络平台招聘;④传统媒体招聘;⑤猎头招聘																		
0	0	A	岗位分析	0														
			数量															
			定岗															
			招聘费用															
			人才引进津贴															
			年工资															
			成功与否															

续表

岗位设计	年基本工资			第一周期					第二周期					第三周期				
				①	②	③	④	⑤	①	②	③	④	⑤	①	②	③	④	⑤
①校园招聘;②人才交流中心招聘;③网络平台招聘;④传统媒体招聘;⑤猎头招聘																		
7	32	B	岗位分析	2										0				
			数量		1													
			定岗		P1													
			招聘费用		4													
			人才引进津贴		15													
			年工资		47													
			成功与否		√													
5	20	C	岗位分析	0					1					1				
			数量								1				1			
			定岗								P2				P2			
			招聘费用								4				4			
			人才引进津贴								10				10			
			年工资								30				30			
			成功与否								√				√			
0	12	D	数量						1	1								
			定岗	P1														
			招聘费用						3	4								
			人才引进津贴						3	3								
			年工资						15	15								
			成功与否						√	√								

填表规则:

(1)数量:即招聘人数,数据可等于或小于某市场某周期供应的某级别员工数量。例如,校园招聘市场在第一年第一周期 C 级员工供应量为 2 个,可在校园招聘市场第一周期 C 级员工招聘数量一栏填写 1 或 2。

(2)定岗:可根据公司战略规划定岗为 P1、P2、P3、P4 产品,但必须参照规则中员工每周期的初始产能情况及产品需求。员工定岗如无产能则无效,如 D 级员工只能定岗为 P1 产品。员工定岗生产的产品如果市场没有需求,则产品生产出来也无效;招聘成功且定岗后,该员工在“员工生产明细表”内就要填写招聘时所定岗位,所定岗位不可随意更改。

(3)招聘费用:招聘费用只与招聘市场和招聘次数相关,与招聘人数及成功与否无关。在同一个周期,同一招聘渠道无论招聘 2 个还是 1 个 C 级员工,无论是否招聘成功,招聘费用都只需支付一次。

(4)人才引进津贴:该数据一般为公司吸引人才所支付的一次性人才引进费用。如在第一周期进入校园招聘市场招聘 C 级员工,填写数量为 2,若人才引进津贴为 M,则表示每个 C 级员工有 M 的人才引进津贴。

(5)年工资:工资 = 年基本工资 + 该员工人才引进津贴 + 奖金(在该表中奖金为 0)。如第二个周期 C 级员工年基本工资为 20K,人才引进津贴为 30K,则 C 级员工的工资为 50(20 + 30)K。

6.2.8.2 角色盘面

招聘甄选主管:根据招聘信息,从人力资源经费中支付相应的渠道招聘费用放在盘面相应的位置,如图 6 - 19 所示。

图 6 - 19 渠道招聘费用放置处

6.2.8.3 流程表

人力资源经理:确认"人力资源经费使用表""员工招聘明细表"中招聘渠道与相应费用等信息后,在流程表相应栏内填入相应的数额即可,如表 6 - 41 所示。

表 6 - 41 人力资源经理流程表

手工操作流程		操作角色	填写表格	记录(四个周期)			
				一	二	三	四
17	参加人才招聘会	招聘甄选主管/人力资源经理	3 - 1/3 - 2/2 - 1	4	11	4	0

6.2.9 员工入职/新员工培训

当公司通过各种渠道获得所需人才后,员工进入公司第一步为办理入职手续与新员工培训。办理入职手续,是将员工的相应信息进行登记;新员工培训是对员工进入公司后的第一轮培训,也是建立员工对企业第一印象的重要过程。一般新员工培训主要包括公司制度讲解、公司文化宣讲和熟悉公司环境。由于良好的第一印象对员工稳定性起到重要作用，因此，企业越来越重视对新员工的培训，培训内容和形式也不断丰富和多样化。

操作方法

6.2.9.1 角色表格

员工入职：员工入职需要办理入职手续，即总经理将员工的编号、级别、产能计入“员工生产明细表”；同时，培训开发主管将员工的编号、级别、定岗、原产能计入“员工产能培训明细表”；绩效考评主管将员工价值计入“员工人数及员工年末价值统计表”。只有完成这些登记之后，员工入职手续才办理完成。

培训开发主管：根据招聘甄选主管所招人员数量安排新员工培训，汇总新员工培训费用，计入“员工培训费用统计表”，如表 6－42 所示。

表 6－42 新员工培训费用汇总表

周期 项目	第一周期	第二周期	第三周期	第四周期	小计
新员工培训费用	1	3	1	0	5
合计	1	5	4	2	12

新员工进入公司后，必须经过培训才可以上岗。

6.2.9.2 角色盘面

培训开发主管：根据新员工培训费用的汇总，从人力资源经费中支付相应的资金放置在“新员工培训费用”处，如图 6－20 所示。

图 6－20 新员工培训费用放置处

总经理：待所有经理和主管办好新员工入职手续后，根据招聘时所确定的员工定岗，放置在相应产品的“生产者”处，且将该员工的价值放在相应产品的“价值”处，如图 6－21 所示。

6.2.9.3 流程表

人力资源经理：确认“员工培训费用统计表”“员工生产明细表”“员工产能培训明细表”“员工人数及员工年末价值统计表”中员工入职完成以及新员工培训费用的数额，在流程表相应的栏内填入相应的数额即可，如表 6－43 所示。

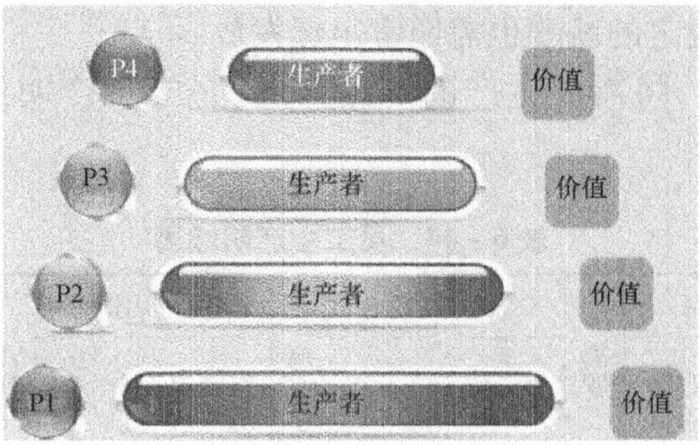

图 6－21　员工与价值放置处

表 6－43　人力资源经理流程表

手工操作流程		操作角色	填写表格	记录(四个周期)			
				一	二	三	四
18	员工入职/新员工培训	总经理/培训开发主管/人力资源经理	1－1/4－3/2－1	1	3	1	0

6.2.10　运营生产/结算周期产量/支付产品综合成本/总经费支付

新员工入职后，通过新员工培训正式上岗，要为企业创造效益，并获得相应报酬。由于每位员工都有各自的价值与产能，因此，企业可以根据每个周期的产能进行生产，生产出企业所需产品，这就是企业的运营生产。

产品在生产过程中会产生原料采购费用、厂房租赁费用、生产线配置费用等，因为人力资源管理沙盘模拟主要体现人力资源管理的各大模块，为了不偏离企业运营生产的主线，这里以产品综合成本模拟囊括了除人力资源管理成本以外的其他所有成本。企业在生产产品、支付产品综合成本时，已经将其他所有成本一并支付了，由于这些成本为企业的整体成本，因此由总经费进行支付核算。

操作方法

6.2.10.1　角色表格

总经理：根据年初的新年度规划会议中的产能规划，进行有序生产。其中，产能为员工的最大生产能力，产量则为企业可调整的生产结果。当然，员工产能可通过技能提升培训的方式增加。企业除产量可调整以外，其他各项均不可随意调整，包括定岗的产品、薪酬的标准等，即使该员工生产的产品没有达到产能的最大值，原来规定的薪酬也需照常足额发放。

企业在生产中，将需要生产的产品计入"员工生产明细表"，如表 6-44 所示。

表 6-44　员工生产明细表

员工编号	第一周期				离职	第二周期				离职	第三周期				离职	第四周期				离职
	级别	定岗	产能	产量		级别	定岗	产能	产量		级别	定岗	产能	产量		级别	定岗	产能	产量	
001	B	P1	6	6		B	P1	6	6		B	P1	6	6		B	P1	6	6	
002						C	P2	2	2		C	P2	2	2		C	P2	2	2	
003						D	P1	1	1		D	P1	1	0	辞					
004						D	P1	1	1		D	P1	1	1		D	P1	1	1	
005											C	P2	2	2		C	P2	2	2	
产量期末合计			P1	6	产量期末合计			P1	8	产量期末合计			P1	7	产量期末合计			P1	7	
			P2					P2	2				P2	4				P2	4	
			P3					P3					P3					P3		
			P4					P4					P4					P4		
产量年中小计	P1	14	P2	2	P3		P4													
产量全年合计	P1	28	P2	10	P3		P4													

填表规则：

（1）产能/产量：产能是指员工所定岗位产品的生产能力；产量可等于或小于该产能。总经理可根据公司情况调整产品生产数量，但不影响员工薪酬的支付。如编号 001 的 B 级员工定岗 P1 产品，其产能由规则中员工每个周期初始产能情况可得为 6，公司可根据本公司的经营情况调整生产状态，也可以通过对员工的技能培训提高员工的产能。

（2）产量期末合计：即每个周期期末对公司生产各类产品数量的统计。

（3）产量年中小计：即第二个周期期末对公司第一和第二周期生产的各类产品数量的统计。

（4）产量全年合计：即对公司一年生产的各类产品的数量的统计。

在生产过程中，需要支付相应产品的综合成本，从总经费中支付，计入"总经费收支明细表"，如表 6-45 所示。

表 6－45 产品综合成本汇总表

项目＼周期	第一周期	第二周期	第三周期	第四周期	合计
产品综合成本	24	44	52	52	172

产品综合成本根据规则中的单个产品的综合成本和公司的生产数量计算。

6.2.10.2 角色盘面

总经理：根据前期生产计划的安排与执行，汇总计算出产品的综合成本，从总经费中支付相应数额的资金放在"产品综合成本处"，如图 6－22 所示。当总经理支付产品综合成本后，应从教师处支付相应的产品币放置于产品处，如图 6－23所示。

图 6－22 产品综合成本放置处

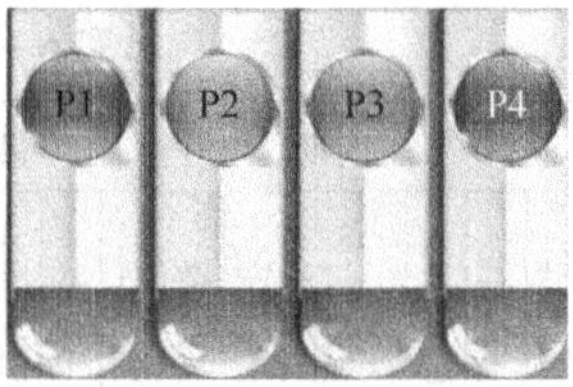

图 6－23 产品币放置处

6.2.10.3 流程表

人力资源经理：确认"员工生产明细表""总经费收支明细表"中员工生产的完成以及产品综合成本的数额后，在流程表相应栏内填入相应的数额和打"√"即可，如表 6－46 所示。

表 6－46 人力资源经理流程表

手工操作流程		操作角色	填写表格	记录（四个周期）			
				一	二	三	四
19	运营生产/结算周期产量	总经理	1－1	√	√	√	√
20	支付产品综合成本/总经费支付	总经理	1－2	24	44	52	52

6.2.11 支付员工工资和法定福利

劳动者付出劳动，获取劳动报酬已经成为既定程序，拖欠员工工资属于违法行为。因此，员工在企业生产出相应的产品后，企业应根据已确定的标准发放工资。

除了发放工资以外，员工还应享受企业福利。由于我国社会保障制度不断完善，为员工缴纳社会保险已经成为企业的法律责任，因此，企业应根据员工工资标准缴纳相应比例的社会保险金。对员工而言，这是法定福利，它不随着企业的利润高低而上下调整，而是根据法律规定，以企业员工的基本工资与绩效奖金之和为基数，按照一定比例定期缴纳。

操作方法

6.2.11.1　角色表格

薪酬福利主管：根据第一周期中各级别员工年基本工资标准、招聘甄选主管所确定的人才引进津贴、基本工资相应比例的法定福利和绩效奖金等指标支付薪酬，在“员工薪酬明细表”中逐项填写，如表 6－47 所示。

表 6－47　员工薪酬明细表

员工编号	第一周期							第二周期							第三周期							第四周期						
	员工级别	基本工资	人才引进津贴	定岗	法定福利	产能增量	绩效奖金	员工级别	基本工资	人才引进津贴	定岗	法定福利	产能增量	绩效奖金	员工级别	基本工资	人才引进津贴	定岗	法定福利	产能增量	绩效奖金	员工级别	基本工资	人才引进津贴	定岗	法定福利	产能增量	绩效奖金
001	B	8	15	P1	3			B	8		P1	3			B	8		P1	3			B	8		P1	3		
002								C	5	10	P2	2			C	5		P2	2			C	5		P2	2		
003								D	3	3	P1	1																
004								D	3	3	P1	1			D	3		P1	1			D	3		P1	1		
005															C	5	10	P2	2			C	5		P2	2		
基本工资		8							19							21							21					
人才引进津贴			15							16							10							0				
法定福利					3							7							8							8		
绩效奖金							0							0							0							0
年末总计	基本工资			69				人才引进津贴				41			法定福利			26			绩效奖金				0			

填表规则：

(1)员工编号/员工级别/定岗：与“员工生产明细表”相对应，使用方法相同。

(2)基本工资：其数据根据“员工薪酬明细表”中周期基本工资均等支付，如表 6－49 中 B 级员工年度基本工资为 32K，每周期支付额为 8K。

(3)人才引进津贴：与招聘甄选主管用表中“人才引进津贴”一栏相对应，为一次性全额支付。

(4)产能增量：与“员工生产明细表”中“产量”一栏对应，即员工定岗产品产量高于同级别员工初始能力的额外数量。无论公司是否使用了该能力都需支付绩效奖金，绩效奖金 = 产能增量 × 单个产品奖金(1/P1,2/P2,5/P3,8/P4)；若员工级别提升，则不再支付奖金。

(5)“基本工资”“人才引进津贴”“法定福利”“绩效奖金”各项，分别为每周期期末对此四部分金额的合计。年末总计中的“基本工资”“人才引进津贴”“法定福利”“绩效奖金”则是对一年中四个周期金额的合计。

除了以上对各员工分别支付薪酬以外，还需对各级别员工的工资进行汇总统计，计入“薪酬表”，如表 6－48 所示。

表 6－48 薪酬表

<table>
<tr><td rowspan="7">员工
薪酬</td><td>周期
项目</td><td>第一周期</td><td>第二周期</td><td>第三周期</td><td>第四周期</td><td>实发合计</td><td rowspan="5">员工
薪酬
小计</td></tr>
<tr><td>A 级员工</td><td>0</td><td>0</td><td>0</td><td>0</td><td>0</td></tr>
<tr><td>B 级员工</td><td>23</td><td>8</td><td>8</td><td>8</td><td>47</td></tr>
<tr><td>C 级员工</td><td>0</td><td>15</td><td>20</td><td>10</td><td>85</td></tr>
<tr><td>D 级员工</td><td>0</td><td>12</td><td>3</td><td>3</td><td>18</td></tr>
<tr><td>合计</td><td>23</td><td>35</td><td>31</td><td>21</td><td>110</td><td rowspan="2">136</td></tr>
<tr><td>员工法定福利</td><td>3</td><td>7</td><td>8</td><td>8</td><td>26</td></tr>
</table>

6.2.11.2 角色盘面

薪酬福利主管：根据“薪酬表”中各级人员的工资发放情况，结合汇总后的数据，向人力资源经理申请员工工资金额，放置于员工工资处，如图 6－24 所示；再根据员工的法定福利情况，结合汇总后的数据，向人力资源经理申请员工法定福利金额，放置于员工法定福利处，如图 6－25 所示。

图 6－24 员工工资放置处

图 6－25 员工法定福利放置处

6.2.11.3 流程表

人力资源经理：确认“员工薪酬明细表”“薪酬表”中工资与法定福利等数额，在流程表相应栏内填入相应的数额即可，如表 6－49 所示。

表 6－49 人力资源经理流程表

手工操作流程		操作角色	填写表格	记录(四个周期)			
				一	二	三	四
21	支付员工工资	薪酬福利主管/人力资源经理	5－2/5－4/2－1	23	35	31	21
22	支付员工法定福利	薪酬福利主管/人力资源经理	5－2/5－3/2－1	3	7	8	8

6.2.12 支付管理人员基本工资和法定福利

管理人员的薪酬一直是企业薪酬体系中非常重要的方面，同样也是一项非常难以权衡各方利益的工作。由于管理人员薪酬有其特殊性，沙盘模拟运营结合管理人员的价值和现实企业中的职级工资，设计出每个价值所对应的基本工资。比如，价值为 9 的总经理所对应的年基本工资为 48K，分四个周期支付。当然，管理人员与普通员工一样，也享受国家社会保障体系的保障，根据法律规定，以管理人员的基本工资为基数，按照一定比例缴纳社会保险费。

操作方法

6.2.12.1 角色表格

薪酬福利主管：根据管理人员的价值所对应的年度基本工资分四个周期支付；同时，根据基本工资数额 32% 的比例支付法定福利，计入“管理人员薪酬表”，如表 6－50 所示。

6.2.12.2 角色盘面

薪酬福利主管：根据“管理人员薪酬表”中各部门管理人员基本工资的发放情况，结合汇总后的数据，向人力资源经理申请管理人员基本工资，放置于各部门管理人员“基本工资”处，如图 6－26 所示；再根据管理人员的法定福利情况，结合汇总后的数据，向人力资源经理申请管理人员法定福利，放置于管理人员法定福利处，如图 6－27 所示。

表 6-50　管理人员薪酬表

	年初管理人员价值	年度管理人员基本工资	岗位	第一周期		第二周期		第三周期		第四周期		实发合计	
				基本工资	法定福利	基本工资	法定福利	基本工资	法定福利	基本工资	法定福利	基本工资	法定福利
管理人员薪酬	9	48	总经理	12	4	12	4	12	4	12	4	48	16
	6	36	人力资源经理	9	3	9	3	9	3	9	3	36	12
	3	24	招聘甄选主管	6	2	6	2	6	2	6	2	24	8
	3	24	培训开发主管	6	2	6	2	6	2	6	2	24	8
	3	24	绩效考评主管	6	2	6	2	6	2	6	2	24	8
	3	24	薪酬福利主管	6	2	6	2	6	2	6	2	24	8
	合计	180	合计	45	15	45	15	45	15	45	15	180	60

图 6-26　管理人员基本工资放置处

图 6-27　管理人员法定福利放置处

6.2.12.3　流程表

人力资源经理：确认“管理人员薪酬表”中管理人员基本工资和法定福利等数额，在流程表相应栏内填入相应的数额即可，如表 6-51 所示。

表 6-51 人力资源经理流程表

手工操作流程		操作角色	填写表格	记录(四个周期)			
				一	二	三	四
23	支付管理人员基本工资	薪酬福利主管/人力资源经理	5-3/2-1	45	45	45	45
24	支付管理人员法定福利	薪酬福利主管/人力资源经理	5-3/2-1	15	15	15	15

6.2.13 产品交货

6.2.13.1 产品交货前的流程

产品交货之前的流程有如下各项。

(1)公司结合当年市场需求,举办新年度规划会议,制定公司当年的发展战略。

(2)根据发展战略对公司的有限资金进行分配,分为人力资源经费与总经费。

(3)为实现产能需求,执行招聘策略,做足招聘前各项准备,进行岗位分析与岗位设计。

(4)制定和调整当年的员工薪酬体系,保证薪酬体系对内公平,对外有竞争力。

(5)通过技能提升培训和岗位轮换培训,实现产能上升和灵活生产。

(6)执行招聘策略,通过挖人和人才招聘会招聘相应人员,满足产能需求。

(7)新员工入职和新员工培训,实现员工正式上岗工作。

(8)运营生产、结算产量,并支付产品综合成本,获得产品。

(9)支付员工薪酬和管理人员薪酬,实现薪酬支付。

经过以上各项流程后,才正式进入产品交货阶段。从表面上看,虽然以上各项流程与产品交货有直接关系的只有运营生产,但是只要深入了解就会发现,实际上所有流程都指向一个目标:产品交货。为什么这么说呢?原因很简单,每一项流程无非是通过各种方式实现年初制定的产能规划,不管是薪酬、招聘、培训还是资金分配,都以实现战略规划中的产品交货、实现公司利润为目标。这里的产品交货实质上体现了劳动经济学的一项理论——供求平衡。

供求平衡即根据市场消费需求的变化,及时调整生产结构,在商品供给量与商品购买力之间出现差异(供过于求或者供不应求)时,采取积极有效的措施,实现符合客观实际的市场商品的供求平衡。在市场上,如果商品供过于求,消费者就有更多的选择,企业为了将产品销售出去就会降价;相反,若商品供不应求,消费者为了满足自己的刚性需求,即使价格提高也会购买。

沙盘模拟运营设计了两个交货周期,分别是第二和第四周期,每个交货周期都有相应的市场需求和商品参考价格。

操作方法

6.2.13.2 角色表格

总经理:根据市场提供的需求和数量自行交货,填写“公司销售统计表”(见附录2,表4),如表6-52所示。

表6-52 总经理产品销售统计表

产品	年中交货				年末交货				销售收入合计
	年中市场需求量	交货量	产品收购价	销售收入	年末市场需求量	交货量	产品收购价	销售收入	
P1	105	14	17	238	126	14	19	266	504
P2	45	2	35	70	78	8	28	224	294
P3									
P4									
合计				308				490	798

填表规则:

(1)年中市场需求量:即一年中第二周期市场对各类产品的需求量(此数据可通过产品市场需求图获得)。

(2)交货量由公司自行决定,由于规则规定年末不能有存货,所以年末交货时必须将产品全部交货。

(3)产品收购价:

$$产品收购价 = \left[1 + \frac{(市场需求量 - 实际交货量)}{市场需求量}\right] \times 各类产品市场参考价$$

(4)销售收入:

$$销售收入 = 交货量 \times 产品收购价$$

(5)年末市场需求量:

年末市场需求量 = 全年市场需求量 - 市场年中各公司的实际交货量(该数据一般由教师给出)

教师:根据各公司总经理提交的交货明细,填写“销售统计表”(见附录8,表25),计算出市场收购价格,并告知总经理,计算公司的销售收入,如表6-53所示。

表 6－53　销售统计表

周期	统计分析				G1		G2		G3		G4		G5		G6	
	产品类型	市场需求量	实际交货量	收购价格	交货量	销售收入	交货量	销售收入	交货量	销售收入	交货量	销售收入	交货量	销售收入	交货量	销售收入
第二周期	P1	105	84	17	14	238	14	238	14	238	14	238	14	238	14	238
	P2	45	12	35	2	70	2	70	2	70	2	70	2	70	2	70
	P3															
	P4															
	合计					308		308		308		308		308		308
第四周期	P1	126	84	19	14	266	14	266	14	266	14	266	14	266	14	266
	P2	78	48	28	8	224	8	224	8	224	8	224	8	224	8	224
	P3															
	P4															
	合计					490		490		490		490		490		490

总经理:获知各产品的收购价格后,计算出本公司的销售收入,填入“总经费收支明细表”的“销售收入”栏中,如表 6－54 所示。

表 6－54　总经费收支明细表

周期 项目	第一周期	第二周期	第三周期	第四周期	合计
销售收入		308		490	798

6.2.13.3　角色盘面

总经理:根据交货单中的产品交货量,将图 6－28 中公司内的产品交给教师,并从教师处获得相应的销售收入,放置在图 6－29 的“总经费”处,如图 6－29 所示。

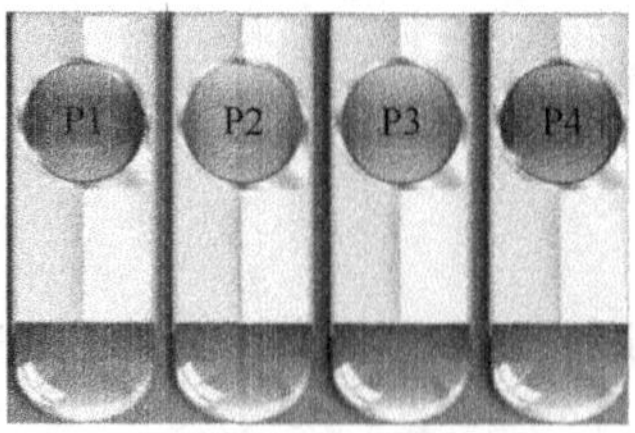

图 6－28　产品放置处

图 6－29　销售收入放置处

6.2.13.4 流程表

人力资源经理:确认“公司销售统计表”中销售收入等数额,在流程表相应栏内填入相应的数额即可,如表6-55所示。

表6-55 人力资源经理流程表

手工操作流程		操作角色	填写表格	记录(四个周期)			
				一	二	三	四
25	产品交货(销售收入计入总经费)	总经理	1-3/1-2		308		490

6.2.14 清仓

根据规则,年末时各企业都不允许有产品库存,因此,第四周期期末时必须对生产过剩的产品进行清仓处理。

操作方法

6.2.14.1 角色表格

总经理:在每年年末,总经理需要对未销售的产品进行清仓处理,在“产品统计/清仓表”(见附录2,表5)中统计各类产品库存量,各类产品都有相应的处理单价,然后计算出相应的“产品清仓总收入”,如表6-56所示。

表6-56 产品清仓总收入

项目 \ 产品	P1	P2	P3	P4
产品库存量	0	0	0	0
产品清仓单价	3.6	4.6	6.2	7.8
产品清仓收入	0	0	0	0
产品清仓总收入	0			

总经理:根据产品清仓收入,在“公司总经费收支明细表”相应栏内填入产品清仓收入,如表6-57所示。

表6-57 清仓收入明细表

收入 \ 周期		第一周期	第二周期	第三周期	第四周期	合计
销售收入	清仓收入				0	0

6.2.14.2 角色盘面

总经理:将需要清仓的产品计算出清仓收入交给教师,并领取相应的产品清仓收入交给总经理,放置在“总经费”中,如图 6-30 和图 6-31 所示。

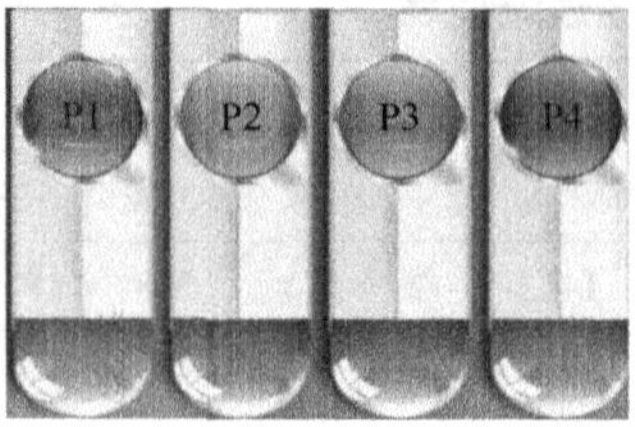

图 6-30 清仓产品放置处

图 6-31 清仓收入放置处

6.2.14.3 流程表

人力资源经理:根据“公司总经费收支明细表”中的“清仓收入”,在流程表相应栏内填入相应的数额,如表 6-58 所示。

表 6-58 人力资源经理流程表

手工操作流程		操作角色	填写表格	记录(四个周期)			
				一	二	三	四
26	期末产品统计/清仓	总经理	1-4/1-3/1-2				

6.2.15 支付综合运营费用

企业在生产经营过程中会发生诸如办公费、财务费等费用支出。在沙盘模拟企业运营中,综合运营费用在每年结束时为 10K,无论企业经营情况如何、业务量多少,综合运营费用都是固定不变的,这是与企业实际经营中的差异之处。

操作方法

6.2.15.1 角色表格

总经理:年末支付综合运营费用,在“总经费收支明细表”中填入 10K 的“综合运营费用”,如表 6-59 所示。

表 6-59 综合运营费用表

周期 项目	第一周期	第二周期	第三周期	第四周期	合计
综合运营费用				10	10

6.2.15.2 角色盘面

总经理：从总经费中支出10K放置在“综合运营费用”处，如图6－32所示。

图6－32 综合运营费用放置处

6.2.15.3 流程表

人力资源经理：确认“总经费收支明细表”中综合运营费用等数额，在流程表相应栏内填入“10”即可，如表6－60所示。

表6－60 人力资源经理流程表

手工操作流程		角色分工	填写表格	记录（四个周期）			
				一	二	三	四
27	支付综合运营费用	总经理/人力资源经理	1－2/2－2				10

6.2.16 人力资源经费回账额（随时）

在年初时，因为人力资源经理申请的人力资源经费可能过多，在企业运营的过程中会产生总经费不足，这时就需要从人力资源经费中回账，在进行这项操作时也会产生一定的损失。

操作方法

6.2.16.1 角色表格

总经理：在“总经费收支明细表”的“人力资源经费回账额”栏内填入需要申请的回账额，如表6－61所示。

表6－61 人力资源经费回账

周期 项目	第一周期	第二周期	第三周期	第四周期	合计
人力资源经费回账额	0	0	0	0	0

人力资源经理:根据总经理报送的金额,在“人力资源经费使用表”的“人力资源经费回账额”栏内填入相应的申请额,在“回账经费损失”栏内填入相应的损失额(10%),如表6-62所示。

表6-62　人力资源经费使用表

项目＼周期	第一周期	第二周期	第三周期	第四周期	合计
人力资源经费回账额	0	0	0	0	0
回账经费损失	0	0	0	0	0

人力资源经费回账额是由于公司经费短缺,而人力资源经费充裕造成资金倒挂现象而采取的非正常措施,即从人力资源经费中调回一部分资金,补充公司总经费,并产生一定的回账损失。

6.2.16.2　角色盘面

人力资源经理:根据总经理报送的金额,从“人力资源经费”中支付相应的数额,将损失额放置在盘面“其他费用”处,将扣除损失额的“人力资源经费回账额”交给总经理,如图6-33所示。

总经理:将从人力资源经理处领取的“人力资源经费回账额”放置在盘面“总经费”中,如图6-34所示。

图6-33　回账经费损失放置处

图6-34　回账额放置处

6.2.16.3　流程表

人力资源经理:根据“人力资源经费使用表”中的申请额与损失,在流程表相应栏内填入相应的数额,如表6-63所示。

表6-63　人力资源经理流程表

手工操作流程		角色分工	填写表格	记录(四个周期)			
				一	二	三	四
28	人力资源经费回账/支付回账损失	人力资源经理/总经理	2-1/1-1	0	0	0	0
29	支付回账经费损失	人力资源经理/总经理	2-1/1-1	0	0	0	0

6.2.17 紧急人力资源经费申请(随时)

在人力资源经理对经费的使用过程中,可能会产生人力资源经费不足的情况,这时就需要向总经理紧急申请人力资源经费。进行这项操作时会产生一定的紧急经费损失,因此,年初时应尽量把控好人力资源经费的申请额度,尽量避免不必要的损失。

操作方法

6.2.17.1 角色表格

人力资源经理:在“人力资源经费使用表”的“紧急人力资源经费申请额”栏内填入需要申请的经费额,在“紧急经费损失”栏内填入所申请经费额一定比例的损失(10%),如表 6-64 所示。

表 6-64 人力资源经费使用表

周期 项目	第一周期	第二周期	第三周期	第四周期	合计
紧急人力资源经费申请额	0	0	0	0	0
紧急经费损失	0	0	0	0	0

总经理:在“公司总经费收支明细表”的“紧急人力资源经费申请额”栏内填入人力资源经理申请的经费额,如表 6-65 所示。

表 6-65 公司总经费使用表

周期 项目	第一周期	第二周期	第三周期	第四周期	合计
紧急人力资源经费申请额	0	0	0	0	0

6.2.17.2 角色盘面

总经理:根据人力资源经理申请的“紧急人力资源经费申请额”,从盘面“总经费”中支出相应的金额,交给人力资源经理。

人力资源经理:从总经理处领取“紧急人力资源经费申请额”,放置在“人力资源经费”处,其中 10% 的紧急经费损失放置在“其他费用”处,如图 6-35 和图 6-36 所示。

图 6 – 35　紧急人力资源经费申请额放置处

图 6 – 36　紧急经费损失放置处

6.2.17.3　流程表

人力资源经理：根据“人力资源经费使用表”中填入的申请额与损失，在流程表相应栏内填入相应的数额，如表 6 – 66 所示。

表 6 – 66　人力资源经费使用表

手工操作流程		角色分工	填写表格	记录(四个周期)			
				一	二	三	四
30	紧急人力资源经费申请额	人力资源经理	2 – 1	0	0	0	0
31	支付紧急经费损失	人力资源经理	2 – 1	0	0	0	0

6.2.18　期末经费盘点

由于沙盘模拟经营中的资金有限，因此，每笔资金都应当“用在刀刃上”，每期期末都需要对当期的费用支出与结余作详细盘点，了解期初制定策略与期末的资金结余之间的内在关系，分析期初策略的前瞻性和疏漏之处，在以后的经营中扬长避短，合理利用资金。

操作方法

6.2.18.1　角色表格

总经理：根据“总经费收支明细表”中经费支出及收入的情况，对每一周期的经费进行汇总，如表 6 – 67 所示。

表 6－67　总经费汇总表

年初总经费/上年度剩余总经费	1 000	人力资源经费申请额		500	
周期	第一周期	第二周期	第三周期	第四周期	合计
期初总经费	500	476	740	688	
紧急人力资源经费申请额	0	0	0	0	0
人力资源经费回账额	0	0	0	0	0
员工被挖补偿金	0				0
产品综合成本	24	44	52	52	172
销售收入		308		490	798
综合运营费用				10	10
期末总经费余额	476	740	688	1 116	
年末总经费余额					

填表规则：

(1)第一周期期初总经费＝年初总经费/上年度剩余总经费－人力资源经费申请额

(2)期末总经费余额＝期初总经费－紧急人力资源经费申请额＋人力资源经费回账额＋员工被挖补偿金－产品综合成本＋销售收入－综合运营费用

(3)年末总经费余额＝第四期期末剩余总经费

人力资源经理：根据“人力资源经费使用表”中支出和收入的情况，对每一周期的经费进行汇总，如表 6－68 所示。

表 6－68　人力资源经费汇总表

上年度人力资源剩余经费	0	人力资源经费申请额	500	企业福利	0
管理人员奖金	0	企业文化培训费用		0	
周期	第一周期	第二周期	第三周期	第四周期	合计
期初人力资源经费	500	395	276	165	
工作分析费用	14	1	1	0	16
挖人补偿金	0				0
经济补偿金	0	0	3	0	3
招聘费用	4	11	4	0	19
培训费用	1	5	4	2	12
员工工资	23	35	31	21	110

续表

上年度人力资源剩余经费	0	人力资源经费申请额	500	企业福利	0
管理人员奖金	0	企业文化培训费用		0	
周期	第一周期	第二周期	第三周期	第四周期	合计
员工法定福利	3	7	8	8	26
管理人员基本工资	45	45	45	45	180
管理人员法定福利	15	15	15	15	60
紧急人力资源经费申请额	0	0	0	0	0
紧急经费损失	0	0	0	0	0
人力资源经费回账额	0	0	0	0	0
回账经费损失	0	0	0	0	0
期末人力资源经费支出合计	105	119	111	91	426
期末剩余人力资源经费	395	276	165	74	
超额经费损失				0	
年度人力资源成本				426	
年末人力资源剩余经费				74	

填表规则：

(1)第一周期期初人力资源经费 = 上年度剩余人力资源经费 + 人力资源经费申请额

(2)期末人力资源经费支出合计 = 工作分析费用 + 挖人补偿金 + 经济补偿金 + 招聘费用 + 培训费用 + 员工工资 + 员工法定福利 + 管理人员基本工资 + 管理人员法定福利 + 紧急经费损失 + 人力资源经费回账额 + 回账经费损失

(3)期末剩余人力资源经费 = 期初人力资源经费 - 期末人力资源经费支出合计 + 紧急人力资源经费申请额

6.2.18.2 角色盘面

总经理：对盘面总经费进行核对。

人力资源经理：对盘面营销经费进行核对。

6.2.18.3 流程表

人力资源经理：根据“总经费收支明细表”“人力资源经费使用表”进行汇总统计，如表 6 - 69 所示。

表 6－69 期末经费汇总表

操作流程		角色分工	填写表格	记录(四个周期)			
				一	二	三	四
32	期末人力资源经费支出合计	人力资源经理	2－1	105	119	111	91
33	期末人力资源经费余额对账	人力资源经理	2－1	395	276	165	74
34	期末总经费支出合计	总经理	1－2	24	44	52	62
35	期末总经费余额对账	总经理	1－2	476	740	688	111

6.3 年末工作

6.3.1 超额经费损失额

在每年年末时,人力资源经理需要计算本年度剩余的人力资源经费是不是过多,是不是因为人力资源经理申请的经费过多,使企业的总资金没有得到合理、科学的使用,从而导致企业在市场上错失良机。

操作方法

6.3.1.1 角色表格

人力资源经理:在"人力资源经费使用表""超额经费损失"栏内支付相应的费用,如表 6－70 所示。

表 6－70 超额经费损失

周期 项目	第一周期	第二周期	第三周期	第四周期	合计
超额经费损失				0	0

6.3.1.2 角色盘面

人力资源经理:超额经费损失从"人力资源经费"中支出,放置在"其他费用"处,如图 6－37 所示。

图 6－37 超额经费损失放置处

6.3.1.3 流程表

人力资源经理:根据"人力资源经费使用表"中收入的申请额与损失,在流程表相应栏内填入相应的数额即可,如表 6－71 所示。

表 6－71　人力资源经理流程表

手工操作流程		操作角色	填写表格	记录（四个周期）			
				一	二	三	四
36	支付超额损失	人力资源经理	2－1/2－2				0

6.3.2　年末人力资源剩余经费

在每年年末时，公司应及时核算剩余经费，为下一年度的资金运用和人力资源经费申请做好充分准备。

操作方法

6.3.2.1　角色表格

人力资源经理：根据规则，人力资源经理计算本年度的人力资源成本，在“人力资源经费使用表”中填入相关数据，如表 6－72 所示。

表 6－72　人力资源经费使用表

项目＼周期	第一周期	第二周期	第三周期	第四周期	合计
年度人力资源成本				426	
年末人力资源剩余经费				74	

填表规则：

（1）年度人力资源成本＝工作分析费用＋挖人补偿金＋经济补偿金＋招聘费用＋培训费用＋员工工资＋员工法定福利＋管理人员基本工资＋管理人员法定福利＋紧急经费损失＋人力资源经费回账额＋回账经费损失

年度人力资源成本也等于每期期末人力资源经费支出合计之和。

（2）年末人力资源剩余经费＝第四周期期末人力资源经费－超额经费损失额

6.3.2.2　流程表

人力资源经理：根据“人力资源经费使用表”中收入的申请额与损失，在流程表相应栏内填入相应的数额即可，如表 6－73 所示。

表 6－73　人力资源经理流程表

手工操作流程		操作角色	填写表格	记录（四个周期）			
				一	二	三	四
37	年末人力资源剩余经费	人力资源经理	2－1				74

6.3.3 员工流失状况统计

员工流失是员工主动离职的一种方式，与员工辞退相反。员工辞退是公司主动的行为，员工被动接受；员工流失是员工主动的行为，公司被动接受。员工辞退是公司主动调整员工结构所作出的决策；员工流失是员工对现状不满，是一种“用脚投票”最为生动的表现。在沙盘模拟经营中，当员工的基本工资低于市场平均的基本工资时，会有一部分员工自动流失，企业无法挽留，因此，这种流失对于企业来说是一种严重损失，损失大致表现在四个方面：一是为员工支付的招聘费用、培训费用和薪酬等随着员工流失而损失；二是员工的流失造成产能下降，影响下年度公司发展战略规划的实施；三是优先流失产能高的员工，这对公司而言是更大的损失；四是员工流失对公司管理人员的信心是一个较大的打击。除了这四方面明显的损失以外，还有一些潜在的损失，比如，因为产能高的员工流失，造成当年员工整体价值的下降等。因此，保持员工队伍的稳定，是各级管理人员的一项重要工作。

操作方法

6.3.3.1 角色表格

薪酬福利主管：将第一周期所确定的各类型员工基本工资的标准，报送人力资源经理，如表 6 – 74 所示。

表 6 – 74 各类员工基本工资调整情况

员工级别	上一年期基本工资	调整后当年期基本工资
A	0	0
B	0	8
C	0	4
D	0	3

人力资源经理：汇总薪酬福利主管的薪酬标准，将绩效考评主管报送的各级员工人数报给教师。

教师：汇总各公司报送的数据，填入“员工流失统计表”（见附录 8，表 26）。根据规则，统计各公司各类型人员流失的数据，如表 6 – 75 所示。

表 6-75　各公司人员流失情况汇总表

公司	G1			G2			G3			G4			G5			G6			统计		
员工级别	期基本工资	人数	流失人数	期基本工资	人数	流失人数	期基本工资	人数	流失人数	期基本工资	人数	流失人数	期基本工资	人数	流失人数	期基本工资	人数	流失人数	期基本工资总数	总人数	平均期基本工资
A																					
B																					
C																					
D																					

总经理：根据教师报送的流失数据，对各个员工做流失处理，在“员工生产明细表”中，对流失人员的离职状态填写“流”，如表 6-76 所示。

表 6-76　员工生产明细表

员工编号	第一周期				离职	第二周期				离职	第三周期				离职	第四周期				离职
	级别	定岗	产能	产量		级别	定岗	产能	产量		级别	定岗	产能	产量		级别	定岗	产能	产量	
001	B	P1	6	6		B	P1	6	6		B	P1	6	6		B	P1	6	6	
002	C	P2	2	2		C	P2	2	2		C	P2	2	2		C	P2	2	2	
003	D	P1	1	1		D	P1	1	1		D	P1	1	0		D	P1	1	1	流
004	D	P1	1	1		D	P1	1	1		D	P1	1	1		D	P1	1	1	
005	C	P2	2	2		C	P2	2	2		C	P2	2	2		C	P2	2	2	

6.3.3.2　角色盘面

总经理：对流失人员进行处理后，将在定岗产品区域内的相应人员及其价值交给教师。

6.3.3.3　流程表

人力资源经理：根据“员工生产明细表”中人员流失的统计情况，在流程表相应栏内打“√”即可，如表 6-77 所示。

表 6-77　人力资源经理流程表

手工操作流程		操作角色	填写表格	记录（四个周期）			
				一	二	三	四
38	员工流失状况统计	教师	5-1/7-3				√

6.3.4 绩效考核

绩效考核主要是针对管理人员进行的考核，是判断管理人员价值增加或减少的核心指标。在现实的人力资源管理中，绩效考核是非常难以定量的。现在，各大企业中 KPI(关键绩效指标法)和 BCS(平衡积分卡法)的使用是较为常见的绩效考核方式，但哪种方式才能有效地进行绩效考核还未达成共识。更多的管理学家甚至将对企业整体运营的管理视为一个多维度、多角度的绩效管理，可见绩效管理的重要性和复杂程度。

沙盘模拟运营主要借鉴了 KPI 的思想，为每位管理人员设计了符合其职位特点的关键绩效指标，根据这些指标判定管理人员的价值变化。

操作方法

6.3.4.1 角色表格

绩效考核主管：结合规则，计算出每位管理人员的关键绩效指标得分，填入“管理人员绩效考核表”(见附录 7，表 22)，如表 6－78 所示。

表 6－78 管理人员绩效考核表

职位	总经理	人力资源经理	招聘甄选主管	培训开发主管	绩效考评主管	薪酬福利主管	合计
年初管理人员价值	9	6	3	3	3	3	27
指标数据							

注：“年初管理人员价值”为本年考核前管理人员的价值。

教师：汇总各公司报送的数据，填入“绩效考核表”(见附录 8，表 27)。根据规则，统计各公司管理人员的绩效考核结果，如表 6－79 所示。

表 6－79 各公司管理人员绩效考核汇总表

职务	总经理		人力资源经理		招聘甄选主管		培训开发主管		薪酬福利主管		绩效考评主管	
项目 / 公司	指标数据	价值增减	指标数据	价值增减	指标数据	价值增减	指标数据	价值增减	指标数据	价值增减	价值增减平均值	价值增减
G1												
G2												
G3												

续表

职务	总经理		人力资源经理		招聘甄选主管		培训开发主管		薪酬福利主管		绩效考评主管	
项目 公司	指标数据	价值增减	指标数据	价值增减	指标数据	价值增减	指标数据	价值增减	指标数据	价值增减	价值增减平均值	价值增减
G4												
G5												
G6												
平均值												

绩效考评主管：根据教师统计的绩效考核结果，填入"管理人员绩效考核表"，如表 6－80 所示。至此，管理人员的绩效考核就完成了。

表 6－80　管理人员绩效考核表

职务 项目	总经理	人力资源经理	招聘甄选主管	培训开发主管	绩效考评主管	薪酬福利主管	合计
绩效价值	0	0	0	0	0	0	0
年末管理人员价值	9	6	3	3	3	3	27

填表规则：

（1）绩效价值：该数据为本年年末绩效考核后增加的价值。

（2）年末管理人员价值：即当年价值与绩效价值之和。

6.3.4.2　角色盘面

绩效考评主管：根据绩效考核的结果，如管理人员有价值增减，则支取相应价值交给教师或从教师处支取相应价值，如图 6－38 所示。

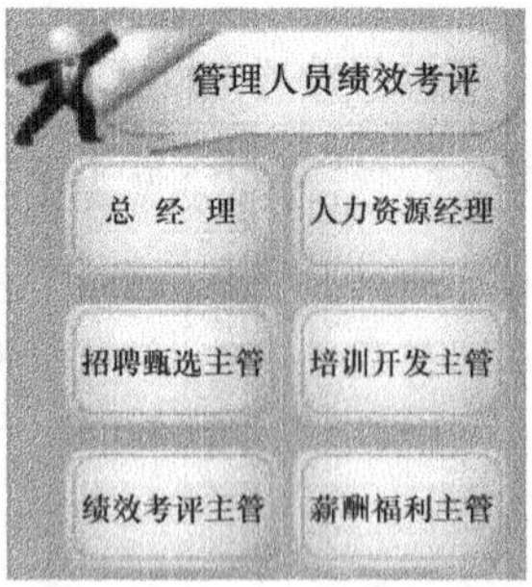

图 6－38　绩效考核价值放置处

6.3.4.3 流程表

人力资源经理：根据“人力资源经费使用表”中收入的申请额与损失，在流程表相应栏内填入相应的数额即可，如表 6－81 所示。

表 6－81 人力资源经理流程表

<table>
<tr><th colspan="2" rowspan="2">手工操作流程</th><th rowspan="2">操作角色</th><th rowspan="2">填写表格</th><th colspan="4">记录（四个周期）</th></tr>
<tr><th>一</th><th>二</th><th>三</th><th>四</th></tr>
<tr><td>39</td><td>绩效考核</td><td>绩效考评主管</td><td>6－1</td><td></td><td></td><td></td><td>√</td></tr>
</table>

6.3.5 提交员工人数及员工年末价值统计表

在人力资源管理沙盘模拟运营中，员工是最为重要的资源。因此，每年年底对所有在职员工进行一些详细的排查工作是必不可少的，包括各级人员的人数及其价值都在年底排查之列。

操作方法

6.3.5.1 角色表格

绩效考评主管：根据员工的编号、级别、价值变化与状态分别填入“员工人数及员工年末价值统计表”，如表 6－82 所示。

表 6－82 员工人数及员工年末价值统计表

序号	员工编号	员工级别	年初员工价值	年末员工价值	员工状态
1	001	B		5	
2	002	C		2	
3	004	D		0	
4	005	C		2	
人数总计	4	价值合计	0	9	

填表规则：

（1）年初员工价值：员工初始价值一定，不同级别员工初始价值不同；员工每经过一次培训，产能加 1，同时员工价值加 1。

（2）员工状态：可填写“在职”“流”“挖”等。

6.3.5.2 角色盘面

绩效考评主管：需要将“员工人数及员工年末价值统计表”与图 6－39 中的各类人员和价值进行核对。

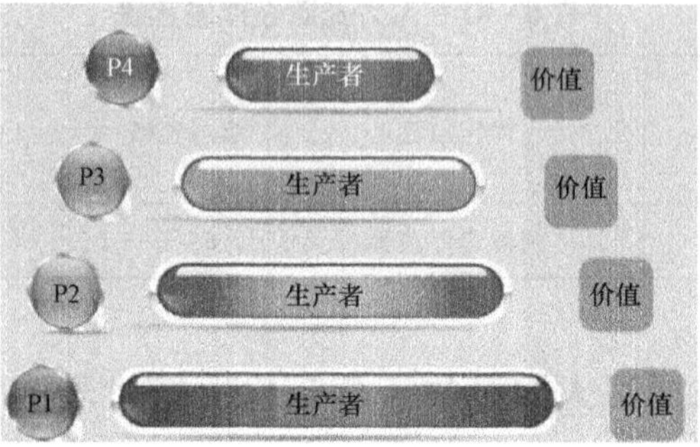

图 6－39 各类人员和价值放置处

6.3.5.3 流程表

人力资源经理：根据“员工人数及员工年末价值统计表”中完成的统计情况，在流程表相应栏内打“√”即可，如表 6－83 所示。

表 6－83 人力资源经理流程表

手工操作流程		操作角色	填写表格	记录（四个周期）			
				一	二	三	四
40	员工人数及员工年末价值	绩效考评主管	6－2				√

6.3.6 提交管理费用表、利润表、薪酬表

公司管理人员除了要掌握各类人员的情况以外，还需要掌握经过一年的经营各类数据的情况，包括管理费用、薪酬情况以及利润，对企业各方面的经营情况做全面梳理，找出不足，以便在下年经营中改进。

操作方法

6.3.6.1 角色表格

薪酬福利主管：重新核算“薪酬表”，避免数据出错和疏漏。如表 6－84 所示。

表 6－84 薪酬表

员工薪酬	岗位	第一周期	第二周期	第三周期	第四周期	实发合计	员工薪酬小计
	A 级员工	0	0	0	0	0	
	B 级员工	23	8	8	8	47	
	C 级员工	0	15	20	10	85	
	D 级员工	0	12	3	3	18	
	合计	23	35	31	21	110	136
	员工法定福利	3	7	8	8	26	

管理人员薪酬	年初价值	年度基本工资	管理人员岗位	第一周期		第二周期		第三周期		第四周期		实发合计		管理人员薪酬小计
				基本工资	法定福利	基本工资	法定福利	基本工资	法定福利	基本工资	法定福利	基本工资	法定福利	
	9	48	总经理	12	4	12	4	12	4	12	4	48	16	
	6	36	人力资源经理	9	3	9	3	9	3	9	3	36	12	
	3	24	招聘甄选主管	6	2	6	2	6	2	6	2	24	8	
	3	24	培训开发主管	6	2	6	2	6	2	6	2	24	8	
	3	24	绩效考评主管	6	2	6	2	6	2	6	2	24	8	
	3	24	薪酬福利主管	6	2	6	2	6	2	6	2	24	8	240
	合计	180	合计	45	15	45	15	45	15	45	15	180	60	
	管理人员奖金			0								0		
年度薪酬总计														376

填表规则：

（1）员工薪酬＝员工基本工资＋人才引进津贴＋奖金，其中数据可参照“员工年基本工资制定/调整表”（见附录6，表16）。

（2）员工法定福利＝（员工基本工资＋绩效奖金）×32%，员工基本工资可参照“员工年基本工资制定/调整表”。

（3）管理人员基本工资：管理人员的基本工资根据其价值发生变动，如第一年的管理人员价值为初始的9/6/3/3/3/3，则其对应的基本工资为48/36/24/24/24/24。

（4）管理人员法定福利＝（管理人员基本工资＋管理人员奖金）×32%（58＝180×32%）

人力资源经理：汇总“人力资源经费使用表”中的各项数据，填入“管理费用表”（见附录3，表8）中，生成当年的管理费用，如表6－85所示。

表6－85　管理费用表

项目	金额
企业文化培训费用	0
工作分析费用	16
招聘费用	19
培训费用	12
管理人员基本工资	180
管理人员法定福利	60
管理人员奖金	0
挖人补偿金	0
企业福利	0
其他费用	0
综合运营费用	10
合计	297

填表规则：

(1)企业文化培训费用、工作分析费用、招聘费用、培训费用、管理人员基本工资、管理人员法定福利、管理人员奖金、挖人补偿金各数据可参照"人力资源经费使用表"的合计。

(2)其他费用＝紧急经费损失＋回账经费损失＋超额经费损失，三项损失可参照"人力资源经费使用表"中相应的项目。

总经理：根据各项汇总数据，填入"利润表"(见附录2，表6)，计算出当年本公司的净利润情况，如表6－86所示。

表6－86　利润表

项目	金额
一、销售收入	798
减：直接人工	139
管理费用	297
产品综合成本	172
二、营业利润	190
加：营业外收入	0
三、净利润	190

填表规则：

（1）销售收入：该数据可参照“公司销售统计表”。

（2）直接人工＝A，B，C，D 级别员工的薪酬（可参照“薪酬表”）＋辞退费用

（3）管理费用：可参照“管理费用表”。

（4）产品综合成本：可参照“总经费收支明细表”。

（5）营业外收入：即员工被挖补偿金。

（6）净利润＝销售收入－直接人工－管理费用－产品综合成本＋营业外收入

6.3.6.2 流程表

人力资源经理：确认“薪酬表”“人力资源经费使用表”“利润表”中各项统计数据，在流程表相应栏内打“√”即可，如表 6－87 所示。

表 6－87 人力资源经理流程表

手工操作流程		操作角色	填写表格	记录（四个周期）			
				一	二	三	四
41	提交管理费用表、利润表、薪酬表	人力资源经理/总经理/薪酬福利主管	2－2/1－4/5－6				√

6.3.7 年末结算（企业福利/管理人员奖金）

企业福利与管理人员奖金都与公司的超额利润有着紧密的关系，随着利润的增减而增加或减少。其中，管理人员奖金是管理人员薪酬的重要组成部分，公司经营得越好，管理人员价值越高，奖金越多。

操作方法

6.3.7.1 角色表格

薪酬福利主管：根据企业获得超额利润的情况，将按 10% 比例提取的企业福利填入“企业福利费用表”中，因此，下一年年初的企业福利费需要支付 17K，如表 6－88 所示。

表 6－88 企业福利费用表

类别	项目	基数合计	比例	福利费用	备注
企业福利费用	超额利润		10%	17	本项为计提项，次年年初支付
	170				

企业福利是指上一年度的企业福利，将上一年度的超额利润计提10%作为企业福利向员工发放。

薪酬福利主管：根据年末管理人员价值、净利润、超额利润的统计，将数据填入“管理人员奖金表”，管理人员的奖金在下一年度年初支付，如表6－89所示。

表6－89　管理人员奖金表

<table>
<tr><th>项目
管理人员</th><th>年末管理人员价值</th><th>超额利润</th><th>管理人员总价值</th><th>管理人员奖金</th><th>管理人员奖金合计</th><th>备注</th></tr>
<tr><td>总经理</td><td>9</td><td rowspan="6">170</td><td rowspan="6">27</td><td>11</td><td rowspan="6">34</td><td rowspan="6">本项为计提项，次年年初支付</td></tr>
<tr><td>人力资源经理</td><td>6</td><td>7</td></tr>
<tr><td>招聘甄选主管</td><td>3</td><td>4</td></tr>
<tr><td>培训开发主管</td><td>3</td><td>4</td></tr>
<tr><td>绩效考评主管</td><td>3</td><td>4</td></tr>
<tr><td>薪酬福利主管</td><td>3</td><td>4</td></tr>
</table>

填表规则：

(1)年末管理人员价值：即在原始价值基础上加减1，达标者加1，未达标者减1，具体可参照管理人员绩效考核规则。

(2)超额利润＝净利润－定额利润

(3)管理人员奖金：是指当年年初支付上一年度管理人员的奖金，可参照“管理费用表”中的管理人员奖金一栏，其数据可参照“管理人员奖金表”。

$$\text{管理人员年终奖金} = (\text{本年度净利润} - \text{本年度定额利润}) \times 20\% \times \frac{\text{个人价值}}{\sum \text{管理人员总价值}}$$

上式中：

本年度净利润可参照“超额利润计算表”（见附录6，表19）。

本年度定额利润：第一年的初始定额利润为20K，从第二年开始，定额利润取本公司上一年度利润的120%与各公司本年度利润平均值的120%的较大值。

6.3.7.2　流程表

人力资源经理：确认“企业福利费用表”“管理人员奖金表”中数据填写的情况，在流程表相应栏内打“√”即可，如表6－90所示。

表 6 – 90 人力资源经理流程表

手工操作流程		操作角色	填写表格	记录(四个周期)			
				一	二	三	四
42	年末计算(企业福利/管理人员奖金)	薪酬福利主管	5 – 4/5 – 5/5 – 6				√

6.3.8 总评比

人力资源管理沙盘模拟运营的是一个以人力资源管理为主要发展驱动力的企业,在这个企业中,员工和管理人员的价值是最为重要的因素之一,企业经营的优劣不再以利润指标作为评价的单一标准。

操作方法

人力资源经理:根据绩效考评主管提供的价值总和、总经理提供的净利润、薪酬福利主管提供的薪酬,计算得出当年的总评分。

6.3.8.1 角色表格

总评分如表 6 – 91 所示。

表 6 – 91 评分表

项目	数值
价值总和	36
净利润	190
薪酬	376
分值	54.19

表 6 – 91 是对公司当年经营期间总体表现进行的评价,主要通过价值总和、净利润和薪酬计算分值(见附录 3,表 9)。

填表规则:

(1)价值总和:为公司当年年末经过绩效考核统计出的管理人员价值与员工价值之和,可参照“管理人员绩效考核表”和“员工人数及员工年末价值统计表”。

(2)薪酬:为当年公司员工薪酬与管理人员的薪酬之和,其数据可参照“管理人员奖金表”。

(3)分值计算公式:

$$M = \sum_{i=1}^{m} 价值 \times \left(1 + \sum_{j=1}^{n} \frac{净利润}{薪酬}\right)$$

式中,m 为公司该年度总人数;n 为经营年数。

6.3.8.2 流程表

人力资源经理:根据“评分表”中的数据填写情况,在流程表相应栏内打“√”即可,如表 6-92 所示。

表 6-92 人力资源经理流程表

手工操作流程		操作角色	填写表格	记录(四个周期)			
				一	二	三	四
43	提交评分表	人力资源经理	2-3				√

7

人力资源管理沙盘经营成果分析与点评

在人力资源沙盘模拟运营过程中,经过2~3年的经营后,各个模拟企业之间就会产生一定的差异。当第六年经营结束时,有些模拟经营的企业已经倒闭了。同样的初始状况,为什么会产生不同的结果?这是学生们在经营过程直至经营结束后一直思考的问题。本章将从盈利能力、人力资源效率、人力资本能力、人力资源运作能力四个方面对企业的经营成果进行分析。其中,盈利能力是从财务学的角度进行分析,其余三个指标是从人力资源管理学的角度进行分析。

本章重点:

- 各种评价指标
- 成果的分析与点评

7.1 盈利能力指标

在对企业的经营成果进行分析时,其基本的财务指标是进行分析的基础。本节将主要对销售利润率、成本收益率、净利润增长率、销售收入增长率四个重要指标进行相关分析。

7.1.1 销售利润率

销售利润率是指净利润与销售收入的百分比。销售利润率的计算公式为:

$$当年销售利润率 = (当年净利润 \div 销售收入) \times 100\%$$

销售利润率是被广泛应用于评估企业营运效益的比率,是衡量企业销售收入收益水平的指标。销售利润率越高,说明销售获利水平越高。在产品销售价格不变的条件下,利润的多少受产品成本和产品结构等的影响。产品成本降低,产品结构中利润率高的产品比重上升,销售利润率就提高;反之,产品成本上升,产品结构中利润率高的产品比重下降,销售利润率就下降。

销售利润率通俗地反映了每100元销售额所带来的净利润,如人力资源管理沙盘模拟中教学年的销售收入为798K,实现的净利润为190K,计算出的销售利润率为23.81%。这样的一个指标,随着企业的发展应当会进一步提高。

7.1.2 成本收益率

成本收益率是指净利润总额与成本费用总额的百分比。成本收益率的计算公式为:

成本收益率 =（净利润总额 ÷ 成本费用总额）×100%

成本收益率表明单位成本获得的利润，反映成本与利润的关系。该指标越高，表明费用的利用效率越高，说明企业在增加收入和节约成本方面取得了良好的业绩。这一指标通俗地反映了每 100 元的成本所带来的净利润，如人力资源管理沙盘模拟中的教学年的净利润总额为 190K，成本费用总额为 608K，计算出的成本收益率为 31.25%。

7.1.3 净利润增长率

净利润增长率是指企业本期净利润额与上期净利润额增长的比率。净利润增长率的计算公式为：

净利润增长率 = [（本年度净利润 − 上年度净利润）÷ 上年度净利润] ×100%

净利润是指在利润总额中按规定缴纳了所得税后公司的利润留成，一般也称为税后利润或净收入。净利润增长率反映了企业实现价值最大化的扩张速度，是综合衡量企业资产运营与管理业绩以及成长状况和发展能力的重要指标。这项指标越高，说明企业经营势头越好，如人力资源管理沙盘模拟中教学年的净利润为 190K，经营至第二年时净利润为 150K，计算出的净利润增长率为 −21.05%。这说明企业的经营出现了一定的问题，虽然从当年的数据看仍然保持了较高的利润，但与上年相比，利润额明显下降。这是一个警示，同样也需要分析利润迅速下降的关键原因。

7.1.4 销售收入增长率

销售收入增长率是指企业本期销售收入与上期销售收入增长的比率。销售收入增长率的计算公式为：

销售收入增长率 =（本年度销售收入 − 上年度销售收入）÷ 上年度销售收入 ×100%

销售收入增长率是企业某一段时间内销售收入的变化程度。销售收入增长率反映了企业在市场规模方面的扩张速度。该指标高，说明企业的销售保持着良好态势，交货技巧明显提高，如人力资源管理沙盘模拟中教学年的销售收入为 798K，经营至第二年时销售收入为 1 024K，计算出的销售收入增长率为 28.32%。这说明企业的经营态势良好。但是从销售收入增长率和净利润增长率可以明显发现，企业在第二年的投入较大，或许为企业的持续发展储备人才，或许是资金把控出现了问题，使成本提高。这就是分析指标的作用，通过不同指标的结合，找出企业经营中的优势和问题，以利于扬长避短。

7.2 人力资源效率指标

在人力资源管理中,人力资源是否得到充分利用,每个员工是否发挥了自己的最大潜能,对于人力资源管理决策者及时采取有效的措施、提高人力资源利用率十分重要。本节中主要采用人均销售收入、人均净利润、K 工资销售收入、K 工资净利润四个指标衡量企业人力资源的使用情况即人力资源效率。

7.2.1 人均销售收入

人均销售收入是指企业销售收入总额与员工平均人数的比率。人均销售收入的计算公式为:

人均销售收入 = 销售收入总额 ÷ 员工平均人数

人均销售收入是指根据报告期内的销售收入计算的平均每个员工的销售收入。人均销售收入是考核企业效率的指标,尤其用在同行业之间相比较最有可比性,人均销售收入越高,企业效率越高。这一指标普遍适用于企业处于成熟期进行同业间的比较,如人力资源管理沙盘模拟教学年中销售收入总额为 798K,员工平均数为 4,计算出人均销售收入为 199.5K。说明在该沙盘第一年的运营过程中,平均每个员工可以为企业创造 199.5K 的收入,发展状况总体上看尚可。该数据有助于企业衡量员工的数量配置方面的问题。

7.2.2 人均净利润

人均净利润是指企业净利润总额与员工平均人数的比率。人均净利润的计算公式为:

人均净利润 = 净利润总额 ÷ 员工平均人数

人均净利润是指根据报告期内的净利润计算的平均每一个员工创造的净利润。人均净利润是考核企业效益的主要指标,普遍适用于企业处于成熟期进行同业间的比较,如人力资源管理沙盘模拟教学年中净利润总额为 190K,员工平均人数为 4,计算出人均净利润为 47.5K。这说明,在初始年平均每个员工为企业创造了 47.5K 的净利润。从总体上看,人均净利润的效益较好。为了持续该良好状态的发展或是向更具优势的方向发展,企业在招聘员工时应当进行相关信息的预测,以便为企业带来更高的利润和效益。

7.2.3 K工资销售收入

K工资销售收入是指企业销售收入总额与工资总额的比率。K工资销售收入的计算公式为：

K工资销售收入=销售收入总额÷工资总额

一般而言,K工资销售收入越高,企业效率越高。K工资销售收入是指根据报告期内的销售收入计算的平均每K工资所能产生的销售收入,如人力资源管理沙盘模拟教学年中销售收入总额为798K,工资总额为376K,计算出K工资销售收入为2.12。该数据主要反映员工为企业带来的收入。从单一数据中可能无法看出该数据是否在同行中占有优势地位,但通过同行之间的相互比较,公司可对薪酬制度作出相应调整,以形成企业竞争优势。

7.2.4 K工资净利润

K工资净利润是指企业净利润总额与上期工资总额的比率。K工资净利润的计算公式为：

K工资净利润=净利润总额÷工资总额

K工资净利润是指根据报告期内的净利润计算的平均每K工资所能产生的净利润。一般而言,K工资净利润越高,企业效益越高。例如,人力资源管理沙盘模拟教学年中净利润总额为190K,工资总额为376K,计算出K工资净利润为0.51。同K工资的销售收入一样,从单一K工资的净利润指标无法判断其是否有利于企业发展,但通过同行之间的对比分析就可得出结论,再根据相关分析对企业的薪酬制度进行调整,以提高企业的人力资源效率。

7.3 人力资本能力

7.3.1 员工增长率

员工增长率是指企业新增员工人数与上年员工人数的比率。员工增长率的计算公式为：

员工增长率=新增员工人数÷上年员工人数×100%

员工增长率是指新增员工人数与原有企业员工人数的比率。员工增长率反映了企业人力资源的增长速度,同时也反映出人力资本的增长速度。将员工增长率与企业销售额增长率、利润增长率等进行综合分析,可以反映企业在一定时期内的人均生产效率。

7.3.2 人力资源流动率

人力资源流动率是指企业一年期内流入人数与流出人数之和与员工平均人数的比率。人力资源流动率的计算公式为:

人力资源流动率 = (一年期内流入人数 + 流出人数) ÷ 员工平均人数 × 100%

人力资源流动率是指报告期内企业流动人数(包括流入人数和流出人数)占总人数的比率,是考察企业组织与员工队伍是否稳定的重要指标。流入人数指调入和新进人数;流出人数指辞职、辞退人数。人力资源流动直接影响到组织的稳定和员工的工作情绪,必须加以严格控制。若员工流动率过大,一般表明企业人事关系不稳定,劳资关系存在较严重的问题,而且导致企业生产效率低,以及增加企业招聘、培训新进人员的成本;若员工流动率过小,又不利于企业的新陈代谢,保持企业活力。

7.3.3 关键岗位员工离职率

关键岗位员工离职率是指 A 级员工自愿性离职的人数与员工平均人数的比率。关键岗位员工离职率的计算公式为:

关键岗位员工离职率 = A 级员工自愿性离职的人数 ÷ 员工平均人数 × 100%

关键岗位员工离职率是指处于关键岗位而自愿离开企业的员工人数与统计期平均人数的比例。如果某一企业关键岗位自愿性的员工离职率较高,可能是不健康的企业文化的反映,或者是企业对员工没有给予恰当的评估,或者是奖励计划没有兑现;另外,领导不力也会造成该比率的上升。这就需要企业对招聘程序进行彻底检查,以确保工作岗位和雇佣员工的能力相匹配。关键岗位员工离职率受很多因素的影响,其中包括员工的个人境况、公司的内部环境、行业的发展趋势和宏观的经济形势等。

7.3.4 员工晋升率

员工晋升率是指企业年内实现职位晋升的员工人数与员工平均人数的比率。员工晋升率的计算公式为:

员工晋升率 = 年内实现职位晋升的员工人数 ÷ 员工平均人数 × 100%

进行员工晋升率的统计可以反映出企业内部员工提升的情况，为改进员工发展通道、制定员工职业规划提供依据。员工晋升率是指报告期内实现职位晋升的员工人数同总人数的比例。

7.4 人力资源运作能力

7.4.1 招聘指标

若要寻找一个指标来衡量企业人力资源活动中有关招聘甄选的运用能力，单位招聘成本应当首当其冲。

单位招聘成本是指企业招聘总成本与录用总人数的比率。单位招聘成本的计算公式为：

$$单位招聘成本 = 招聘总成本 \div 录用总人数$$

单位招聘成本表示的是一次招聘活动中每招聘一位员工所占用的成本，反映了人力资源管理在招聘甄选的相关工作中资金的利用率。单位招聘成本越高，说明其资金利用率越低，以高资本招聘到适用的人才，增加了企业人力资本的支出。在人力资源管理沙盘模拟教学年中招聘总成本为19K，录用总人数为5，计算出单位招聘成本为3.8K。若在今后的运营过程中能够降低这一成本，表示企业招聘甄选的运作能力较之于初始年有了提高。

7.4.2 培训指标

为了衡量人力资源管理活动中培训的运作能力，沙盘模拟中采用了人均培训费用、培训费用占薪资比两个指标，对企业开展员工培训的运作能力进行评判。

7.4.2.1 人均培训费用

人均培训费用是指企业培训总费用与员工平均人数的比率。人均培训费用的计算公式为：

$$人均培训费用 = 培训总费用 \div 员工平均人数$$

人均培训费用是指报告期内企业（部门）每位员工平均花费的培训费用，即企业为提升其经营效益，以培训员工、增强员工技能的方式达到这一目的的一个指标。在人力资源管理沙盘模拟教学年中培训总费用为12K，员工平均人数为5,计算出人均培训费用为2.4K。人均培训费用的高低并不能说明什么问题,但是却可以看出该企业对提高员工素质的重视程度及企业长远的战略规划。一般情况下舍得为员工花钱的企业才能在员工身上获取更大的利益。

7.4.2.2 培训费用占薪资比

培训费用占薪资比是指企业培训费用与工资总额的比率。培训费用占薪资比的计算公式为:

$$培训费用占薪资比 = 培训费用 \div 工资总额 \times 100\%$$

培训费用占薪资比是指报告期内企业(部门)员工培训各项费用之和与该时期内员工工资总额的比例。培训费用占薪资比并不是越高越好,合理的培训费用占薪资比一般水平为2% ~5%。一般情况下,如果培训费用占薪资比高于5%,表明企业(部门)非常重视员工培训,但培训费用过高导致人力成本过高;如果低于2%,表明企业(部门)对员工培训不够重视,或者说明为了节约挖潜,未能充分进行内部培训。在人力资源管理沙盘模拟教学年中培训总费用为12K,工资总额为376K,计算出培训费用占薪资比为3.19%。说明该企业在初始年的运作中,其培训计划安排合理。

7.4.3 绩效指标

在人力资源管理沙盘模拟中,如何判定其绩效战略对企业带来的效益?从初始年的运营中可以看到,在该沙盘模拟中通过对员工发放绩效奖金来体现绩效考核的结果。那么应如何评判企业的绩效运作能力?沙盘模拟运营中采取了绩效工资比例这一衡量指标。

绩效工资比例是指企业绩效工资总额与员工工资总额的比率。绩效工资比率的计算公式为:

$$绩效工资比率 = (绩效工资总额 \div 员工工资总额) \times 100\%$$

绩效工资比率是指报告期内企业(部门)员工获得的绩效工资占工资总额的比例。

7.4.4 薪酬指标(普通员工)

在人力资源管理沙盘模拟运营中衡量薪酬管理运作能力时采用了年人均工资增长率、人均工资、年工资总额增长率三个指标(以下对前两个指标进行分析)。

7.4.4.1 年人均工资增长率

年人均工资增长率是指企业本年度人均工资与上年度人均工资增长的比率。年人均工资增长率的计算公式为:

年人均工资增长率 = 本年度人均工资 ÷ 上年度人均工资 × 100% - 1

年人均工资增长率是指报告年度企业(部门)人均工资与上年度相比所增加的比例。一般情况下,同期工资增长率应当比销售收入增长率小,如果同期工资增长率大于销售收入的增长率,表明工资增长速度快于销售收入的增长速度,企业的人力成本增长过快。

7.4.4.2 人均工资

人均工资是指企业工资总额与员工平均人数的比率。人均工资的计算公式为:

人均工资 = 工资总额 ÷ 员工平均人数

人均工资是指报告期内企业(部门)平均每位员工的工资额,表示企业在薪酬管理上的支付能力,同时也从一方面体现出企业运营资金的情况。在人力资源管理沙盘模拟教学年中工资总额为136K,员工平均人数为5,计算出人均工资为27.2。人均工资在一定程度上表明企业对员工的吸引力,通过同行之间该数据的对比分析,企业可根据实际能力对其进行相应的调整,以提高企业效益,并提高企业在吸引人才上的竞争能力。

8

人力资源管理沙盘模拟技巧

人力资源管理的最终目的是什么？就是用有限的资金实现企业利润与员工价值最大化。日本经营之神松下幸之助曾经说过:“企业最大的资产是人”,做好对人的管理是企业成功的核心,而人力资源管理就是做好对人的管理的主要工作。

人力资源管理沙盘模拟经营与现实企业人力资源管理一样,真正要管理好,需要付出艰辛的努力,需要有大智慧和高技巧,需要理性的分析和正确的决策,需要团队的精诚团结和鼎力合作,需要认真细致、踏踏实实地做好每一项工作。

企业人力资源管理是一项系统工作,好比一台运转中的机器,这台机器要正常运转,需要各个部件的协调配合,而一个看似不重要的螺丝钉出现问题,都可能导致整部机器停运。所以,要在沙盘模拟经营中取得好成绩,需要多方的协调配合。总经理和人力资源经理要统揽全局,科学指挥,制定科学的发展规划,加强过程监管,加强员工队伍的情绪控制,防范意外事件的发生。

本章将对企业人力资源管理中应当注意的问题进行分析,旨在提示沙盘模拟企业经营者以及实际企业中人力资源管理者在管理过程中应当把握的关键点。

本章重点:

- 战略规划思维
- 人才招聘甄选
- 人才培训开发
- 产品交货技巧
- 绩效考评管理
- 薪酬福利激励

8.1 战略规划思维

企业人力资源管理的成败在很大程度上与企业的战略规划密切相关。在制定一流的人力资源管理战略规划之前,首先要对市场需求和人才供应有正确、深入的了解;然后就是使人力资源管理团队知道我们要做什么,什么时候做,怎样做,以及做或不做对企业产生哪些影响。在人力资源管理中,战略规划涉及的面很宽,但对于沙盘模拟企业运营而言,主要包括市场需求与人才队伍分析、产品生产规划、资金合理分配规划等几个方面。

战略规划从时间上划分，包括中长期规划和短期规划。中长期规划一般在5年以上，短期规划一般为1年。沙盘模拟企业的规划应当重视短期规划，因为短期规划更具体，也更接近实际。短期战略规划应在每年年初制定。

8.1.1 产品定位与人才队伍分析

8.1.1.1 产品定位规划

进行产品定位规划，必须结合沙盘所提供的市场需求趋势图，而且要明确几个关键问题：市场需求哪几种产品？这些产品都是什么时候开始有需求的？它们的价格和需求有怎样的发展趋势？

我们知道，如果所有企业只是一味地销售一种产品，那么这种产品的供应量就会扩大，而这时在需求保持不变的情况下，产品的单位价格必然会持续下降。当企业采取差异化竞争策略，竞争对手主攻低端产品时，企业可以通过招聘高端人才，提供高端产品，获取高端产品的丰厚利润。然而，若竞争对手也将销售目标定为高端产品，企业就不能简单地放弃高端产品市场，因为它可产生巨大的经济效益，这是一般产品和低端产品无法比拟的。此时，企业可以增加关注点，关注需求有一定持续性且价格浮动不是很大的刚需低端产品，从而扩大企业产品的销路。

在沙盘模拟运营的企业中，企业销售的产品包括P1、P2、P3、P4四种，分别代表了不同层次的四种产品，P4是最为高端的产品。

企业在销售产品时，不应盲目认为销售产品的种类越多越好，甚至认为最好可以覆盖全部的产品需求。在市场需求量巨大、价格普遍偏高且公司资金充裕的情况下，大多数公司为追求更高的市场占有率，获取高额的经济效益，往往会忽略市场规律，不断地扩大自身产能。其实，市场上的产品需求量是有限的，当产品供给达到一定程度后，产品的价格会随着供应量的增加而下降。这时，大量的产能带给公司的可能不是巨大的经济效益，反而可能给公司带来资金运转的压力。因此，制定企业的产品定位规划非常重要。

那么，企业在制定产品定位规划时应当考虑哪些因素呢？

第一，要研究每个产品的销售特点及价格发展趋势。不同的产品在其销售的不同阶段，其需求量和价格是不一样的。为此，应当研究相同年份中，不同产品的需求量与价格情况。定位企业在不同年份销售的产品，从而确定本企业重点销售的产品和销售时点。

第二，要估计竞争对手可能销售的产品，避强趋弱。在市场上，企业随时面临着激烈的竞争。为此，企业应当从竞争对手的人才、产品上分析他们可能重点进入的产品市场。在产品销售中尽可能地抢占先机，如果可能，避开市场竞争激烈的产品。当然，竞争的激烈程度也是相对而言的，比如，在高端产品的销售中，由于生产高端产品的员工稀缺，企业可以通过迅速聚集一批高端员工，占领高端产品市场；还可通过招聘、挖人的方式削弱其他公司进入高端产品市场的能力。

第三，要考虑本企业的资金情况，量力而行。对于一个企业来说，总是希望产品种类越多、产能越大。但是，生产产品是需要资金的，如果产品没有销路，或者缺乏价格优势，损失就会很大。因为资金是有限的，产品的定位除了要考虑企业的资金情况外，还要考虑由于产品种类过多和产能过大所致的不经济观象。比如，缺少招聘和培训资金，这样就会影响企业长期发展战略的实施。所以，产品的定位不仅仅是产品本身的问题，还包含了可能影响的各个方面。

一般而言，企业根据资金情况，最多定位三种产品。如果资金允许，应尽可能早地获得高端产品的生产能力。当然，如果企业的资金控制不好，在某个年份出现了严重的资金短缺，则应当暂时以低端产品销售保证资金流安全，毕竟企业生存是第一位的。

8.1.1.2 人才队伍规划

人才队伍是现实企业中人力资源管理的重要部分。在人力资源管理发展的初期，人才的重要性还没有显现的时候，人才队伍的概念远没有现在这样的关注度。在进行人才队伍规划时，首先要分析三个问题：人才分为哪些类型？人才间的区别有哪些？人才为什么非常重要？

人才在当今世界不仅是最为重要的资源，也可以是说是最为稀缺的资源。当今企业竞争已经进入白热化，以前企业的核心竞争力是产品—技术—能源—资本。产品可以制造，技术可以研发，能源可以勘探或购买，资本可以吸引，但唯独人才无法生产、更无法复制，而恰恰现有企业又无人才不可，因此，制定有规划性的人才队伍建设方案是至关重要的。著名的企业家韦尔奇曾说过：“人才与策略不同，是无法被对手公司轻易效仿的。”

人才像产品一样，也有不同的层次。在沙盘模拟企业中，人才包括A，B，C，D四种，其分别代表了不同层次的四种产能和技术水平，A为最顶尖的人才，D为最基础的人才，B和C介于A和D二者之间。低端人才相对容易获取且薪酬要求较低，但是其产能和技术水平普遍偏低，需要企业付出长期的培训成本进行培养；中高端人才获取困难，除了中高端人才的起点较高以外，激烈的人才竞争也不可忽视，而且这些人才的薪酬要求普遍较高，这也与其较高的产能和技术水平是相等的。这样就使企业实施战略规划时面临两难的抉择：是使用较低薪酬标准的低端人才进行培养呢？还是使用较高薪酬标准，一步到位地招聘到产能和技术水平都较高的中高端人才？两者选择各有利弊，前者在招聘初期，产能迟迟得不到保证，在竞争上处于弱势；后者虽在招聘初期能够较快地提升产能，在产品销售中占得先机，但是由于畸高的招聘和薪酬成本，必定会迅速耗用公司的自有资金，如不能保证销售收入快速实现，公司就可能会陷入无法降薪，却又难以承担高成本人力资源的尴尬地步。

那么，企业在制定人才队伍规划时应当考虑哪些因素呢？

第一，要研究不同层级人才的特点与发展趋势。每一年度分为四个周期，在人力资源供应中，A 级员工在第一周期提供，B 级员工在第一周期和第三周期提供，C 级和 D 级员工每一周期均有提供。也就是说，较为稀缺的 A 级员工和 B 级员工所提供的机会更少，这也比较符合现实市场人才供应的情况。除此，A 级员工的提供主要集中在传统媒体广告和猎头招聘中，且在开始的两年中并无提供，而 C 级和 D 级员工主要集中在人才交流中心和网络平台上寻找工作。这样的分布情况无疑为所有沙盘模拟企业敲响了警钟，也就是人才的供应特别是高端人才的供应相当稀缺，获得高端的人才是企业经营成功的关键。

第二，要关注人才间的区别。四类人才的高端与低端的区别除了供应量、供应机会有区别以外，更为重要的是员工所提供的产能和价值。从表 8－1 中可以看出，各级员工在生产不同产品时的产能有明显的区别，如 C 级和 D 级员工甚至没有 P3 和 P4 产品的产能，这对企业在高端产品市场上竞争是非常不利的。而 A 级和 B 级员工不仅在产能上有明显优势，在可生产的产品种类上的优势也非常突出，A 级和 B 级员工都可以生产 P3 产品，A 级员工甚至可以生产 P4 产品。除了产能的区别以外还有员工价值的区别。D 级员工由于是实习生，所以他的初始价值为 0，而 A 级员工的初始价值达到 9，与总经理的价值不相上下，由此可见高端人才的作用以及在企业竞争中的重要性。

表 8－1　各级员工的产能和价值

产品 员工	P1	P2	P3	P4	初始价值
A 级	10	9	6	4	9
B 级	6	5	2	0	5
C 级	3	2	0	0	2
D 级	1	0	0	0	0

企业在制定人才队伍规划时，不能一味地追求高端人才，忽视低端人才的作用。在资金有限的情况下，沙盘模拟企业也不得不放弃对高端人才的“喜爱”，而转向低端人才。沙盘模拟企业应当相信，持久的培训也会带来源源不断的产能和经济效益。

8.1.2 产品生产规划

沙盘模拟企业在准确分析市场需求和人才供应情况后,接下来就需要结合这两个方面重要的市场信息,规划本企业的产品生产。如何制定产品生产规划?这是一个系统性问题。回答这样的系统性问题,需要结合之前的产品定位规划和人才队伍规划进行全面考虑。

第一,需求与产能的匹配。这两者匹配,毋庸置疑,需要确认的是当年各类产品的年中与年末的需求量水平。确认需求以后,沙盘模拟企业应作出计划,年中与年末向市场提供多少产品。通过供应量的核算,结合市场的人才供应,明确需求与产能的匹配情况。在进行这方面的匹配时,准备提供多少市场需求的产品是最为重要的因素,这期间也需充分估计其他公司的情况。出于安全和稳妥的考虑,企业可以将需求量平均分配给所有公司,按照这个平均值制定规划不失为一个较好的策略。当然,如果企业有实力冒险也可以尝试,胆大心细有时可获得意外的收获。

第二,价格与利润的匹配。由于沙盘模拟企业的销售遵循的是典型的供需平衡的价格模式,因此,企业的销售收入直接受到其他公司的影响。在产能一定的情况下,生产多少产品与公司希望价格的区间以及利润有密切的关系。在沙盘模拟企业掌握的信息不确定的前提下,激进的做法就是开足马力,将所有员工最大的产能投入生产,这有可能获得较高的利润和收入,但在极端的市场情形下,也有可能血本无归。温和的做法就是在供需不明朗的情况下,用一部分产能试探市场的情况,将剩余的资金用于人才招聘、培养和稳定人才队伍。

第三,短期策略与长期战略的匹配。因为员工的生产除了最初的定岗以外,生产其他产品都需要进行岗位轮换培训,这需要支付培训成本和时间成本。因此,产品生产规划还需综合短期策略和长期战略。短期策略要求沙盘模拟企业能保证现有资金流的安全;长期战略要求沙盘模拟企业能生产出更高端的产品,获得更高的经济效益。

8.1.3 资金合理分配规划

在前面的运营实践和规划分析中,我们可以发现一个重要的词,那就是“资金”,通俗地说,那就是“钱”。每个沙盘模拟企业都有一笔初始资金,也可以说是创业的启动资金。在人力资源管理沙盘模拟运营中,为了让学生能够更深地体会资金的重要性,没有使用贷款,这让学生会更加感觉资金的捉襟见肘。由于企业部门预算制度的存在,人力资源部门的经费与公司经费需要分开核算和使用,因此,沙盘模拟企业需要考虑如何将有限的资金进行优化配置。沙盘模拟企业在对资金进行优化配置的过程中,还需注意三个“被惩罚”的问题。

第一,人力资源经费申请过多,经过使用,余额超过一定额度会被“惩罚”。

第二,人力资源经费申请过多,导致公司经费不足,需要回账,会被“惩罚”。

第三,人力资源经费申请过少,需要紧急向公司经费进行申请,会被“惩罚”。

从上述三个“惩罚”可以看出,从规则角度为沙盘模拟企业运用资金设定了“高压线”,更加凸显了资金的重要性。沙盘模拟企业应当如何进行资金的分配?有限的钱该怎么用?为此可以考虑以下两个问题。

第一,当年的产品生产规划。当年产品生产规划的依据是市场的产品需求以及人才供应情况。公司总经费中的最大部分就是产品的综合成本。根据产品生产规划,核算当年将要使用的产品综合成本是确定公司总经费的捷径。当然,不是说公司把除了需要支付的产品综合成本的资金留下,然后把所有的资金注入人力资源部就可以了,每个沙盘模拟企业都需要留下一笔紧急备用金,以防范如人员被挖、招聘不如预期顺利等出现的经营风险。

第二,人力资源匹配策略。沙盘模拟企业不可能一味地考虑产品的生产规划,还需要考虑除了产品综合成本和紧急备用金以外的人力资源策略。如果剩余资金无法提供匹配的人力资源,所有的规划都将是不成立的。比如,沙盘模拟企业规划了全年生产计划,但是当沙盘模拟企业以计划中的薪酬体系招聘员工以匹配相应的产能时,可能由于其他沙盘模拟企业也在同样的招聘渠道招聘同类型员工而形成竞争。沙盘模拟企业为了进行人员补充,在后期的招聘中会支出更多的成本。这样,人力资源资金就会出现不足,影响整体资金的分配。

彼得·德鲁克曾经说过:“没有一家企业可以做所有的事。即便有足够的钱,它也永远不会有足够的人才。它必须分清轻重缓急。最糟糕的是什么都做,但都只做一点点,这必将一事无成。不是最佳选择总比没有选择要好。”有时市场上会出现产能和价值都高的 A 级人员,而沙盘模拟企业却徘徊在生存边缘时,是高成本地招聘这名 A 级人员,还是优先保证公司生存,实际上就是一个分清轻重缓急的问题。相反,一家公司虽然有充足的资金,但是不会很好地利用,虽然想方设法招聘高级人才,但又不愿支付较高的薪酬,导致高级人才招不到,本企业已有的人才也容易流失。

由此可见,资金分配过程中需要沙盘模拟企业的管理人员慎之又慎,产品生产规划与人力资源策略的紧密匹配与精确预测是做好资金合理分配的重要前提和方法。

8.2 人才招聘甄选

8.2.1 人才招聘规划

从前面的叙述中我们了解到,招聘策略的有效实施是沙盘模拟企业人力资源管理的重要前提之一。任何管理和生产若没有人的参与都是徒劳的。沙盘模拟企业只有树立这样的人才观念才能更好地招聘到所需要的人才。人才的招聘实际上是一项系统性的工作,不仅涉及工作分析的前提、招聘的成本、招聘的竞争等招聘本身的工作,还涉及薪酬体系的竞争性、培训的到位情况等人力资源的其他工作。沙盘模拟企业应如何做好工作分析,支付最低的成本招到最合适的人才?沙盘模拟企业可以从以下三个方面进行考虑和分析。

第一,工作分析的规划。工作分析的完成是招聘的必要前提。在现实企业中,工作分析是人力资源管理最为重要的基础工作。工作分析过程中对岗位的工作内容进行分析以及任职要求、工作难度分析等,都可为招聘、培训、绩效、薪酬管理等提供有效的参考数据,使管理更加科学、到位。在沙盘模拟企业中,工作分析主要分为岗位设计和岗位分析,两者主要与人才招聘有关。岗位设计是一次性的,设计完成后无需重复设计;岗位分析则在每次招聘前都需进行。由于岗位设计和岗位分析的费用都不低,因此在制定招聘规划前,需将这两者费用纳入其中。对A,B,C级员工都需要进行岗位设计,由于A级员工在前两年都没有提供,因此可考虑将A级员工的岗位设计推后。当期内如需进行人才招聘,一定要提前进行岗位分析,否则将不具备招聘资格。

第二,招聘渠道与时间选择。在沙盘模拟企业中提供了五种招聘渠道,分别是校园招聘、人才交流中心、网络平台、传统媒体和猎头招聘。五种招聘渠道的费用和主要提供的员工类型也稍有不同。前四种是针对同类型的员工在同一周期进行的,最后一种猎头招聘是针对单个员工的招聘确定基本费用和提成(薪酬的50%),所以,公司在选择招聘渠道时首先需要考虑费用问题;其次,高端员工主要由传统媒体和猎头招聘中提供,中低端员工主要是其余三种渠道提供;最后,A级员工在第一周期提供,B级员工在第一周期和第三周期提供,C级和D级员工每一周期均有提供。

根据上述三种招聘渠道和招聘周期的区别,沙盘模拟企业招聘中需要先判断招聘费用较为便宜的渠道中是否有目标人员提供,然后看提供数量。相对而言,同一渠道、同一周期内的同类型员工提供数量较多,竞争成功的概率也较大。当沙盘模拟企业资金充裕时，可考虑在第一和第二周期进行人员竞争，因为这时如果招聘成功，可迅速实现产能；当沙盘模拟企业资金较为紧缺时，可考虑放弃竞争激烈的第一和第二周期，转向第三和第四周期进行竞争，也可能会有意想不到的收获。

第三，招聘数量规划。数量规划是员工招聘最为关键的部分。首先，招聘数量的主要依据是产品生产规划。确认完成生产规划对员工的需求数量以后，根据市场所提供的招聘渠道和周期分布确定招聘数量。

比如，沙盘模拟企业准备招聘各 1 名 C 级和 B 级员工，且需要在第一周期招聘成功。在确认招聘周期和渠道时，不能仅确定一个 C 级和一个 B 级员工，因为，通过竞争、面试等环节，企业很可能并没录取这两个员工。为避免出现这种结果就需要沙盘模拟企业"广撒网"，可针对 2 个 C 级和 2 个 B 级员工进行招聘，这样，招聘的概率就会增加。若以多个 C 的产能顶替 B、多个 D 的产能顶替 C 的方式扩大招聘面也不失为一种选择方式，但需要综合考虑的就是成本问题。寻找一个成本和风险的最佳契合点是沙盘模拟企业做好员工招聘的出发点。

8.2.2 挖人替补规划

挖人是招聘的重要补充。现代社会人才竞争日趋激烈，企业不断将招聘的触角前伸。比如，针对普通员工，很多企业在职业技术学院或中专学校开办"某某企业班"，使学生一毕业就到该企业工作，解决一部分的用人问题。针对高端员工，很多企业会借助专业的猎头公司，从其他公司挖到自己需要的人才，保证招聘的有效性和精确度。沙盘模拟企业在挖人的过程中需要考虑以下三个规划。

第一，替补规划。虽然沙盘模拟提供了五条招聘渠道，但是，在人才竞争如此激烈的市场中，多一条招聘渠道就多一种选择，因此，挖人也是一种重要的招聘方式，而且有其他招聘渠道不具备的优势。比如，挖人成功，优先挖到的是同级别中价值最高的员工，而其他招聘渠道招聘的员工仅具有初始价值和产能。

第二，"挖墙脚"规划。由于挖人的特殊性，有时挖人可以作为一种竞争手段运用。如针对主要竞争对手，高端员工挖人成功后，不仅本企业可以获得优秀的员工，而且可以影响竞争对手的经营策略，打击竞争对手的实力，这可谓是一石二鸟。微软创始人比尔·盖茨的一句名言印证了这个概念，他曾说过："把我们顶尖的 20 个人才挖走，那么我告诉你，微软会变成一家无足轻重的公司。"即是说，把竞争对手最主要的几个高端人才挖到自己的企业中，竞争对手也就是一家无足轻重的公司了。

第三，资金规划。挖人除了上述益处以外也有其缺点，最主要的缺点是需要支付高工资(该员工当年原基本工资的120%),这就增加了企业的薪酬成本,而且还要支付给被挖公司的挖人补偿金,增加了招聘费用。因此,沙盘模拟企业在做出挖人计划时,不仅要考虑挖人成功的诸多好处,更要考虑挖人所付出的成本与收益是否对等。

8.3 人才培训开发

8.3.1 技能提升技巧

著名的企业管理学教授沃伦·贝尼曾经说过:"员工培训是企业风险最小、收益最大的战略性投资。"技能提升培训作为唯一的在职员工产能和价值提升的方式,其对企业经营和发展的影响不可小觑。技能提升培训分为在岗培训与脱产培训,两者在培训费用和效果上都有所不同,沙盘模拟企业可以根据实际情况自由选择。开展技能提升培训需要做好以下三方面的工作。

第一,保持常态化培训。由于技能提升培训对于员工的产能和价值有提升的效果,因此,有些沙盘模拟企业会更看重短期效果,当感觉产能不足时就去培训员工;当产能足够了,就觉得技能提升培训没有必要了。这是一个不当的做法。因为技能提升培训除了可以提高产能以外,还能提高价值,而价值的提高不仅影响总评分,也会随着价值上升而使员工升级。这些都是技能提升培训的远期利益,因此,沙盘模拟企业在资金允许的情况下应保持对员工的常态化的技能提升培训。

第二,在岗培训与脱岗培训的选择。两种技能提升培训方式的选择,主要是根据企业的需求。在岗培训费用低,培训期间可以不中断生产,但产能和价值提升较慢;脱岗培训费用较高,培训期间无产能,但产能和价值提升较快,且培训期间员工不流失,也可减少工资支出(期基本工资减半支付)。

从在岗培训与脱岗培训的比较中可以看出,在岗培训适合常态化的培训,适合所有级别的员工;脱岗培训比较适合短期目标的实现,适合级别较高的员工。比如,当沙盘模拟企业无A级员工,但战略规划准备进军P4产品市场时,企业就可以利用脱岗培训产能和价值提升较快的优势,对一个B级员工进行脱产培训。B级员工上升至A级只需脱产培训8期,也就是两年时间,这对沙盘模拟企业是存在着较大的诱惑力的。当然也可选择在岗培训,但是需在岗培训16期,即用四年时间,才能从B上升至A,但其间是保持着B的产能的,因此这也不失为一种较好的员工级别提升方式。

第三，技能提升培训契机的掌握。培训契机与沙盘模拟企业人才队伍的结构和发展战略有密切关系。在沙盘模拟企业刚刚起步时，可对部分员工进行在岗培训，在保证产能不下降的情况下，逐步对员工进行产能和价值提升的培训。当企业开始稳定且占有一定的市场份额后，可对重点员工进行脱产培训，快速实现员工价值提升和升级，为企业提供一支自主培养的高端员工队伍。当然，在培训过程中若出现资金短缺时，还是应以保障企业安全运营为首要条件，不然，即使有“华丽”的员工队伍，企业倒闭了，员工再“华丽”也于事无补。

8.3.2 岗位轮换技巧

岗位轮换培训可以保证员工处在沙盘模拟企业最需要他的位置上。岗位轮换培训重在技巧。

第一，从岗位轮换培训费用的角度看，员工轮换到越高端的产品岗位，培训费用越高。比如，一名 B 级员工在入职时定岗在 P1 产品，两个周期以后希望他能生产 P3 产品，那就需要对他进行岗位轮换培训，支付 5K 的费用。同样，这名 B 级员工如果在入职时定岗在 P3 产品，同样两个周期以后希望他能生产 P1 产品，也需要对他进行岗位轮换培训，但只需支付 1K 的费用。这样的例子让企业发现，在安排产品生产时，同样要考虑培训费用，但是，将 B 级的中高端员工保留在 P3 中高端产品上进行生产，P1 产品由 C 级甚至 D 级员工进行生产，如此就可以降低轮岗培训的费用。

第二，岗位轮换培训为沙盘模拟企业提供了一种最有效利用员工产能的方式。在员工数量有限的情况，沙盘企业可以利用一个员工生产多种产品。比如，一名 B 级员工可以在第一和第二周期生产 P3 产品，同时在第二周期时进行岗位轮换培训，轮换至 P2 产品。那么，该员工在第三周期就可生产 P2 产品，保证沙盘模拟企业产品种类的多样性，也可满足特定的产品生产规划。

8.4 产品交货技巧

产品交货、获取销售利润是企业经营的最终目标，因此，沙盘模拟企业对产品交货技巧是非常关注的。沙盘模拟企业交货与现实企业的销售大致相同。通过市场供需平衡，实现价格的上下浮动，即供大于求，价格下降；供小于求，价格上升。沙盘模拟企业通过交货技巧获取更高的利润，需要企业管理人员进行全面的规划。市场有四种产品需求，相对而言，某种产品的交货量越小，交货公司获得的单位产品利润越高,因此,企业应寻找其他竞争对手都不会或较少提供的某类产品交货。

在明确交货的产品以后,何时交货也有其技巧。沙盘模拟企业可以分别在第二周期和第四周期交货,交货时间可根据年中需求量与第三和第四周期提供的人才相匹配。根据需求量交货是沙盘模拟企业交货技巧的基础。第三和第四周期的人才进入企业后产出的产品能否填补年中或年末的需求差距,考虑这个因素,沙盘模拟企业就可以据此作出激进或保守的交货策略。

第四,当确认交货产品、交货时间以后,交货数量是沙盘模拟企业需要考虑的核心问题。除了现有的产品数量是交货数量的最大值以外,交多少的数量可以获得最大的利润才是关键。前文说过,沙盘模拟企业应寻找有可能其他竞争对手都不会或较少交货的产品,当企业确定这样的产品时,交货的数量由沙盘模拟企业通过核算确定最佳利润平衡点。

8.5 绩效考评管理

在人力资源管理沙盘模拟企业中,绩效考评是核心部分,因为涉及人力资源管理中最为重要的内容——价值。绩效考评是一项系统性的管理内容,因为价值是从沙盘模拟企业开始经营时就给予关注的,所以绩效考评主管应当是重要的“第三人”——除了总经理和人力资源经理外。绩效考评作为整体性系统,其管理也没有什么技巧可言。

沙盘模拟企业价值提升有三条通道:新增人员招聘、技能提升培训和管理人员绩效考核。三者中前两个都会涉及成本问题,但是也都有降低成本的技巧。比如,新增人员招聘中,D 员工是没有价值的,因此,在成本控制的前提下,可减少 D 员工的招聘;再如,在技能提升培训中,可通过核算提升价值的时间点控制员工升级的时间点,从而减少部分人力成本的支出;还可以通过控制价值的提升时间点为全年评分带来一定优势。

管理人员的绩效考核需要绩效考评主管对管理人员的 KPI 及时给予关注,实时关注沙盘模拟企业管理人员的绩效完成情况,不能只注重最后的结果,这样就失去了绩效考评的核心意义。

8.6 薪酬福利激励

作为人力资源管理技巧中的组成部分,薪酬福利激励应当属于较核心的内容。之所以如此,是因为薪酬福利是人力资源管理成本比重最大的部分,也影响着其他人力资源模块。薪酬福利激励技巧是否运用到位,直接影响企业整体人力资源成本和战略的落实,其中最为主要的是薪酬体系设计的技巧。薪酬体系设计不合理可能会产生严重的不良后果:一是薪酬成本居高不下,影响企业整体评分,甚至导致破产;二是薪酬成本较低,造成员工队伍不稳定,员工经常流失;三是薪酬体系对外竞争力不强,影响人才招聘竞争。

实现薪酬体系对内的激励性和对外的竞争性的目的,最为关键的是对市场薪酬水平的掌握。比如,某沙盘模拟企业在设计 B 级员工的薪酬时,如果能够了解市场上 B 级员工的基本工资为 32K/年,这时该企业的 B 级员工只要年基本工资不低于 32K,就基本没有流失的风险。至于招聘的成功率,同样与市场的薪酬水平有关。当市场上 B 级员工的年基本工资为 32K 时,按照规则,招聘时人才引进津贴最多为年基本工资的 100%,因此,市场上一般 B 级员工的"价格"约为每年 64K。这时沙盘模拟企业就可以有的放矢地进行招聘和薪酬设计了。

在企业内部,若薪酬成本居高不下,除了薪酬体系设计混乱且过高的主要原因以外,还存在着对薪酬预算的不到位。比如,沙盘模拟企业在设计薪酬体系时不能仅考虑基本工资支出,还要考虑人才引进津贴、绩效奖金和法定福利等各项支出。再有就是市场竞争的不确定性,如果竞争过于激烈,必然导致沙盘模拟企业的薪酬福利成本陡升,这也是需要提前预测、防患于未然的。

9

人力资源管理沙盘案例

企业经营面对的是一个变化的、充满竞争的市场，在这个市场中，提供给每位经营者的资源是相同的，规则是相同的，不同的是每位经营者的经营策略和方法。正是因为经营策略和方法的不同，导致了不同的经营结果。个中滋味，也许只有参与其中才能体会得到。但一次的成功不代表永远的成功，一次的失败也不代表永远的失败；我们允许犯错误，但不允许犯同样的错误。所以，我们要学会总结。正是基于这样的目的，本章对一个真实的案例进行分析，以获得抛砖引玉的效果。

本章重点：

- 案例分析
- 参赛队伍经营策略分析

9.1 案例基本情况介绍

产品市场需求及人才供应情况教师可以自由设置，本案例的各产品市场需求量及人才供应量选用系统默认，也与本教程的第3章的需求量与供应量一致。

G1，G2，G3，G4，G5，G6公司各年度销售收入、人力资源成本以及净利润的变化分别如图9－1，图9－2，图9－3，图9－4，图9－5，图9－6所示。

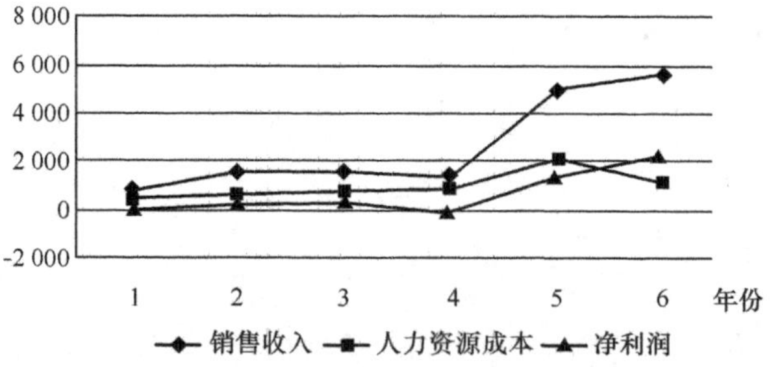

图9－1　G1公司各年度销售收入、人力资源成本、净利润变化

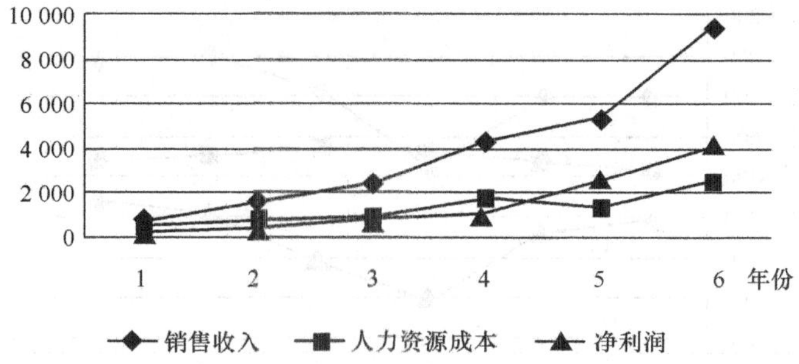

图 9-2 G2 公司各年度销售收入、人力资源成本、净利润变化

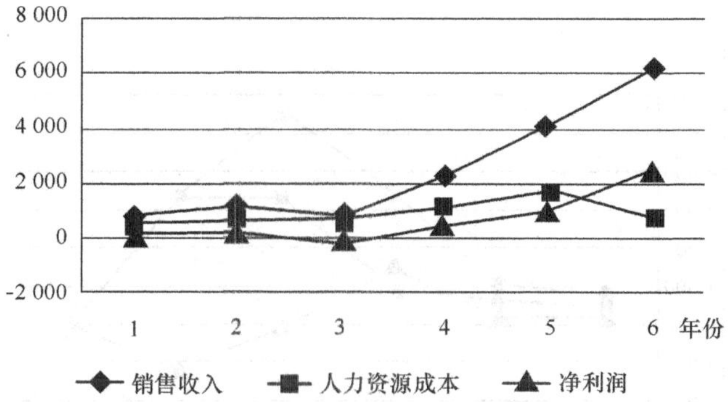

图 9-3 G3 公司各年度销售收入、人力资源成本、净利润变化

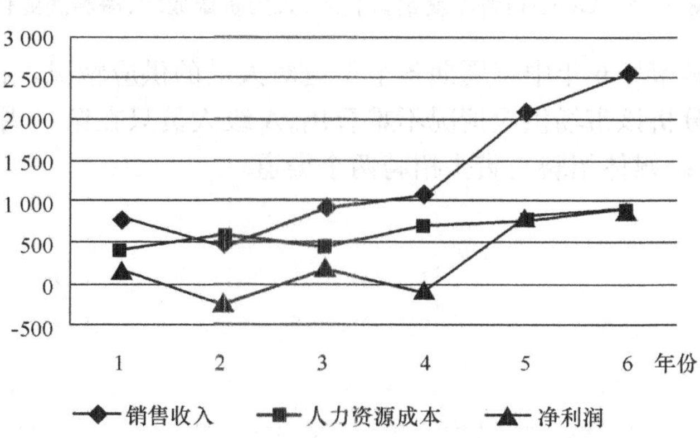

图 9-4 G4 公司各年度销售收入、人力资源成本、净利润变化

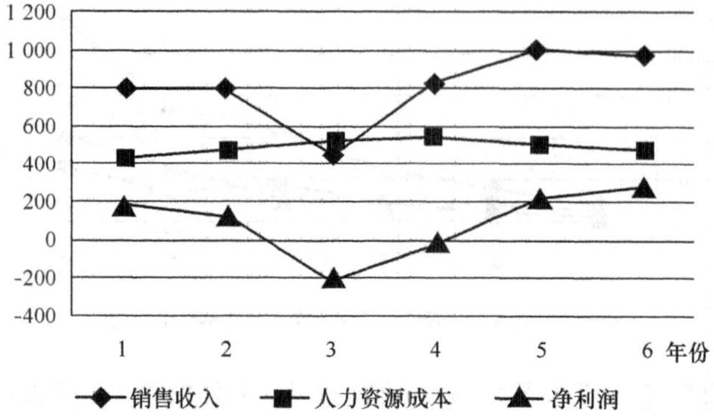

图 9-5　G5 公司各年度销售收入、人力资源成本、净利润变化

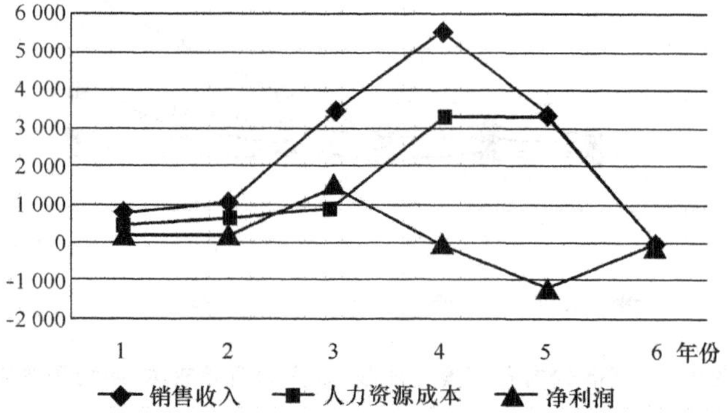

图 9-6　G6 公司各年度销售收入、人力资源成本、净利润变化

表 9-1 是市场 6 年中每周期各个渠道对人员的供应情况。在进行人员招聘前,从研究分析该市场供应情况不难看出,A 级人员只在第一周期供应,且大部分分布于传统媒体招聘与猎头招聘两个渠道。

表 9-1 人才供应表

周期		第一周期					第二周期					第三周期					第四周期				
年份	招聘渠道	校园招聘	人才交流中心招聘	网络平台招聘	传统媒体招聘	猎头招聘	校园招聘	人才交流中心招聘	网络平台招聘	传统媒体招聘	猎头招聘	校园招聘	人才交流中心招聘	网络平台招聘	传统媒体招聘	猎头招聘	校园招聘	人才交流中心招聘	网络平台招聘	传统媒体招聘	猎头招聘
第一年	A																				
	B	0	6	0	0							0	0	0	0						
	C	0	0	0	0		0	0	6			0	6	0	0		0	0	0		
	D	0	0	0	0		6	6	0			0	0	0	0		0	0	0		
第二年	A																				
	B	0	0	1	1							0	1	0	0						
	C	2	1	2	0		0	2	1			0	1	1	0		0	1	1		
	D	2	2	0	0		3	2	0			2	1	0	0		2	2	0		
第三年	A	0	0	0	1																
	B	0	1	0	1							0	0	1	1						
	C	1	1	0	0		0	2	2			1	1	1	0		0	3	0		
	D	0	2	0	0		2	2	0			1	2	0	0		2	2	0		
第四年	A	0	0	0	1	1															
	B	0	1	1	1							0	0	1	1						
	C	1	2	1	0		0	1	2			1	1	0	0		0	1	0		
	D	1	1	0	0		1	2	0			2	1	0	0		2	2	0		
第五年	A	0	0	0	1	1															
	B	0	1	0	1							0	0	1	0						
	C	1	2	2	0		0	1	1			1	1	0	0		0	1	2		
	D	1	2	0	0		2	2	0			1	1	0	0		2	2	0		
第六年	A	0	0	0	0	1															
	B	0	1	0	1							0	0	1	0						
	C	2	1	0	0		0	1	0			1	1	0	0		0	1	0		
	D	2	1	0	0		2	2	0			1	1	0	0		2	2	0		

9.2 各公司经营情况展示

9.2.1 各公司各年招聘甄选情况

表 9－2 各公司第一年招聘甄选情况

	招聘时间	员工级别	招聘渠道	数量	定岗	招聘费用	人才引进津贴	年基本工资	年工资	是否招聘成功
G1公司	第一周期	B	人才交流中心招聘	1	P1	4	15	32	47	√
	第二周期	C	网络平台招聘	1	P2	4	10	20	30	√
	第二周期	D	校园招聘	1	P1	3	3	12	15	√
	第二周期	D	人才交流中心招聘	1	P1	4	3	12	15	√
	第三周期	C	人才交流中心招聘	1	P2	4	10	20	30	√
G2公司	第一周期	B	人才交流中心招聘	1	P1	4	15	32	47	√
	第二周期	C	网络平台招聘	1	P2	4	10	20	30	√
	第二周期	D	校园招聘	1	P1	3	3	12	15	√
	第二周期	D	人才交流中心招聘	1	P1	4	3	12	15	√
	第三周期	C	人才交流中心招聘	1	P2	4	10	20	30	√

续表

	招聘时间	员工级别	招聘渠道	数量	定岗	招聘费用	人才引进津贴	年基本工资	年工资	是否招聘成功
G3公司	第一周期	B	人才交流中心招聘	1	P1	4	15	32	47	√
	第二周期	C	网络平台招聘	1	P2	4	10	20	30	√
	第二周期	D	校园招聘	1	P1	3	3	12	15	√
	第二周期	D	人才交流中心招聘	1	P1	4	3	12	15	√
	第三周期	C	人才交流中心招聘	1	P2	4	10	20	30	√
G4公司	第一周期	B	人才交流中心招聘	1	P1	4	15	32	47	√
	第二周期	C	网络平台招聘	1	P2	4	10	20	30	√
	第二周期	D	校园招聘	1	P1	3	3	12	15	√
	第二周期	D	人才交流中心招聘	1	P1	4	3	12	15	√
	第三周期	C	人才交流中心招聘	1	P2	4	10	20	30	√
G5公司	第一周期	B	人才交流中心招聘	1	P1	4	15	32	47	√
	第二周期	C	网络平台招聘	1	P2	4	10	20	30	√
	第二周期	D	校园招聘	1	P1	3	3	12	15	√
	第二周期	D	人才交流中心招聘	1	P1	4	3	12	15	√
	第三周期	C	人才交流中心招聘	1	P2	4	10	20	30	√
G6公司	第一周期	B	人才交流中心招聘	1	P1	4	15	32	47	√
	第二周期	C	网络平台招聘	1	P2	4	10	20	30	√
	第二周期	D	校园招聘	1	P1	3	3	12	15	√
	第二周期	D	人才交流中心招聘	1	P1	4	3	12	15	√
	第三周期	C	人才交流中心招聘	1	P2	4	10	20	30	√

表 9-3　各公司第二年招聘甄选情况

	招聘时间	员工级别	招聘渠道	数量	定岗	招聘费用	人才引进津贴	年基本工资	年工资	是否招聘成功
G1公司	第一周期	B	网络平台招聘	1	P1	4	15	44	59	√
	第一周期	C	网络平台招聘	2	P2	4	5	24	29	×
	第二周期	C	人才交流中心招聘	2	P1	4	15	24	39	√
	第三周期	B	人才交流中心招聘	1	P2	4	5	44	49	×
	第四周期	C	人才交流中心招聘	1	P2	4	8	24	32	√
	第四周期	C	网络平台招聘	1	P2	4	8	24	32	×
G2公司	第一周期	B	网络平台招聘	1	P2	4	10	48	58	×
	第一周期	C	校园招聘	2	P2	3	5	28	33	√
	第三周期	B	人才交流中心招聘	1	P2	4	15	48	63	√
	第三周期	C	人才交流中心招聘	1	P2	4	5	28	33	×
G3公司	第一周期	B	网络平台招聘	1	P2	4	15	36	51	×
	第一周期	C	网络平台招聘	2	P1	4	12	24	36	√
	第一周期	D	校园招聘	2	P1	3	8	16	24	√
	第三周期	B	人才交流中心招聘	1	P2	4	16	36	52	×
	第三周期	C	人才交流中心招聘	1	P2	4	12	24	36	×
G4公司	第一周期	B	网络平台招聘	1	P2	4	6	40	46	×
	第一周期	B	传统媒体招聘	1	P2	5	6	40	46	×
	第一周期	C	校园招聘	2	P2	3	4	28	32	×
	第一周期	C	人才交流中心招聘	1	P2	4	7	28	35	√
	第一周期	C	网络平台招聘	2	P2	4	7	28	35	×
	第二周期	C	人才交流中心招聘	1	P2	4	8	28	36	×
	第四周期	C	网络平台招聘	1	P2	4	8	28	36	√

续表

	招聘时间	员工级别	招聘渠道	数量	定岗	招聘费用	人才引进津贴	年基本工资	年工资	是否招聘成功
G5公司	第一周期	B	网络平台招聘	1	P1	4	16	32	48	×
	第一周期	B	传统媒体招聘	1	P1	5	16	32	48	√
	第四周期	D	校园招聘	2	P1	3	3	12	15	√
G6公司	第一周期	B	网络平台招聘	1	P2	4	6	44	50	×
	第一周期	B	传统媒体招聘	1	P2	5	1	44	45	×
	第一周期	C	校园招聘	2	P2	3	4	28	32	×
	第一周期	C	网络平台招聘	1	P1	4	3	28	31	×
	第二周期	C	人才交流中心招聘	2	P1	4	6	28	34	×
	第二周期	C	网络平台招聘	2	P2	4	5	28	33	√
	第三周期	B	人才交流中心招聘	1	P2	4	14	44	58	×
	第三周期	C	人才交流中心招聘	1	P1	4	8	28	36	√
	第三周期	C	网络平台招聘	1	P2	4	5	28	33	√

表 9－4　各公司第三年招聘甄选情况

	招聘时间	员工级别	招聘渠道	数量	定岗	招聘费用	人才引进津贴	年基本工资	年工资	是否招聘成功
G1公司	第一周期	A	传统媒体招聘	1	P3	5	60	60	120	×
	第三周期	B	传统媒体招聘	1	P3	5	48	48	96	√
G2公司	第一周期	A	传统媒体招聘	1	P3	5	50	80	130	×
	第三周期	B	传统媒体招聘	1	P3	5	20	64	84	×
G3公司	第一周期	A	传统媒体招聘	1	P3	5	18	60	78	×
	第三周期	B	传统媒体招聘	1	P3	5	42	36	78	×
G5公司	第一周期	B	人才交流中心招聘	1	P3	4	15	48	63	×
G6公司	第一周期	A	传统媒体招聘	1	P3	5	60	80	140	√
	第一周期	B	人才交流中心招聘	1	P3	4	15	56	71	√

表 9－5　各公司第四年招聘甄选情况

	招聘时间	员工级别	招聘渠道	数量	定岗	招聘费用	人才引进津贴	年基本工资	年工资	是否招聘成功
G1公司	第一周期	A	猎头招聘	1	P4	3	0	384	384	×
	第一周期	B	传统媒体招聘	1	P3	5	10	90	100	√
	第三周期	B	传统媒体招聘	1	P3	5	1	90	91	√
G2公司	第一周期	A	传统媒体招聘	1	P4	5	240	240	480	×
	第一周期	A	猎头招聘	1	P4	3	240	240	480	√
	第一周期	B	人才交流中心招聘	1	P3	4	10	80	90	×
G3公司	第一周期	B	人才交流中心招聘	1	P3	4	20	120	140	×
	第二周期	C	网络平台招聘	2	P1	4	8	52	60	√
G4公司	第一周期	C	网络平台招聘	2	P2	4	1	48	49	√
	第一周期	C	传统媒体招聘	1	P2	5	1	48	49	√
	第三周期	B	网络平台招聘	1	P3	4	1	60	61	√
G5公司	第二周期	C	人才交流中心招聘	1	P2	4	1	28	29	√
G6公司	第一周期	A	传统媒体招聘	1	P4	5	150	360	510	√
	第一周期	A	猎头招聘	1	P4	3	50	360	410	×
	第一周期	B	人才交流中心招聘	1	P3	4	30	200	230	√
	第一周期	B	网络平台招聘	1	P3	4	30	200	230	√
	第一周期	B	传统媒体招聘	1	P3	5	30	200	230	×

表 9－6 各公司第五年招聘甄选情况

	招聘时间	员工级别	招聘渠道	数量	定岗	招聘费用	人才引进津贴	年基本工资	年工资	是否招聘成功
G1公司	第一周期	A	传统媒体招聘	1	P4	5	100	384	484	√
	第一周期	A	猎头招聘	1	P4	3	10	384	394	√
G2公司	第一周期	A	传统媒体招聘	1	P4	5	240	240	480	×
	第一周期	A	猎头招聘	1	P4	3	150	240	390	×
	第三周期	B	网络平台招聘	1	P3	4	1	80	81	√
G3公司	第一周期	B	传统媒体招聘	1	P3	5	10	160	170	√
G6公司	第一周期	A	传统媒体招聘	1	P4	5	30	432	462	×

表 9－7 各公司第六年招聘甄选情况

	招聘时间	员工级别	招聘渠道	数量	定岗	招聘费用	人才引进津贴	年基本工资	年工资	是否招聘成功
G1公司	第一周期	A	猎头招聘	1	P4	3	0	384	384	×
G2公司	第一周期	A	猎头招聘	1	P4	3	240	240	480	√
	第三周期	B	网络平台招聘	1	P3	4	1	80	81	√
G3公司	第一周期	B	传统媒体招聘	1	P3	5	10	160	170	√
G4公司	第一周期	C	校园招聘	2	P2	3	1	48	49	√
G5公司	第二周期	D	校园招聘	1	P1	3	1	20	21	√

9.2.2 各公司交货情况

表9-8 各公司六年的交货情况表

年份	交货时间	公司	产品类型	交货量	收购价	销售收入	交货时间	交货量	收购价	销售收入	清仓收入
第一年	年中交货	G1	P1	14	17	238	年末交货	14	19	266	
			P2	2	35	70		8	28	224	
		G2	P1	14	17	238		14	19	266	
			P2	2	35	70		8	28	224	
		G3	P1	14	17	238		14	19	266	
			P2	2	35	70		8	28	224	
		G4	P1	14	17	238		14	19	266	
			P2	2	35	70		8	28	224	
		G5	P1	14	17	238		14	19	266	
			P2	2	35	70		8	28	224	
		G6	P1	14	17	238		14	19	266	
			P2	2	35	70		8	28	224	
第二年	年中交货	G1	P1	26	14	364	年末交货	16	17	272	
			P2	12	25	300		30	21	630	
		G2	P1	20	14	280		35	17	595	
			P2	10	25	250		24	21	504	
		G3	P1	28	14	392		26	17	442	
			P2	6	25	150		8	21	168	
		G4	P1	7	14	89		7	17	119	
			P2	6	25	150		8	21	168	
		G5	P1	12	14	168		16	17	272	
			P2	8	25	200		8	21	168	
		G6	P1	14	14	196		14	17	238	
			P2	10	25	250		20	21	420	

续表

年份	交货时间	公司	产品类型	交货量	收购价	销售收入	交货时间	交货量	收购价	销售收入	清仓收入
第三年	年中交货	G1	P1	16	17	272	年末交货	20	22	440	
			P2	26	16	416		4	24	96	
			P3	0	0	0		8	60	480	
		G2	P1	36	17	612		30	22	660	
			P2	17	16	272		8	24	192	
			P3	4	60	240		8	60	480	
		G3	P1	6	17	102		6	22	132	
			P2	8	16	128		8	24	192	
			P3	0	0	0		4	60	240	
		G4	P1	4	17	68		4	22	44	
			P2	20	16	320		20	24	480	
			P3	0	0	0		0	60	0	
		G5	P1	4	17	68		4	22	88	
			P2	8	16	128		8	24	192	
		G6	P1	9	16	144		2	22	44	
			P2	12	17	204		30	24	690	
			P3	16	60	960		16	60	1 440	
第四年	年中交货	G1	P1	14	10	140	年末交货	14	12	168	
			P2	4	14	56		4	21	84	
			P3	8	43	344		12	44	528	
		G2	P1	32	10	320		34	12	408	
			P2	8	14	112		8	21	168	
			P3	10	43	430		12	44	528	
			P4	8	132	1 056		8	165	1 320	
		G3	P1	6	10	60		18	12	216	
			P2	8	14	112		8	21	168	
			P3	4	43	172		5	44	220	
			P4	0	0	0		8	165	1 320	
		G4	P1	4	10	40		4	12	48	
			P2	28	14	392		28	21	441	
			P3	0	0	0		4	44	176	
			P4	0	0	0		0	145	0	
		G5	P1	20	10	200		20	12	240	
			P2	10	14	140		12	21	252	
		G6	P1	20	10	200		2	12	24	
			P2	30	14	420		30	21	630	
			P3	20	43	860		24	44	1 056	
			P4	8	132	1 056		8	165	1 344	

续表

年份	交货时间	公司	产品类型	交货量	收购价	销售收入	交货时间	交货量	收购价	销售收入	清仓收入
第五年	年中交货	G1	P1	4	17	68	年末交货	8	17	136	
			P2	2	25	50		4	29	116	
			P3	5	66	330		8	79	632	
			P4	13	126	1 638		16	129	2 064	
		G2	P1	17	17	289		22	17	374	
			P2	8	25	200		8	29	232	
			P3	14	66	924		16	79	1 264	
			P4	8	126	1 008		8	129	1 032	
		G3	P1	18	17	306		18	17	306	
			P2	6	25	150		16	29	464	
			P3	10	66	660		10	79	790	
			P4	8	126	1 008		8	129	1 032	
		G4	P1	4	17	68		4	17	68	
			P2	28	25	700		28	29	812	
			P3	2	66	132		4	79	316	
		G5	P1	18	17	306		16	17	272	
			P2	8	25	200		8	29	232	
		G6	P1	1	17	17		0	0	0	
			P2	9	25	225		0	0	0	
			P3	14	66	924		0	0	0	
			P4	8	126	1 008		10	129	1 290	
第六年	年中交货	G1	P1	2	18	36	年末交货	2	21	42	
			P2	4	24	96		4	31	124	
			P3	4	76	304		4	86	344	
			P4	16	139	2 224		16	171	2 576	
		G2	P2	4	24	96		4	31	124	
			P3	22	76	1 672		24	86	2 064	
			P4	17	139	2 363		18	171	3 078	
		G3	P1	18	18	324		18	21	378	
			P2	14	24	336		14	31	434	
			P3	10	76	760		10	86	860	
			P4	10	139	1 390		10	171	1 710	
		G4	P1	4	18	72		4	21	84	
			P2	32	24	768		32	31	992	
			P3	4	76	304		4	86	344	
		G5	P1	19	18	342		20	21	420	
			P2	4	24	96		4	31	124	

9.2.3 各公司经营报表

表 9－9 G1 公司经营情况表

年份	企业文化培训	再就业培训	在岗培训	脱产培训	岗位轮换培训	新员工培训
第一年	0	1	6	0	0	5
第二年	0	0	6	0	3	5
第三年	19	0	4	6	8	1
第四年	18	0	0	0	0	2
第五年	0	0	0	0	0	2
第六年	0	0	0	0	0	0

年份	企业文化培训费用	工作分析费用	招聘费用	培训费用	管理人员		管理人员奖金	挖人补偿金	企业福利	其他费用	综合运营费用	合计	P1			P2			P3			P4		
					基本工资	法定福利							收入	数量	成本	收入	数量	成本	收入	数量	成本	收入	数量	成本
第一年	0	16	19	12	180	60	0	0	0	0	10	297	504	28	112	294	10	60						
第二年	0	6	27①	14	180	60	34	0	17	0	10	348	636	42	168	930	42	252						
第三年	19	14	10	19	196	76	51	0	25	33	10	453	712	36	144	512	30	180	480	8	176			
第四年	18	7	16②	2	192	68	0	0	0	4	10	317	308	28	112	140	8	48	872	20	440			
第五年	0	3	104③	2	200	72	0	0	0	100	10	491	204	12	48	166	6	36	962	13	286	3 702	29	1276
第六年	0	3	3	0	196	76	233	0	115	0	10	636	78	4	16	220	8	48	648	8	176	4 800	32	1 408

注：①含挖人费用 3K，挖人失败；②含挖人费用 3K，挖人失败；③含猎头招聘费用，招聘成功。

项目	第一年	第二年	第三年	第四年	第五年	第六年
一、销售收入	798	1 566	1 704	1 320	5 034	5 746
减：直接人工	139	328	346	549	1 550	1 236
管理费用	297	348	453	317	491	636
产品综合成本	172	420	500	600	1 646	1 648
二、营业利润	190	470	405	—146	1 347	2 226
加：营业外收入	0	0	0	60	0	0
三、净利润	190	470	405	—86	1 347	2 226

项目	第一年	第二年	第三年	第四年	第五年	第六年
价值总和	36	50	48	46	56	59
净利润	190	470	405	－86	1 347	2 226
薪酬	376	602	669	809	1 822	1 741
分值	54.19	114.30	138.79	128.12	197.37	283.38

表 9－10　G2 公司经营情况表

年份	企业文化培训	再就业培训	在岗培训	脱产培训	岗位轮换培训	新员工培训
第一年	0	1	6	0	0	5
第二年	8	0	14	0	0	4
第三年	16	3	28	0	10	1
第四年	50	0	32	0	0	1
第五年	35	0	30	0	0	1
第六年	98	0	12	0	0	1

年份	企业文化培训费用	工作分析费用	招聘费用	培训费用	管理人员		管理人员奖金	挖人补偿金	企业福利	其他费用	综合运营费用	合计	P1			P2			P3			P4		
					基本工资	法定福利							收入	数量	成本	收入	数量	成本	收入	数量	成本	收入	数量	成本
第一年	0	16	19	12	180	60	0	0	0	0	10	297	504	28	112	294	10	60						
第二年	8	6	30①	18	180	60	34	16	17	31	10	410	875	55	220	754	34	204						
第三年	16	17	27	42	188	68	42	22	21	11	10	464	1 272	66	264	464	25	150	720	12	264			
第四年	50	5	72②	33	204	76	93		46	60	10	649	728	66	264	280	16	96	958	22	484	2 376	16	704
第五年	35	5	12	31	212	76	0	0	0	0	10	381	663	39	156	432	16	96	2 188	30	660	2 040	16	704
第六年	98	3	63③	13	208	76	285	0	141	0	96	983				220	8	48	3 736	46	1 012	5 441	35	1 540

注:①含挖人费用,挖人成功;②含猎头招聘费用,招聘成功;③含猎头招聘费用,招聘成功。

项目	第一年	第二年	第三年	第四年	第五年	第六年
一、销售收入	798	1 629	2 456	4 342	5 323	9 397
减:直接人工	139	384	442	1 114	854	1 665
管理费用	297	410	464	649	381	983
产品综合成本	172	424	690	1 540	1 616	2 600
二、营业利润	190	411	860	1 039	2 472	4 149
加:营业外收入	0	0	0	0	0	0
三、净利润	190	411	860	1 099	2 472	4 149

项目	第一年	第二年	第三年	第四年	第五年	第六年
价值总和	36	53	61	69	65	77
净利润	190	411	860	1 099	2 472	4 149
薪酬	376	658	740	1 487	1 142	2 234
分值	54.19	112.89	200.82	278.15	402.73	620.08

表 9-11 G3 公司经营情况表

年份	企业文化培训	再就业培训	在岗培训	脱产培训	岗位轮换培训	新员工培训
第一年	0	1	6	0	0	5
第二年	4	0	14	12	3	4
第三年	9	0	24	6	5	0
第四年	0	0	16	6	7	2
第五年	16	0	8	6	0	1
第六年	20	0	0	0	0	1

年份	企业文化培训费用	工作分析费用	招聘费用	培训费用	管理人员		管理人员奖金	挖人补偿金	企业福利	其他费用	综合运营费用	合计	P1			P2			P3			P4		
					基本工资	法定福利							收入	数量	成本	收入	数量	成本	收入	数量	成本	收入	数量	成本
第一年	0	16	19	12	180	60	0	0	0	0	10	297	504	28	112	294	10	60						
第二年	4	6	19	33	180	60	34	0	17	2	10	365	834	54	216	318	14	84						
第三年	9	14	10	35	200	80	45	0	0	8	10	411	234	12	48	320	16	96	240	4	88			
第四年	0	3	8	31	192	68	0	0	0	40	10	352	276	24	96	280	16	96	392	9	198	1 320	8	352
第五年	16	2	5	15	208	84	0	0	0	90	10	429	612	36	144	614	22	132	1 450	20	440	2 040	16	704
第六年	20	1	4	1	228	84	102	0	51	50	10	551	702	36	144	770	28	168	1 620	20	440	3 100	20	880

项目	第一年	第二年	第三年	第四年	第五年	第六年
一、销售收入	798	1 152	794	2 268	4 176	6 192
减:直接人工	139	283	298	772	1 366	1 522
管理费用	297	365	411	352	429	551
产品综合成本	172	300	232	742	1 420	1 632
二、营业利润	190	204	-147	402	961	2 487
加:营业外收入	0	0	0	0	0	0
三、净利润	190	204	-147	402	961	2 487

项目	第一年	第二年	第三年	第四年	第五年	第六年
价值总和	36	45	45	59	71	71
净利润	190	204	-147	402	961	2 487
薪酬	376	557	623	1 032	1 658	1 936
分值	54.19	84.22	73.60	119.48	184.94	276.15

表 9－12　G4 公司经营情况表

年份	企业文化培训	再就业培训	在岗培训	脱产培训	岗位轮换培训	新员工培训
第一年	0	1	6	0	0	5
第二年	4	0	38	0	0	2
第三年	0	0	2	0	0	0
第四年	0	0	0	0	0	4
第五年	0	0	0	0	0	0
第六年	0	0	0	0	0	1

年份	企业文化培训费用	工作分析费用	招聘费用	培训费用	管理人员		管理人员奖金	挖人补偿金	企业福利	其他费用	综合运营费用	合计	P1			P2			P3			P4		
					基本工资	法定福利							收入	数量	成本	收入	数量	成本	收入	数量	成本	收入	数量	成本
第一年	0	16	19	12	180	60	0	0	0	0	10	297	504	28	112	294	10	60						
第二年	4	5	28	40	180	60	34	0	17	9	10	387	208	14	56	318	14	84						
第三年	0	0	0	2	184	64	0	0	0	0	10	260	112	8	32	800	40	240						
第四年	0	2	13	4	184	64	0	0	0	5	10	282	88	8	32	833	56	336	176	4	88			
第五年	0	0	0	0	192	68	0	0	0	16	10	286	136	8	32	1 512	56	336	448	6	132			
第六年	0	1	4	1	212	80	127	0	63	25	10	523	156	8	32	1 760	64	384	148	8	176			

项目	第一年	第二年	第三年	第四年	第五年	第六年
一、销售收入	798	526	912	1 097	2 096	2 564
减：直接人工	139	229	220	448	484	545
管理费用	297	387	260	282	286	523
产品综合成本	172	140	272	456	500	592
二、营业利润	190	-230	160	-89	826	904
加：营业外收入	0	0	22	0	0	0
三、净利润	190	-230	182	-89	826	904

项目	第一年	第二年	第三年	第四年	第五年	第六年
价值总和	36	41	36	49	54	55
净利润	190	-230	182	-89	826	904
薪酬	376	503	468	696	744	964
分值	54.19	42.97	51.73	64.14	130.64	184.64

表 9－13 G5 公司经营情况表

年份	企业文化培训	再就业培训	在岗培训	脱产培训	岗位轮换培训	新员工培训
第一年	0	1	6	0	0	5
第二年	4	0	24	0	0	3
第三年	5	0	0	8	0	0
第四年	0	0	0	0	0	1
第五年	0	0	0	0	0	0
第六年	0	0	0	0	0	1

年份	企业文化培训费用	工作分析费用	招聘费用	培训费用	管理人员		管理人员奖金	挖人补偿金	企业福利	其他费用	综合运营费用	合计	P1			P2			P3			P4		
					基本工资	法定福利							收入	数量	成本	收入	数量	成本	收入	数量	成本	收入	数量	成本
第一年	0	16	19	12	180	60	0	0	0	0	10	297	504	28	112	294	10	60						
第二年	4	2	12	27	180	60	34	0	17	1	10	347	440	28	112	368	16	96						
第三年	5	2	4	8	188	68	27	0	0	0	10	312	156	8	32	320	16	96						
第四年	0	1	4	1	196	72	0	0	0	0	10	284	440	40	160	392	22	132						
第五年	0	0	0	0	196	72	0	0	0	0	10	278	578	34	136	432	16	98						
第六年	0	0	3	1	188	64	16	0	7	0	10	289	762	39	156	220	8	48						

项目	第一年	第二年	第三年	第四年	第五年	第六年
一、销售收入	798	808	476	832	1 010	982
减：直接人工	139	143	228	271	244	202
管理费用	297	347	312	284	312	289
产品综合成本	172	208	128	292	232	204
二、营业利润	190	110	-192	-15	222	287
加：营业外收入	0	16	0	0	0	0
三、净利润	190	126	-192	-15	222	287

项目	第一年	第二年	第三年	第四年	第五年	第六年
价值总和	36	36	40	42	40	41
净利润	190	126	-192	-15	222	287
薪酬	376	417	511	539	512	470
分值	54.19	65.07	57.27	58.96	73.50	100.37

表 9－14　G6 公司经营情况表

年份	企业文化培训	再就业培训	在岗培训	脱产培训	岗位轮换培训	新员工培训
第一年	0	1	6	0	0	5
第二年	0	0	38	0	0	3
第三年	4	0	10	0	5	2
第四年	0	0	0	6	5	4
第五年	0	0	0	0	5	0
第六年	0	0	0	0	0	0

年份	企业文化培训费用	工作分析费用	招聘费用	培训费用	管理人员		管理人员奖金	挖人补偿金	企业福利	其他费用	综合运营费用	合计	P1			P2			P3			P4		
					基本工资	法定福利							收入	数量	成本	收入	数量	成本	收入	数量	成本	收入	数量	成本
第一年	0	16	19	12	180	60	0	0	0	0	10	297	504	28	112	294	10	60						
第二年	0	7	36	41	180	60	34	0	17	6	10	391	434	28	112	670	30	180						
第三年	4	14	9	17	184	64	0	0	0	30	10	332	188	11	44	894	42	252	2400	32	704			
第四年	0	5	74①	15	196	76	262	60	128	210	10	840	224	22	88	1 050	60	360	1 916	44	968	2 400	16	704
第五年	0	3	5	5	180	64	0	0	0	210	10	477	17	1	4	225	9	54	924	14	308	2 298	18	792
第六年	0	0	0	0	0	0	0	0	0	0	0	0												

注：①含挖人费用，挖人成功。

项目	第一年	第二年	第三年	第四年	第五年	第六年
价值总和	36	44	68	84	82	0
净利润	190	179	1 520	－49	－1 135	0
薪酬	376	516	878	3 213	3 208	0
分值	54.19	81.50	243.67	299.73	263.58	0

项目	第一年	第二年	第三年	第四年	第五年	第六年
一、销售收入	798	1 104	3 482	5 590	3 464	0
减：直接人工	139	242	630	2 679	2 964	0
管理费用	297	391	332	840	477	0
产品综合成本	172	292	1 000	2 120	1 158	0
二、营业利润	190	179	1 520	－49	－1 135	0
加：营业外收入	0	0	0	0	0	0
三、净利润	190	179	1 520	－49	－1 135	0

9.3 各公司经营策略分析

上一节展示的各公司的经营数据和经营过程实际上是各沙盘模拟企业(5 ~6 名学生组成的小组,以下称为“公司”)运用不同的经营策略,在市场竞争中经营企业的成果。本节将剖析各沙盘模拟企业采取的经营策略,分析其经营成果。

9.3.1 G1 公司:决不放弃的亚军

G1 公司最后夺得亚军,应当说非常幸运。从其实施的策略和竞争结果来看,该公司前期一直毫无建树,招到的人员也经常流失,但是该公司在第五年抓住机遇,逆势而上,最后赢得了宝贵的亚军。

G1 公司的销售收入、人力资源成本和净利润的变化情况如图 9 -7 所示。

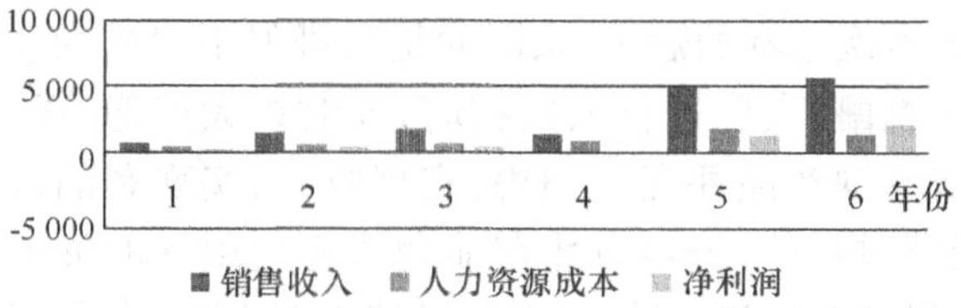

图 9 -7　G1 公司各年度销售收入、人力资源成本、净利润的变化

从图 9 -7 可以看出,G1 公司在第一年销售收入最低,第二、三、四年的销售收入也较少,且第四年净利润为负,从第五年开始,销售收入和净利润迅速增加。从“各公司各年招聘甄选情况”中可以了解到,第五年公司招聘成功,这对于企业经营有巨大的推动作用。

9.3.1.1 “挖人”要得当,而且要进行自我保护

公司比较明显的失败在于第四年为 A 级员工制定了很高的工资,想以此挖来 G6 公司的 A 级员工,但没有成功,并且本公司经过多次培训的 B 级员工却被 G6 公司挖走了,直接造成第四年公司的亏损,对其后两年的经营也造成了很多不利影响。挖人的风险很大,公司不应在这方面投入太多,这样不仅造成本公司经营不善,也使市场出现混乱的局面。公司成功之处在于第五年用较高的成本成功招聘到两个 A 级员工,使公司扭亏为盈。事实说明,适当的招聘成本支出是很有必要的。

9.3.1.2 薪酬的制定缺乏规划

公司经营失败之处是将A级员工的工资标准定得太高,员工薪酬成本支出过多,以至于第五年的第二期没有足够的资金用于生产。第六年在有了2个A级员工的情况下,不敢花大成本招聘和挖其他公司的A级员工,致使公司第六年无法扩大经营规模,直接造成盈利的减少。C类员工的工资应当稍有提高,以便使该类员工不再流失。B类员工的流失于被挖,这是无法避免的,因为G6公司制定的B类员工工资过高。

9.3.1.3 未充分利用培训的效果,对培训重视度不够

经营第二年,公司没有进行企业文化的培训,造成多流失了一名员工,这是不应当出现的结果。本公司经过培训的B类员工被挖走之后,公司停止了对员工的技能培训,由此造成的损失更大。公司在第五年对A类员工进行在岗培训,这样也能在第六年获得更高的收益。在第三年将大部分C类员工从生产P2产品转岗到生产P1产品是合理的,因为当年的市场上销售P1产品的利润比销售P2产品的利润要高。

9.3.2 G2公司:因势利导的冠军

G2公司作为本次参赛的冠军,采取的是激进但不冒进的经营策略:全面预算资金,控制员工薪酬,大胆进行人员招聘,及时扩大产能,通过科学的产品规划,及时生产市场紧缺产品并促进销售,实现收入,实现利润,取得了比较好的经营业绩。在经营过程中,公司虽然在前期找不到很好的突破口,但是通过后期的人才竞争成果、P3与P4产品利润的迅速上升,很快获得了经营优势,最后取得了成功。

G2公司的销售收入、人力资源成本、净利润变化情况如图9-8所示。

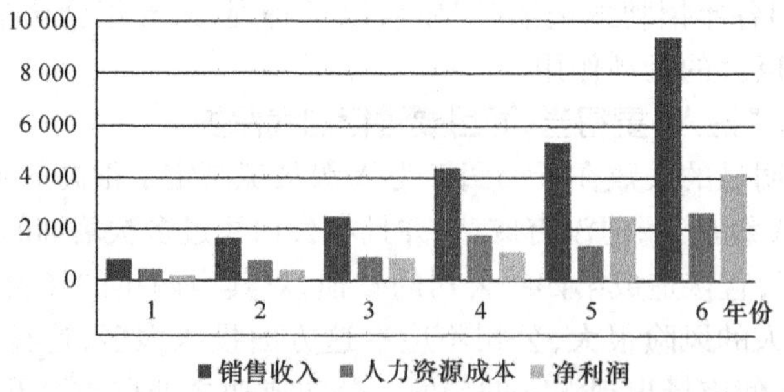

图9-8 G2公司各年度销售收入、人力资源成本、净利润的变化

从图 9－8 可以看出，G2 公司前三年的销售收入较少，人力资源成本不高，净利润也较低。从第四年、第五年开始，公司的销售收入和净利润增长迅速，这说明企业经营基本步入正轨。该公司的经营策略可属经典策略，对于学生学习这门课程有较大的帮助。下面具体分析该公司经营的成功经验。

9.3.2.1 稳扎稳打，寻找机会招聘高级人才

从 G2 公司六年的招聘甄选情况可以看出，该公司不放过每一次机会招聘 A 级员工。与此同时尽量保持低调，避免成为比较激进的几家公司挖人的对象，不与其发生正面冲突。这种方式在表 9－15 中表现明显。从表 9－15 中可以看出，只要有 A 级员工出现，该公司就势在必夺。通过两年的努力，公司终于在第四年获得了一名 A 级员工，这为该公司增添了一份获取高额利润的保障，也为公司最终夺取桂冠奠定了坚实的基础。

表 9－15 G2 公司每年招聘甄选情况

年份	招聘时期	员工级别	招聘渠道	数量	定岗	招聘费用	人才引进津贴	年基本工资	年工资	是否招聘成功
第一年	第一周期	B	人才交流中心招聘	1	P1	4	15	32	47	√
	第二周期	C	网络平台招聘	1	P2	4	10	20	30	√
	第二周期	D	校园招聘	1	P1	3	3	12	15	√
	第二周期	D	人才交流中心招聘	1	P1	4	3	12	15	√
	第三周期	C	人才交流中心招聘	1	P2	4	10	20	30	√
第二年	第一周期	B	网络平台招聘	1	P2	4	10	48	58	×
	第一周期	C	校园招聘	2	P2	3	5	28	33	√
	第三周期	B	人才交流中心招聘	1	P2	4	15	48	63	√
	第三周期	C	人才交流中心招聘	1	P2	4	5	28	33	×
第三年	第一周期	A	传统媒体招聘	1	P3	5	50	80	130	×
	第三周期	B	传统媒体招聘	1	P3	5	20	64	84	×
第四年	第一周期	A	传统媒体招聘	1	P4	5	240	240	480	×
	第一周期	A	猎头招聘	1	P4	3	240	240	480	√
	第一周期	B	人才交流中心招聘	1	P3	4	10	80	90	×
第五年	第一周期	A	传统媒体招聘	1	P4	5	240	240	480	×
	第一周期	A	猎头招聘	1	P4	3	150	240	390	×
	第三周期	B	网络平台招聘	1	P3	4	1	80	81	√
第六年	第一周期	A	猎头招聘	1	P4	3	240	240	480	√
	第三周期	B	网络平台招聘	1	P3	4	1	80	81	√

其他公司也有这样的招聘渠道和方式，但是为什么都以失败告终，而 G2 公司却取得了成功呢？这是因为 G2 公司把握了以下两个关键之处。

第一，通过制定人才队伍规划，确定人才的需求和方向。G2 公司通过前期对市场需求的精确把握，从第三年开始以 P3 产品为重要的发展突破口，使公司利润有较大幅度的增长。虽然 G2 公司在第一时间点的第三年没能抓住机遇，成功招聘 A 级员工，但是在第四年有所弥补，抓住了获取高额利润的机会。

第二，通过科学的薪酬预算和严格的人力资源成本控制，有效解决了资金有限的问题。通过预算，G2 公司提前规划资金运用的思路，虽然 A 级员工非常重要，但是在资金有限的条件下，公司可承受的薪酬额度是有限的。因此，G2 公司在第三年重要的 A 级人员抢夺中，恪守资金的运用规划，即使放弃 A 级员工的抢夺，也要保证公司的生存和资金链的有效运转。进入第四年，虽然进入经营的中期，但是该公司仍然临危不乱，使招聘薪酬可控，用相对较低的薪酬招聘到一名 A 级员工。这种薪酬可控不仅体现在招聘 A 级员工时的薪酬规划，更体现在其他级别员工的薪酬上。比如，B 级员工在该公司后几年中一直保持着年基本工资 80K 的水平，而这时的 G6 公司，B 级员工的年基本工资已高达 200K，这样的差距极大地降低了该公司的薪酬成本，而且由于该级别员工的市场平均薪酬不高，不仅保证了 B 级员工的稳定性，而且还有效降低了薪酬成本，可谓一石二鸟。

9.3.2.2 充分运用培训优势，提高在职员工产能

从 G2 公司的培训费支出情况可以看出，该公司一直将培训作为人力资源管理的重心之一。根据对该公司详细数据的分析，该公司六年中培训费用中的 85.03% 运用在可提升员工产能和价值的技能提升培训上，在经营后期更是达到了 95% 以上的高水平（见表 9－16）。这一方面为企业经营提供源源不断且强有力的产能保障；另一方面使公司整体评分随着员工价值的提升而水涨船高。

表 9－16 G2 公司各年培训费用支出结构

年份 / 项目	第一年	第二年	第三年	第四年	第五年	第六年
培训费用	12	18	42	33	31	13
技能提升培训费用	6	14	28	32	30	12
技能提升培训费用占有率(%)	50	77.78	66.67	96.97	96.77	92.31

9.3.2.3 实施灵活可变的产品生产与交货策略

G2 公司的成功基于对市场需求数据的精确分析和长远规划，从表 9－17 的数据中也可以看出公司清晰的思路。合理、灵活地对公司所拥有的资金进行分配，瞄准公司的目标产品，但也不放弃优势产品。

表 9－17 G2 公司各年产品交货记录

产品	P1			P2			P3			P4		
项目 年份	收入	数量	成本	收入	数量	成本	收入	数量	成本	收入	数量	成本
第一年	504	28	112	294	10	60						
第二年	875	55	220	754	34	204						
第三年	1 272	66	264	464	25	150	720	12	264			
第四年	728	66	264	280	16	96	958	22	484	2 376	16	704
第五年	663	39	156	432	16	96	2 188	30	660	2 040	16	704
第六年				220	8	48	3 736	46	1 012	5 441	35	1 540

G2 公司第一年和第二年尽可能地多积累资金，为后期经营做好准备。从第三年开始调整产品数量和种类，逐步过渡到 P3 和 P4 有较高利润的产品上。这本身不是一个超前的理念，但有其特点，主要体现在产品种类转型的关键时点上，不放弃对 P1 和 P2 产品的生产，主要是因为需要这两类产品作为基础。由于所有公司都瞄准 P3 和 P4 产品，使 P3 和 P4 产品的竞争白热化。G2 公司由于有 P1 和 P2 产品所产生的源源不断的利润用于积累，为公司提供了足够的资金回旋余地，而这也正是 G2 这个冠军公司与其他公司，特别是 G6 公司的巨大区别之一。

9.3.3 G3 公司：稳扎稳打的季军

G3 公司在六年的经营中，总体表现非常平稳。它不参与针对高级员工的争夺，也不允许其他公司随意挖人。该公司稳健经营但不失有效规划，在培训以及薪酬上的控制可谓一面“旗帜”。G3 公司的销售收入、人力资源成本和净利润情况如图 9－9 所示。

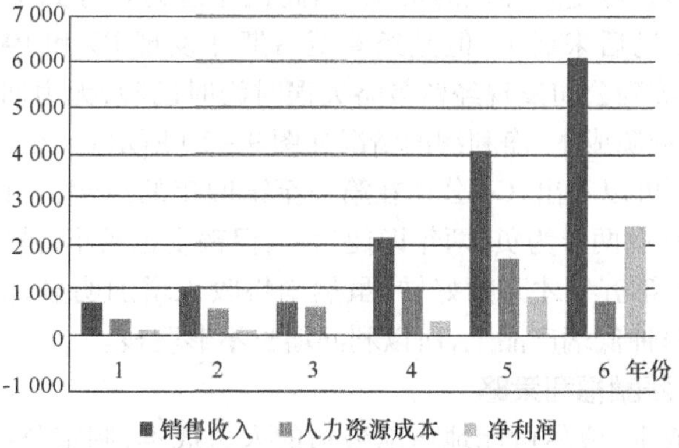

图 9－9 G3 公司各年度销售收入、人力资源成本、净利润的变化

从图 9－9 可以看出,G3 公司第一、第二年的销售收入、净利润都很少,第三年净利润更是为负,说明该公司在第一、第二、第三年的经营过程中出现了不小的问题。但从第四年开始,公司重燃生机,净利润迅速转负为正,后期销售收入又快速上升,最终获得经营业绩的季军。

9.3.3.1　以退为进,以培训代替招聘

在第一年的人才招聘中,公司制定的目标是能找到 B 类员工,但是最终因为面对竞争对手的极大野心,因薪酬制定的不利而略逊一筹。

由于 B 级员工没有招聘成功,考虑到在今后几年市场上各公司对 A 级员工的竞争将会很激烈,公司决定改变策略,先培训 B 级员工,将其发展为 A 级,以备未来市场对高端产品的需求。正如他们所料,第三年 A 级员工的招聘竞争十分激烈,公司的招聘计划失败,甚至连 B 级员工都没有招聘成功,这更加坚定了公司要自主培养高级人才的决心。原本对 C 级员工的培训只是为了增加其产能,但是为了弥补公司对 A 级和 B 级两类员工的需求,公司决定将 C 级员工向 B 级员工升级,并将其岗位转向更大利润的 P3 产品。当然,与此同时公司也没有放弃 D 级员工,并且在经营全过程中都没有放弃 P1 和 P2 产品的生产。在第三年的交货过程中他们意识到,市场上大多数的竞争对手都已经投向 P3 和 P4 类的产品,公司此时再次引进了低端人员,对 P1 和 P2 类产品进行持续生产。

9.3.3.2　被迫提高薪酬水平,只为稳定员工队伍

在制定薪酬水平方面,迫于市场的压力,为了不让公司培养的人才流失而造成人力资源的损失,在后几年公司不得不提高薪酬水平。薪酬水平相对于公司产出来说过高也是造成公司利润不高的一个原因。

9.3.4　G4 公司:利基市场的拥护者

G4 公司同样属于稳扎稳打型,同时又属于后知后觉型。G4 公司在前期由于没能抓住机遇获得更高等级的员工,因此把注意力转移到了利基市场,希望通过控制利基市场后来居上,但是经营至后期才发现 P3 和 P4 产品的高额利润。遗憾的是,等到公司发现经营策略失误时为时已晚,无力回天。G4 公司的销售收入、人力资源成本、净利润的情况如图 9－10 所示。

从图 9－10 可以看出,G4 公司在第一至第四年的经营,一直在低水平上徘徊。4 年中,净利润两年为负,两年即使为正,但额度也较小,销售收入迟迟得不到提高。经营至第五年才开始好转,虽然销售收入增加明显,但是由于主要集中在 P1 和 P2 两种低端产品上,所以利润增长不够明显。

9.3.4.1　薪酬福利策略

控制人力成本,应尽可能地压缩公司的人力成本,制定公司可控的薪资水平。经营之初,G4 公司成本控制失误,使公司一直处于破产的边缘,产品的产

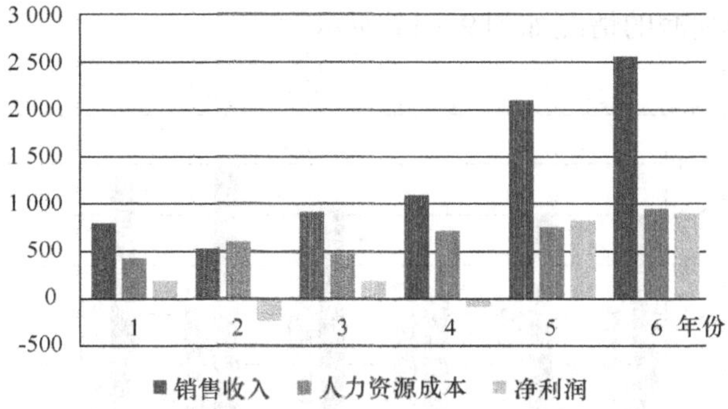

图 9-10 G4 公司各年度销售收入、人力资源成本、净利润的变化

量和价格都没有提升,人力成本成了最大的支出。在这种情况下,只能微调薪资水平,通过招聘方式有可能招到一定数量的员工。

9.3.4.2 培训开发策略

G4 公司最先采用的策略是培训所有的员工,期望通过员工培训提高员工产能和员工自身的价值,进而可以生产更为高端的产品。经营过程中发现,员工培训时间过长,但相对应增加的产能并没有预期的多。由于公司经济实力不够强,没有制定高额的薪资,出现了培训之后员工流失的现象,为此公司逐渐放弃了员工培训。

9.3.4.3 产品生产交货策略

随着经营年份的增加,越来越多的公司都转向了更为高端的产品生产,以获得更为丰厚的利润回报。由于前期经营策略的影响,公司没有足够的资金可以招聘到价值高的员工,生产利润回报率更高的产品,也因为其他公司更注重高端产品的生产,低端产品市场的份额会相应增加,而且具有价格优势,所以,公司没有转型到更为高端的产品,而是保持和小规模地扩大低端产品的产量。

通过六年的经营,G4 公司整体经营状况不尽如人意。经营前期生产和员工培养出现问题,导致资金不足,之后就一蹶不振,经营重点放在最大限度地维持公司的资金平衡上,以避免公司破产;经营后期由于市场发生变化,各个产品的市场供应量出现有利于公司的变化,使得公司从前期的亏损状态转而盈利了。

9.3.5 G5 公司:一贯的市场跟随者

G5 公司在经营的六年中一直是一个市场跟随者,不论市场风云如何变化,它都不为所动。但实际上这不是它的经营策略,而是它的无奈。总结起来就是 G5 公司一直没有做好经营规划,更没有找到在这样竞争激烈的市场如何进行自我定位。因此,直到经营结束,它还是在寻找方向。G5 公司的销售收入、人力资源成本、净利润的情况如图 9－11 所示。

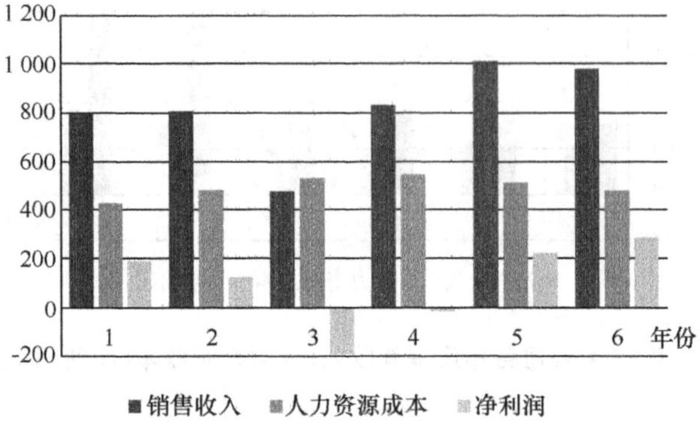

图 9－11　G5 公司各年度销售收入、人力资源成本、净利润的变化

从图 9－11 可以看出，G5 公司一直保持着较为稳定的销售收入、人力资源成本和净利润。但在经营至第三年和第四年时，由于低端产品的利润下降，导致其净利润为负，这也是因为没有充足的人才储备，无法适应市场供需变化的结果。

9.3.5.1　员工流失，影响员工队伍稳定，挫伤招聘积极性

G5 公司前期招聘策略失当，较多地招收员工，过多的培训和当时较低的薪酬，导致员工流失较为严重，尤其是 B 级员工被其他公司挖走了一个，剩余的 B 级员工数量很少。在第三和第四年时，公司的亏损较为严重，公司福利基本上无法兑现，更加无法承担招聘所产生的费用。所以，公司在经营的中后期采取了保守的招聘策略：在保持公司原有员工人数基本不变的前提下，招收少量 C 级和 D 级员工，以达到恢复企业盈利的目的。

9.3.5.2　资金短缺，培训开发难以为继

G5 公司经营的第二年对每个员工都进行了培训，但其结果是付出了较高的培训费后，员工的流失情况较重。第三年，员工招聘和培训支出较多，导致公司出现较大的亏损，企业资金入不敷出。所以，在经营的中后期，公司的策略是：除了新员工必需的入职培训外，很少对现有员工进行培训。公司的基本目标是保证现有生产量，恢复企业盈利。

9.3.5.3　被迫选择低端产品，实属无奈之举

生产高端产品，需要 A 级和 B 级员工，但是，企业第三和第四年的盈利为负，无法支付高级员工的薪酬福利，同时，员工培训升级计划也暂缓实施。对待高端产品，公司采取的策略是：在企业恢复盈利之前，暂时不涉及较为高端的产品；公司中期阶段的主要经营目标是积极保持原有的产品生产量，并保证交货；经营后期公司实现盈利之后，再考虑对较为高端产品的生产。

9.3.6 G6公司：过眼云烟的成功者

G6公司在第三年和第四年，通过高额薪酬的吸引，顺利招聘到3名顶级的A级员工，这对公司经营中期的崛起是非常理想的。本来，G6公司在其他公司羡慕的目光中，可以昂首挺进第五与第六年的经营，顺利摘得冠军的桂冠，但出人意料的是，G6公司在第六年刚开始就宣布破产，这其中一定有其失误的教训。

G6公司的销售收入、人力资源成本、净利润情况如图9－12所示。

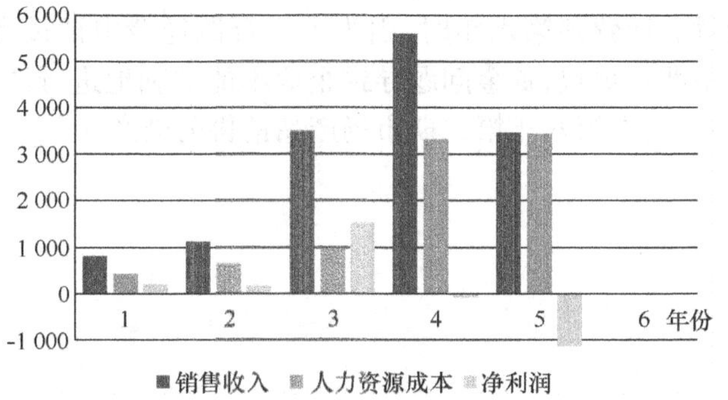

图9－12 G6公司各年度销售收入、人力资源成本、净利润的变化

从图9－12可以看出，G6公司销售波动非常大，特别是在第三、第四、第五年，销售收入和净利润如过山车般起伏。纵观6年的经营，该公司经营策略的成功与失败都可以作为典型案例进行分析。

9.3.6.1 忽略了工资结构的合理性，导致薪酬压力过大

在招聘甄选方面，G6公司经营前期以较高的人才引进津贴招聘相关人员，所以开始招聘时比较顺利，在招聘甄选方面没有对人力资源经费带来太大的压力。在经营后期，由于薪酬福利主管所设置的薪酬水平相对于其他公司高出很多，目的是为了防范挖人和挖其他企业的高级人才，但导致前期人员招聘过多，后期因为薪酬压力太大，一直没有进行相应的招聘。相对而言，在招聘过程中给出较高的人才引进津贴比较合算，因为人才引进津贴是一次性支付的，不需要多次支付，但薪酬福利太高就会导致长期资金支出较多、资金压力较大。

9.3.6.2 薪酬成本高，公司经营陷入险境

在薪酬福利设定方面，G6公司前三年的薪酬相对而言设置比较合理，因为第四年想从其他公司挖人或怕被其他公司挖走A级和B级员工，所以对A级和B级员工制定了较高的薪酬。经营后期虽然能够顺利地招聘到想要的人才，

但所支出的薪酬成本相当高,导致公司从第四年第二期开始人力资源经费出现严重短缺的情况,不得不从总经费中紧急申请,在这过程中也产生了相当大的经费损失。在运营到第六年第二期时,公司的资金已经不能支撑如此高的员工薪酬,从而导致企业破产。

9.3.6.3 资金使用不当,产品生产受阻

公司总经理在产品生产方面,根据现有的员工和可能招聘成功员工的定岗来控制总经费,使公司实现最大化的生产。相对来讲,如果不是经费总体短缺,不会考虑让员工停止生产,因为不生产也需要支付相应的基本工资与法定福利,所以在产品交货方面没有太多地考虑市场的需求,忽视交货技巧的运用,总是最大量地交货。运营到第六年时,因为人力资源经费申请过多,从而导致企业生产资金出现严重短缺,资金问题导致企业不能顺利地进行产品生产和市场销售,从而导致公司在第六年第二期市场产品销售前破产。

附　录

附录1　流程记录表

表1　人力资源管理沙盘模拟运行流程表

序号	此流程由人力资源经理控制。每执行完一项操作，人力资源经理请在相应栏内打“√”或做其他相应标记。							
手工操作流程			操作角色	填写表格	记录（四个周期）			
					一	二	三	四
年初	1	初始信息登记（人员与价值）	总经理/绩效考评主管/培训开发主管	1－1/6－1/4－1				
年初	2	年初总经费/上年度剩余总经费	总经理	1－2				
年初	3	新年度规划会议	总经理	★				
年初	4	上年度人力资源剩余经费	人力资源经理	2－1				
年初	5	申请人力资源经费	人力资源经理/总经理	2－1/1－2				
年初	6	支付企业福利	人力资源经理	2－1				
年初	7	支付管理人员奖金	薪酬福利主管/人力资源经理	5－5/2－1/2－2				
年初	8	企业文化培训	培训开发主管	4－2				
年中	9	期初总经费盘点	总经理	1－2				
年中	10	期初人力资源经费盘点	人力资源经理	2－1				
年中	11	岗位设计	招聘甄选主管/人力资源经理	3－1/3－2/2－1				
年中	12	岗位分析	招聘甄选主管/人力资源经理	3－1/3－2/2－1				
年中	13	制定/调整员工期基本工资	薪酬福利主管/招聘甄选主管	5－1/3－1				
年中	14	挖人/人才引进	招聘甄选主管/教师	3－3/7－2				
年中	15	辞退－再就业培训	总经理/人力资源经理/培训开发主管	1－1/2－1/4－3				

续表

<table>
<tr><td>序号</td><td colspan="7">此流程由人力资源经理控制。每执行完一项操作，人力资源经理请在相应栏内打“√”或做其他相应标记。</td></tr>
<tr><td colspan="2" rowspan="2">手工操作流程</td><td rowspan="2">操作角色</td><td rowspan="2">填写表格</td><td colspan="4">记录（四个周期）</td></tr>
<tr><td>一</td><td>二</td><td>三</td><td>四</td></tr>
<tr><td rowspan="20">年中</td><td>16 技能提升培训/岗位轮换培训/升级</td><td>培训开发主管/总经理</td><td>4-1/4-3/1-1</td><td></td><td></td><td></td><td></td></tr>
<tr><td>17 参加人才招聘会</td><td>招聘甄选主管/人力资源经理</td><td>3-1/3-2/2-1</td><td></td><td></td><td></td><td></td></tr>
<tr><td>18 员工入职/新员工培训</td><td>总经理/培训开发主管/人力资源经理</td><td>1-1/4-3/2-1</td><td></td><td></td><td></td><td></td></tr>
<tr><td>19 运营生产/结算周期产量</td><td>总经理</td><td>1-1</td><td></td><td></td><td></td><td></td></tr>
<tr><td>20 支付产品综合成本/总经费支付</td><td>总经理</td><td>1-2</td><td></td><td></td><td></td><td></td></tr>
<tr><td>21 支付员工工资</td><td>薪酬福利主管/人力资源经理</td><td>5-2/5-4/2-1</td><td></td><td></td><td></td><td></td></tr>
<tr><td>22 支付员工法定福利</td><td>薪酬福利主管/人力资源经理</td><td>5-2/5-3/2-1</td><td></td><td></td><td></td><td></td></tr>
<tr><td>23 支付管理人员基本工资</td><td>薪酬福利主管/人力资源经理</td><td>5-3/2-1</td><td></td><td></td><td></td><td></td></tr>
<tr><td>24 支付管理人员法定福利</td><td>薪酬福利主管/人力资源经理</td><td>5-3/2-1</td><td></td><td></td><td></td><td></td></tr>
<tr><td>25 产品交货（销售收入计入总经费）</td><td>总经理</td><td>1-3/1-2</td><td></td><td></td><td></td><td></td></tr>
<tr><td>26 期末统计/清仓</td><td>总经理</td><td>1-4/1-3/1-2</td><td></td><td></td><td></td><td></td></tr>
<tr><td>27 支付综合运营费用</td><td>总经理/人力资源经理</td><td>1-2/2-2</td><td></td><td></td><td></td><td></td></tr>
<tr><td>28 人力资源经费回账/支付回账损失</td><td>人力资源经理/总经理</td><td>2-1/1-1</td><td></td><td></td><td></td><td></td></tr>
<tr><td>29 支付回账经费损失</td><td>人力资源经理/总经理</td><td>2-1/1-1</td><td></td><td></td><td></td><td></td></tr>
<tr><td>30 紧急人力资源经费申请</td><td>人力资源经理</td><td>2-1</td><td></td><td></td><td></td><td></td></tr>
<tr><td>31 支付紧急经费损失</td><td>人力资源经理</td><td>2-1</td><td></td><td></td><td></td><td></td></tr>
<tr><td>32 期末人力资源经费支出合计</td><td>人力资源经理</td><td>2-1</td><td></td><td></td><td></td><td></td></tr>
<tr><td>33 期末人力资源经费余额对账</td><td>人力资源经理</td><td>2-1</td><td></td><td></td><td></td><td></td></tr>
<tr><td>34 期末总经费支出合计</td><td>总经理</td><td>1-2</td><td></td><td></td><td></td><td></td></tr>
<tr><td>35 期末总经费余额对账</td><td>总经理</td><td>1-2</td><td></td><td></td><td></td><td></td></tr>
</table>

续表

序号	此流程由人力资源经理控制。每执行完一项操作，人力资源经理请在相应栏内打“√”或做其他相应标记。							
手工操作流程			操作角色	填写表格	记录（四个周期）			
					一	二	三	四
年末	36	支付超额损失	人力资源经理	2－1/2－2				
	37	年末人力资源剩余经费	人力资源经理	2－1				
	38	员工流失状况统计	薪酬福利主管/教师	5－1/7－3				
	39	绩效考核	绩效考评主管	6－1				
	40	提交员工人数及员工年末价值统计表	绩效考评主管	6－2				
	41	提交管理费用表、利润表、薪酬表	人力资源经理/总经理/薪酬福利主管	2－2/1－5/5－3				
	42	年末计算（企业福利/管理人员奖金）	薪酬福利主管	5－4/5－5/5－6				
	43	提交评分表	人力资源经理	2－3				
	44	发布市场平均净利润	教师	7－5				

注：表中★表示为需操作但不需填写相关表格；灰色合并区域表示不能操作（以下各表同）。

附录2　总经理记录表

表2　员工生产明细表

员工编号	第一周期				离职	第二周期				离职	第三周期				离职	第四周期				离职
	级别	定岗	产能	产量		级别	定岗	产能	产量		级别	定岗	产能	产量		级别	定岗	产能	产量	
001																				
002																				
003																				
004																				
005																				
006																				
007																				

续表

员工编号	第一周期				离职	第二周期				离职	第三周期				离职	第四周期				离职
	级别	定岗	产能	产量		级别	定岗	产能	产量		级别	定岗	产能	产量		级别	定岗	产能	产量	
008																				
009																				
010																				
011																				
012																				
013																				
014																				
015																				
016																				
017																				
018																				
019																				
020																				
产量期末合计			P1		产量期末合计			P1		产量期末合计			P1		产量期末合计			P1		
			P2					P2					P2					P2		
			P3					P3					P3					P3		
			P4					P4					P4					P4		
产品综合成本小计			P1		产品综合成本期末合计			P1		产品综合成本期末合计			P1		产品综合成本期末合计			P1		
			P2					P2					P2					P2		
			P3					P3					P3					P3		
			P4					P4					P4					P4		
综合成本合计					综合成本合计					综合成本合计					综合成本合计					

产量年中小计	P1		P2		P3		P4	
产量全年合计	P1		P2		P3		P4	

表 3　总经费收支明细表

年初总经费/上年度剩余总经费	人力资源经费申请额				
周期	第一周期	第二周期	第三周期	第四周期	合计
期初总经费					
紧急人力资源经费申请额					
人力资源经费回账额					
员工被挖补偿金					
产品综合成本					
销售收入					
清仓收入					
综合运营费用					
期末总经费支出合计					
期末总经费余额对账					

表 4　公司销售统计表

产品	年中交货				年末交货				年末清仓收入	销售收入合计
	年中市场需求量	交货量	收购价	销售收入	年末市场需求量	交货量	收购价	销售收入		
P1										
P2										
P3										
P4										
合计										

表 5　产品统计/清仓表

期末统计	第一周期				第二周期				第三周期				第四周期			
	P1	P2	P3	P4	P1	P2	P3	P4	P1	P2	P3	P4	P1	P2	P3	P4
产品清仓单价													4	6	22	44
产品清仓收入小计																
产品清仓总收入																

表6 利润表

项目	金额
一、销售收入	
减:直接人工	
管理费用	
产品综合成本	
二、营业利润	
加:营业外收入	
三、净利润	

附录3 人力资源经理记录表

表7 人力资源经费使用表

上年度人力资源剩余经费		人力资源经费申请额		企业福利	
管理人员奖金		企业文化培训费用			
周期	第一周期	第二周期	第三周期	第四周期	合计
期初人力资源经费					
工作分析费用					
挖人补偿金					
经济补偿金					
招聘费用					
培训费用					
员工工资					
员工法定福利					
管理人员基本工资					
管理人员法定福利					
紧急人力资源经费申请额					
紧急经费损失					

续表

上年度人力资源剩余经费		人力资源经费申请额		企业福利	
管理人员奖金		企业文化培训费用			
周期	第一周期	第二周期	第三周期	第四周期	合计
人力资源经费回账额					
回账经费损失					
期末人力资源经费支出合计					
期末剩余人力资源经费					
超额经费损失					
年度人力资源成本					
年末人力资源剩余经费					

表 8　管理费用表

项目	金额
企业文化培训费用	
工作分析费用	
招聘费用	
培训费用	
管理人员基本工资	
管理人员法定福利	
管理人员奖金	
挖人补偿金	
企业福利	
其他费用	
综合运营费用	
合计	

表 9　评分表

项目	数值
价值总和	
净利润	
薪酬	
分值	

附录4　招聘甄选主管记录表

表10　招聘申请明细表

岗位设计	年基本工资			第一周期					第二周期					第三周期					第四周期				
				①	②	③	④	⑤	①	②	③	④	⑤	①	②	③	④	⑤	①	②	③	④	⑤
		员工级别	项目	①校园招聘;②人才交流中心招聘;③网络平台招聘;④传统媒体招聘;⑤猎头招聘																			
		A	岗位分析																				
			数量																				
			定岗																				
			招聘费用																				
			人才引进津贴																				
			年工资																				
			成功与否																				
		B	岗位分析																				
			数量																				
			定岗																				
			招聘费用																				
			人才引进津贴																				
			年工资																				
			成功与否																				
		C	岗位分析																				
			数量																				
			定岗																				
			招聘费用																				
			人才引进津贴																				
			年工资																				
			成功与否																				
		D	数量																				
			定岗																				
			招聘费用																				
			人才引进津贴																				
			年工资																				
			成功与否																				

表 11　工作分析及招聘费用统计表

周期		第一周期	第二周期	第三周期	第四周期	合计
工作分析	岗位分析					
	岗位设计					
合计						
招聘费用	校园招聘					
	人才交流中心招聘					
	网络平台招聘					
	传统媒体招聘					
	猎头招聘					
合计						

表 12　挖人申请表

目标公司	员工级别	年基本工资	人才引进津贴	员工定岗	P1 产品产能	P2 产品产能	P3 产品产能	P4 产品产能	成功与否

附录 5　培训开发主管记录表

表 13　员工产能培训明细表

员工编号	员工级别	员工定岗	原产能	第一周期				第二周期				第三周期				第四周期			
				技能提升培训		岗位轮换培训	现产能	技能提升培训		岗位轮换培训	现产能	技能提升培训		岗位轮换培训	现产能	技能提升培训		岗位轮换培训	现产能
				在岗培训	脱产培训			在岗培训	脱产培训			在岗培训	脱产培训			在岗培训	脱产培训		
001																			
002																			
003																			
004																			
005																			
006																			
007																			
008																			
009																			
010																			

续表

员工编号	员工级别	员工定岗	原产能	第一周期				第二周期				第三周期				第四周期			
				技能提升培训		岗位轮换培训	现产能	技能提升培训		岗位轮换培训	现产能	技能提升培训		岗位轮换培训	现产能	技能提升培训		岗位轮换培训	现产能
				在岗培训	脱产培训			在岗培训	脱产培训			在岗培训	脱产培训			在岗培训	脱产培训		
011																			
012																			
013																			
014																			
015																			
016																			
017																			
018																			
019																			
020																			
费用合计																			

表 14　企业文化培训方案

上年净利润	企业文化培训计提比例	企业文化培训费用	员工流失率降低幅度

表 15　员工培训费用统计表

项目	第一周期	第二周期	第三周期	第四周期	小计
再就业培训费用					
在岗培训费用					
脱产培训费用					
岗位轮换培训费用					
新员工培训费用					
合计					

附录 6　薪酬福利主管记录表

表 16　员工年基本工资制定/调整表

员工级别	上一年期基本工资	调整后当年期基本工资	人数
A			

续表

员工级别	上一年期基本工资	调整后当年期基本工资	人数
B			
C			
D			

表 17　员工薪酬明细表

员工编号	第一周期							第二周期							第三周期							第四周期						
	员工级别	基本工资	人才引进津贴	定岗	法定福利	产能增量	绩效奖金	员工级别	基本工资	人才引进津贴	定岗	法定福利	产能增量	绩效奖金	员工级别	基本工资	人才引进津贴	定岗	法定福利	产能增量	绩效奖金	员工级别	基本工资	人才引进津贴	定岗	法定福利	产能增量	绩效奖金
001																												
002																												
003																												
004																												
005																												
006																												
007																												
008																												
009																												
010																												
011																												
012																												
013																												
014																												
015																												
016																												
017																												
018																												
019																												
020																												
基本工资																												
人才引进津贴																												
法定福利																												
绩效奖金																												
年末总计			基本工资								人才引进津贴							法定福利						绩效奖金				

表 18 薪酬表

<table>
<tr><td rowspan="7">员工薪酬</td><td colspan="3">岗位</td><td colspan="2">第一周期</td><td colspan="2">第二周期</td><td colspan="2">第三周期</td><td colspan="2">第四周期</td><td colspan="2">实发合计</td><td rowspan="5">员工薪酬小计</td></tr>
<tr><td colspan="3">A 级员工</td><td colspan="2"></td><td colspan="2"></td><td colspan="2"></td><td colspan="2"></td><td colspan="2"></td></tr>
<tr><td colspan="3">B 级员工</td><td colspan="2"></td><td colspan="2"></td><td colspan="2"></td><td colspan="2"></td><td colspan="2"></td></tr>
<tr><td colspan="3">C 级员工</td><td colspan="2"></td><td colspan="2"></td><td colspan="2"></td><td colspan="2"></td><td colspan="2"></td></tr>
<tr><td colspan="3">D 级员工</td><td colspan="2"></td><td colspan="2"></td><td colspan="2"></td><td colspan="2"></td><td colspan="2"></td></tr>
<tr><td colspan="3">合计</td><td colspan="2"></td><td colspan="2"></td><td colspan="2"></td><td colspan="2"></td><td colspan="2"></td><td rowspan="2"></td></tr>
<tr><td colspan="3">员工法定福利</td><td colspan="2"></td><td colspan="2"></td><td colspan="2"></td><td colspan="2"></td><td colspan="2"></td></tr>
<tr><td rowspan="10">管理人员薪酬</td><td rowspan="2">年初管理人员价值</td><td rowspan="2">年度管理人员基本工资</td><td rowspan="2">岗位</td><td colspan="2">第一周期</td><td colspan="2">第二周期</td><td colspan="2">第三周期</td><td colspan="2">第四周期</td><td colspan="2">实发合计</td><td rowspan="8">管理人员薪酬小计</td></tr>
<tr><td>基本工资</td><td>法定福利</td><td>基本工资</td><td>法定福利</td><td>基本工资</td><td>法定福利</td><td>基本工资</td><td>法定福利</td><td>基本工资</td><td>法定福利</td></tr>
<tr><td></td><td></td><td>总经理</td><td></td><td></td><td></td><td></td><td></td><td></td><td></td><td></td><td></td><td></td></tr>
<tr><td></td><td></td><td>人力资源经理</td><td></td><td></td><td></td><td></td><td></td><td></td><td></td><td></td><td></td><td></td></tr>
<tr><td></td><td></td><td>招聘甄选主管</td><td></td><td></td><td></td><td></td><td></td><td></td><td></td><td></td><td></td><td></td></tr>
<tr><td></td><td></td><td>培训开发主管</td><td></td><td></td><td></td><td></td><td></td><td></td><td></td><td></td><td></td><td></td></tr>
<tr><td></td><td></td><td>绩效考评主管</td><td></td><td></td><td></td><td></td><td></td><td></td><td></td><td></td><td></td><td></td></tr>
<tr><td></td><td></td><td>薪酬福利主管</td><td></td><td></td><td></td><td></td><td></td><td></td><td></td><td></td><td></td><td></td></tr>
<tr><td>合计</td><td></td><td>合计</td><td></td><td></td><td></td><td></td><td></td><td></td><td></td><td></td><td></td><td></td><td rowspan="2"></td></tr>
<tr><td colspan="3">管理人员奖金</td><td colspan="2"></td><td colspan="6"></td><td></td><td></td></tr>
<tr><td colspan="4">年度薪酬总计</td><td colspan="10"></td><td></td></tr>
</table>

表 19 超额利润计算表

公司：　　　　　　　　　　　　　　　　　　　　第　年

本年度净利润	市场平均利润	本年度定额利润	超额利润

表 20 企业福利费用表

公司：　　　　　　　　　　　　　　　　　　　　第　年

<table>
<tr><td>类别</td><td>项目</td><td>基数合计</td><td>比例</td><td>福利费用</td><td>备注</td></tr>
<tr><td rowspan="2">企业福利费用</td><td>超额利润</td><td rowspan="2"></td><td rowspan="2"></td><td rowspan="2"></td><td rowspan="2">本项为计提项，次年年初支付</td></tr>
<tr><td></td></tr>
</table>

表 21　管理人员奖金表

公司：　　　　　　　　　　　　　　　　　　　　　　　　第　年

管理人员	年末管理人员价值	超额利润	管理人员总价值	管理人员奖金	管理人员奖金合计	备注
总经理						本项为计提项，次年年初支付
人力资源经理						
招聘甄选主管						
培训开发主管						
绩效考评主管						
薪酬福利主管						

附录 7　绩效考评主管记录表

表 22　管理人员绩效考核表

公司：　　　　　　　　　　　　　　　　　　　　　　　　第　年

职务	总经理	人力资源经理	招聘甄选主管	培训开发主管	绩效考评主管	薪酬福利主管	合计
年初管理人员价值							
指标数据							
绩效价值							
年末管理人员价值							

表 23　员工人数及员工年末价值统计表

公司：　　　　　　　　　　　　　　　　　　　　　　　　第　年

序号	员工编号	员工级别	年初员工价值	年末员工价值	员工状态
1					
2					
3					
4					
5					
6					
7					
8					

续表

序号	员工编号	员工级别	年初员工价值	年末员工价值	员工状态
9					
10					
11					
12					
13					
14					
15					
16					
17					
18					
19					
20					
人数总计		价值合计			

附录 8　教师记录表

表 24　员工流动记录表

第　年

公司间流动	员工级别	原年基本工资	现年基本工资	人才引进津贴	定岗	P1产能	P2产能	P3产能	P4产能	挖人补偿金	猎头招聘费用
至											
至											
至											
至											
至											
至											
至											
至											

表 25 销售统计表

第 年

周期	统计分析				G1		G2		G3		G4		G5		G6	
	产品类型	市场需求量	实际交货量	收购价格	交货量	销售收入	交货量	销售收入	交货量	销售收入	交货量	销售收入	交货量	销售收入	交货量	销售收入
第二周期	P1															
	P2															
	P3															
	P4															
	合计															
第四周期	P1															
	P2															
	P3															
	P4															
	合计															

表 26 员工流失统计表

第 年

公司	G1			G2			G3			G4			G5			G6			统计		
员工级别	期基本工资	人数	流失人数	期基本工资	人数	流失人数	期基本工资	人数	流失人数	期基本工资	人数	流失人数	期基本工资	人数	流失人数	期基本工资	人数	流失人数	期基本工资总数	总人数	平均期基本工资
A																					
B																					
C																					
D																					

表 27　绩效考核表

第　年

职务	总经理		人力资源经理		招聘甄选主管		培训开发主管		薪酬福利主管		绩效考评主管	
项目 / 公司	指标数据	价值增减	指标数据	价值增减	指标数据	价值增减	指标数据	价值增减	指标数据	价值增减	价值增减平均值	价值增减
G1												
G2												
G3												
G4												
G5												
G6												
平均值												

表 28　市场平均净利润

第　年

公司	G1	G2	G3	G4	G5	G6	市场平均净利润
净利润							

参考文献

[1]杨力,朱小平.沙盘模拟环境下的高职经管类专业实践教学体系的构建研究[J].漯河职业技术学院学报,2012,(4):12-14.

[2]徐爱,高树风,赵鹤芹.经管类专业ERP综合实践教学体系的构建[J].实验室研究与探索,2012,(2):185-188.

[3]王顺权.探析企业人力资源管理问题及对策[J].管理观察,2011,(12):50.

[4]刘晶.企业人力资源管理存在的问题分析及对策[J].环球市场信息导报,2011,(1):50-51.

[5]王兰云.人事管理、人力资源管理与战略人力资源管理的比较分析[J].现代管理科学,2004,(6):45-46.

[6]林丽,肖莹,吴东.人力资源管理的战略化程度的评价指标体系研究[J].经济问题探索,2011,(6):99-101.

[7]朱 J腾.基于企业竞争优势的战略人力资源管理[J].经济导刊,2011,(1):60-61.

[8]高翔.高校战略性人力资源管理研究[D].青岛大学,2008.

[9]杨绍举.吉林铁路建设的人力资源管理研究[D].西南交通大学,2009.

[10]刘小玲.企业中基层管理者供需研究——基于A企业的研究[D].首都经济贸易大学,2008.

[11]龚基云.转型期中国劳动关系研究[D].南京师范大学,2004.

[12]刘健.浅谈铁路企业车务系统人力资源管理[J].时代教育(教育教学版),2012,(14):42-43.

[13]江乐.浅论中美人力资源管理[J].现代营销,2010,(12):50.

[14]任华亮.传统人力资源管理教学模式改革的思考[J].产业与科技论坛,2012,11(18):158-159.

[15]何鹏.青岛人力资源市场与人力需求分析[J].中国经贸,2010,(16):116-117.

[16]朱爱荣.人力资源管理的现状与趋势[J].延安教育学院学报,2004,(1):38-39.

[17]高靓,刘明会.浅析人力资源管理与企业文化的关系[J].管理观察,2010,(7):

110 - 111.

[18]张丹,程志超. 战略人力资源管理能力评价体系研究综述[J]. 企业导报,2010,(2):216 - 217.

[19]赵鑫刚. 营口市社会保险公司员工培训方案研究与设计[D]. 大连理工大学,2005.

[20]王燕凤. 兰州 TCL 公司人才梯队建设研究[D]. 兰州大学,2010.

[21]孙清华. SHRM 视角下的核心员工保留及企业绩效研究[D]. 山东大学,2008.

[22]马红莉. 企业管理 ERP 沙盘模拟对抗中的团队管理[J]. 中小企业管理与科技,2009,(25):12.

[23]唐聪聪. 企业员工非正常流失及应对措施[J]. 合作经济与科技,2009,(17):28 - 29.

[24]蔡升,张立志. 企业集团内部控制的构成要素分析[J]. 中国商贸,2010,(10):96 - 97.

[25]王喜丽. 浅谈企业人力资源管理与人力资本管理[J]. 现代经济信息,2011,(10):6 - 8.

[26]刘丽霞. 浅论人力资源管理与企业绩效[J]. 时代金融,2010,(4):120 - 122.

[27]张秀玉. 浅议企业战略矛盾[J]. 北京市经济管理干部学院学报,2001,(4):32 - 35,42.

[28]蒋志文. 基于 EVA 的钢铁业上市公司绩效评价研究[D]. 广东工业大学,2011.

[29]张园. 论国有企业人力资源管理中人才的培养与流失[J]. 煤矿现代化,2011,(2):73 - 75.

[30]易旭榆. 国有企业人力资源发展与职工培训的关系[J]. 湖南有色金属,2006,(6):74 - 77.